25

Guttentag'sche Sammlung
Deutscher Reichsgesetze

Düffe

Brausteuergesetz

Ausführliches Verzeichnis der

Guttentag'schen Sammlung

Deutscher Reichs- und Preußischer Gesetze

Text-Ausgaben mit Anmerkungen — Taschenformat,

welche alle wichtigeren Gesetze, in unbedingt zuverlässigen Gesetzestexten und in mustergültiger Weise erläutert, enthält, befindet sich hinter dem Sachregister.

Guttentag'sche Sammlung
Nr. 25. Deutscher Reichsgesetze. Nr. 25.
Text-Ausgaben mit Anmerkungen.

Brausteuergesetz

vom 3. Juni 1906.

Mit Ausführungsbestimmungen, Anmerkungen
und Sachregister

bearbeitet von

A. Düffe,
Königl. Obersteuerkontrolleur in Stettin.

Berlin 1907.
J. Guttentag, Verlagsbuchhandlung,
G. m. b. H.

Inhaltsverzeichnis.

Abkürzungen.

Abs. = Absatz.
Anm. = Anmerkung.
Bd. = Band.
Beschl. = Beschluß.
BrStG. = Brausteuergesetz.
Bundesr.-Beschl. = Bundesratsbeschluß.
BundesgesBl. = Bundesgesetzblatt.
Drucks. d. Bundesr. = Drucksachen des Bundesrats.
FM. = pr. Finanzminister.
FME. = pr. Finanzministerialerlaß.
Ges. = Gesetz.
KomBer. = Kommissionsbericht der II. Kommission wegen Änderung des BrStG., Anl. 1 Nr. 10 der Drucks.
Min. f. H. u. G. = Minister für Handel und Gewerbe.
ObTribE. = pr. Obertribunalerkenntnis.
ProvStDir. = Provinzialsteuerdirektor.
RGBl. = Reichsgesetzblatt.
RGE. = Reichsgerichtserkenntnis
RStGB. = Reichsstrafgesetzbuch.
S. = Seite.
StGB. = Strafgesetzbuch, s. RStG.
ums. = umseitig.
Vgl. = Vergleiche.
ZBl. = Zentralblatt der preuß. Abgabengesetzgebung und -verwaltung.

Vorbemerkung.

Die vorliegende Arbeit hat den Zweck, einerseits dem Beamten die praktische Anwendung der gesetzlichen Bestimmungen zu erleichtern, anderseits den Gewerbetreibenden erkennen zu lassen, welche Auslegungen und Entscheidungen das Gesetz bisher seitens der Verwaltungsbehörden erfahren hat bzw. wie weit die bereits unter der Herrschaft des früheren Gesetzes erlassenen Bestimmungen und ergangenen gerichtlichen Entscheidungen noch gültig sind.

Da es sehr zeitraubend und unbequem ist, bei jeder gesetzlichen Vorschrift durch Nachschlagen festzustellen, ob eine Ausführungsbestimmung vom Bundesrat dazu getroffen ist oder nicht, so habe ich die betreffenden Vorschriften den Paragraphen unmittelbar nachgefügt, gleichzeitig aber am Schlusse des Gesetzes selbst eine Übersicht gegeben, aus welcher zu ersehen ist, wo bzw. auf welcher Seite die Ausführungsbestimmungen bei den zugehörigen Gesetzesstellen abgedruckt sind. Die in der amtlichen Ausgabe nicht enthaltenen §§ 3—14 der früher gültigen Grundsätze für die Zulassung der Brauer zur Entrichtung der Brausteuer im Wege der Vermahlungssteuer, welche gemäß § 31 des Ges. v. 3. Juni 1906 und § 59 der AusfBest. bis zur Aufstellung selbsttätiger Verwiegungsvorrichtungen noch in Kraft bleiben, sind in einem besonderen Abschnitt aufgeführt worden. Für die mit dem Gesetze nicht genügend Vertrauten wird das am Schlusse befindliche ausführliche Sachregister den Gebrauch des Buchs erheblich erleichtern.

Möge das Buch den Beamten und Gewerbetreibenden ein willkommener, zuverlässiger Ratgeber sein!

Stettin, im Oktober 1906.

Der Verfasser.

Die Bierbereitung.

Unter Bier versteht man im allgemeinen ein durch geistige (alkoholische) Gärung gewonnenes, aus Wasser, Extrakt und Alkohol bestehendes Getränk, welches durch Kochen von Malz unter Zusatz von etwas Hopfen bereitet wird. Schon bei den alten Germanen war neben dem aus Honig und Wasser durch Gärung gewonnenen Met das Bier ein beliebtes Hausgetränk. Als solches hat es sich seitdem bei den einzelnen deutschen Völkerstämmen erhalten und ist nach und nach bei allen anderen Kulturvölkern mehr oder weniger in Aufnahme gekommen. Wer die Bereitung des Bieres in der jetzt meist gebräuchlichen Art ursprünglich erfunden hat, steht mit Sicherheit nicht fest. Die Kunst selbst ist schon uralt. Im Mittelalter galt den Meistern der angesehenen Brauergilde ein König von Flandern, namens Gambrinus, als Erfinder und Verbreiter dieses Getränks. Derselbe soll die Braukunst den alten Ägyptern entlehnt haben.

Die gewerbsmäßige Bierbrauerei stand bereits im Mittelalter in hoher Blüte. Fast in allen

Städten Deutschlands gab es schon damals Brauereien bzw. Grundstücke mit Braugerechtigkeiten. Einige von ihnen bereiteten sogar ganz besondere Biere auf geheimnisvolle Art. Beispielsweise wurde in Braunschweig „die Braunschweiger Mumme", in Brandenburg „der Alte Klaus", in Breslau „der Breslauer Scheps" gebraut und weithin versandt. Im großen und ganzen ist die Art und Weise der Bierbereitung dieselbe geblieben wie sie in alter Zeit war. Ungewiß ist allerdings, ob von Anfang an schon der Hopfen oder ob ein anderes Konservierungsmittel dabei zur Anwendung kam. In neuerer Zeit hat das nach bayerischer Art gebraute sogenannte „Bayerisch-Bier" mit wenigen Ausnahmen (z. B. des Berliner Weißbiers, des Zerbster Bitterbiers, des Königsberger Braunbiers u. a.) die früheren, vielfach in abweichender Art gebrauten Lokalbiere fast ganz verdrängt. Dies ist wohl größtenteils eine Folge der Brausteuergesetzgebung.

Obgleich Deutschland vornehmlich als die eigentliche Produktionsstätte des Bieres für den europäischen Kontinent anzusehen ist, so werden doch auch in anderen Ländern berühmte Biere gebraut. Es sind dies namentlich die in England erzeugten schweren Biere (Porter) und die stark gehopften Biere (die Alesorten) und in Böhmen das Pilsener Bier.

Das Bierbrauen aus Malz zerfällt in folgende Fabrikationsabschnitte:

1. Das Mälzen oder die Malzbereitung,
2. das Maischen oder die Würzebereitung,
3. die Gärung,
4. die Aufbewahrung und Behandlung des Bieres.

Das **Mälzen**, d. h. die Verwandlung der Gerste in das Hauptprodukt für die Biererzeugung, das Malz, geschieht durch einen besonderen Prozeß, welcher bezweckt, durch Keimung des Getreides besonders lösende Eigenschaften im lebensfähigen Korn zu wecken. Dieser Keimprozeß wird künstlich hervorgerufen und später unterbrochen. Bei demselben wird u. a. auch ein lösliches chemisches Ferment, die Diastase, erzeugt. Diese hat namentlich bei höherer Temperatur (etwa 70° C.) die Eigenschaft, in Gegenwart von Wasser das Stärkemehl des Malzes in lösliche Kohlenhydrate, und zwar besonders in Maltose (eine Zuckerart), Dextrin (Stärkegummi) und denselben nahestehende Zwischenprodukte zu verwandeln. Durch das Keimen werden ferner gewisse Umwandlungsprodukte erzielt, durch die beim Darrprozeß jene aromatischen Stoffe geliefert werden, welche dem Biere den besonderen Wohlgeschmack verleihen.

Die **Malzbereitung** zerfällt in 4 Operationen: a) Das Putzen, Sortieren und Waschen der Gerste, b) das Einweichen der Gerste, c) das Keimenlassen der Gerste, d) das Trocknen und Darren der gekeimten Gerste (des Malzes).

In der Regel wird **Gerstenmalz** zum Brauen

verwendet; ausnahmsweise und für besondere Biere, wie z. B. das Berliner Weißbier, kommt auch wohl Weizenmalz zur Verwendung. Der Grad der Darrtemperatur ist von Einfluß auf die Farbe des Bieres. Schwach gedarrtes Malz liefert helleres, stärker gedarrtes oder auch sogenanntes Farbmalz dunkleres Bier. Farbmalz wird meist durch Rösten über freiem Feuer gewonnen, wodurch es einen dem gerösteten Kaffee nicht unähnlichen Geschmack und dunkelbraunes Aussehen erhält.

Das gedarrte Malz (Darrmalz) gelangt, ev. nach zuvoriger Reinigung mittelst eines Schüttelsiebes, in die Schrotmühle, um hier zerkleinert (geschroten) zu werden. Regelmäßig wird auf einmal nur so viel Malz geschroten, als für den nächsten Brauakt oder die nächsten beiden Brauakte (Sud genannt) nötig ist. Der Brauakt beginnt mit dem Maischen, d. h. mit dem Vermischen des Malzschrots mit Wasser und der Steigerung der Temperatur des Gemisches auf 65—75° C. Der Zweck des Maischens ist, mit Hilfe einer bestimmten Temperatur das noch unveränderte Stärkemehl unter dem Einflusse der beim Mälzungsprozesse gebildeten Diastase allmählich in Maltose, Isomaltose (gärungsfähige Zuckerarten) und Dextrin zu verwandeln.

Je nach der Art, wie die erwähnte Temperatursteigerung erzielt wird, unterscheidet man zwei Arten des Maischverfahrens: das Infusions- oder Aufgußverfahren und das Dekoktions- oder Kochverfahren, auch Dickmaischverfahren genannt. Bei dem ersteren wird das Malz entweder sogleich mit Wasser von hoher Temperatur vermischt, oder das zunächst benutzte kalte Wasser wird mit großer Beschleunigung — sei es durch Zuführung heißen Dampfes, sei es durch Vermischung mit heißem Wasser — auf die erforderliche hohe Maischtemperatur gebracht. Bei dem in Deutschland, Österreich und Frankreich vorzugsweise gebräuchlichen Dekoktionsverfahren — das Infusionsverfahren kommt meist in England und Belgien zur Anwendung — wird das Malzschrot zunächst entweder sogleich im Maischbottich oder noch in einem besonderen Vormaischbottich, mit Wasser vermischt: eingeteigt. Im Maischbottich erfolgt darauf durch Zuführung heißen Wassers die erste Temperatursteigerung bis auf 32—35 ° C. Nachdem die nunmehrige erste Mischung gehörig durchgearbeitet ist, wird etwa der dritte Teil derselben, und zwar der am Boden sich absetzende dicke Teig nach der Pfanne (Kessel) übergeführt und dort etwa eine halbe bis dreiviertel Stunde lang gekocht. Um ein Anbrennen der Maische zu verhindern, geht das Rührwerk, meist aus Ketten bestehend, so lange mit, bis die Maische (die erste Dickmaische) kocht. Durch das Kochen der Maischanteile wird der Rest des noch unverändert gebliebenen Stärkemehls zum Verkleistern gebracht und dadurch für die Einwirkung der im Bottich in Lösung gegangenen Diastase vorbereitet. Neben der Erhöhung der

Extraktausbeute werden durch das Dekoktionsverfahren gewisse, die Vollmundigkeit des Bieres bedingende Substanzen erzeugt. Nach Ablauf der bestimmten Kochdauer schöpft man soviel von der gekochten Maische zu dem im Bottich verbliebenen Rest, daß die Temperatur des Bottichinhalts 48 bis 53° C. erreicht. Hierauf läßt man einen weiteren Anteil für die zweite Dickmaische (auf 1 hl Malz etwa 1—1,10 hl Maische) in den Kessel ab und verfährt wie beim ersten Dickmaischkochen. In den Maischbottich zurückgebracht, soll die Temperatur durch die zweite Dickmaische 60—65° C. betragen. Nun wird ein dritter Maischanteil, und zwar mehr von dem flüssigen (lauteren) auf den Kessel gebracht. Dieser heißt Lautermaische (1 hl Malz etwa 120 l Maische). Die letztere wird nach 30 Minuten zum Kochen gebracht und 20—40 Minuten im Kochen erhalten. Hierauf wird die ganze Lautermaische in den Bottich zurückgebracht, wodurch eine Temperatur von 72—75° C. erreicht wird. Diese letztere Temperatur ist die Abmaischtemperatur, der Vorgang: das Abmaischen.

Die Gesamtmaische wird nun behufs Vollendung der Verzuckerung des Stärkemehls und Klärung (Läuterung) längere Zeit (½—1 Stunde) „auf Ruhe" gelassen. Während dieser Zeit sinken die schweren Bestandteile der Maische nach unten und bleiben auf dem Boden des Bottichs als Treberhülsen liegen. Der flüssige Teil des Gemisches, Würze genannt, läuft ab und wird entweder direkt oder nach Überführung in den Würzbottich in die Braupfanne übergeführt. Hier wird sie gekocht und ihr dabei der Hopfen (die weiblichen Blütenzäpfchen der besonders in Böhmen, in Bayern, im Elsaß usw. vielfach kultivierten Hopfenpflanze) zugesetzt.

Durch Behandlung der Treber (Maischrückstände) mit heißem Wasser kann noch eine Nachwürze erzielt werden. Sofern sie nicht mit der Hauptwürze zusammen weiter verarbeitet wird, wird aus ihr das sogenannte Nachbier (Dünnbier oder auch Kofent genannt) gewonnen.

Nachdem die Würze etwa 1½—2 Stunden gekocht hat, wird sie durch den sogenannten Hopfenseiher, einen siebartigen Kasten, der die Hopfenbestandteile zurückhält, nach dem Kühlschiff bzw. dem Kühlapparat befördert. Ersterer stellt ein großes flaches, an luftigen Orten aufgestelltes Gefäß dar, letzterer besteht neuerdings vielfach aus gewellten Flächen von Zinkblech, an deren Wandungen die Würze herabläuft und die durch das durch jene hindurchströmende kalte Wasser beständig kühl gehalten werden. Ist die Würze genügend abgekühlt, so gelangt sie in den Gärkeller und in die Gärbottiche, wo sie durch Zusatz von Hefe in Gärung gesetzt wird. Die Gärung verwandelt den in der Bierwürze enthaltenen Zucker in Alkohol und Kohlensäure um. Letztere entweicht zum größten Teil in die Luft. Je nachdem die Gärung langsam oder schnell vor sich geht, unterscheidet man Ober- oder Untergärung. Die untergärigen Biere werden zwar langsamer genußfertig, sind dafür aber auch haltbarer als die obergärigen, bei denen die Gärung erheblich unvollständiger vor sich gegangen ist und die deshalb noch stark nachgären.

Von den Gärgefäßen erfolgt schließlich die Überführung des Bieres auf die Lager- und Versandfässer. Das Bier ist fertig.

Brausteuergesetz.

Vom 3. Juni 1906.

(RGBl. 1906 Nr. 32 S. 675—693.)

Wir Wilhelm, von Gottes Gnaden Deutscher Kaiser, König von Preußen 2c.

verordnen im Namen des Reichs, nach erfolgter Zustimmung des Bundesrats und des Reichstags, für das innerhalb der Zollinie liegende Gebiet des Deutschen Reichs, jedoch mit Ausschluß der Königreiche Bayern und Württemberg, des Großherzogtums Baden, Elsaß-Lothringens, des Großherzoglich Sächsischen Vordergerichts Ostheim und des Herzoglich Sachsen-Coburg und Gothaischen Amtes Königsberg, was folgt:

Bierbereitung.[1])[7])

§ 1. Zur Bereitung von untergärigem Biere darf nur Gerstenmalz[5])[6]), Hopfen, Hefe und Wasser verwendet werden[2])[3]). Die Bereitung von obergärigem Biere unterliegt derselben Vorschrift, es ist jedoch hierbei auch die Verwendung von anderem[8])-Malze und von technisch reinem Rohr-, Rüben- oder Invertzucker[9]), sowie von Stärkezucker und aus Zucker der bezeichneten Art hergestellten Farbmitteln[4]) zulässig.

Für die Bereitung besonderer Biere[17]) sowie von Bier, das nachweislich zur Ausfuhr bestimmt ist, können Abweichungen von der Vorschrift im Abs. 1 gestattet werden.

Die Vorschrift im Abs. 1 findet keine Anwendung auf die steuerfreie Haustrunkbereitung (§ 9).

(S. auch AusfBest. §§ 1—4, abgedruckt hinter § 2.)

Anm. 1. Unter Bereitung von Bier versteht das Brausteuergesetz jede gewerbliche Herstellung eines Getränks, welches in der Brauerei unter Verwendung eines oder mehrerer der im § 1 desselben bezeichneten Stoffe erfolgt. Es ist hierbei unerheblich, ob das betreffende, hier als Kofent (Nachbier) bezeichnete Getränk auf kaltem Wege und mittelst Selbstgärung hergestellt und ob dasselbe vom Brauer zum Zweck des Verkaufs oder zum Getränk für seine Dienstleute bestimmt ist. (RGE. v. 16. Dezember 1884, ZBl. 1885 S. 91.)

Anm. 2. Es sind hier zahlreiche gleichlautende Gesuche von Brauereibesitzern eingegangen, in denen darum gebeten wird, für die Bereitung eines leichten alkoholarmen, aber untergärigen Bieres eine Abweichung von der Vorschrift des § 1 Abs. 1 des neuen Brausteuergesetzes in der Weise zuzulassen, daß dem Biere nach der Fertigstellung auch Zucker und aus Zucker hergestellte Farbmittel zugesetzt werden dürfen. Anscheinend handelt es sich um ein dem obergärigen Braun- oder Einfachbier sehr nahestehendes Getränk, das mit dem Lagerbier, auf das das Surrogatverbot in erster Reihe abzielt, nicht auf eine Stufe gestellt werden kann.

Dem Vernehmen nach sollen viele Brauereien auf die Untergärung derartig eingerichtet sein, daß ihnen der Uebergang zur Obergärung überhaupt nicht oder nur mit großen Kosten möglich sein würde. Es ist festzustellen, inwieweit dies für die Brauereien der Gesuchsteller zutrifft. Den letzteren ist in meinem Auftrag schleunigst zu eröffnen, daß ihnen bis zur Entscheidung über die Gesuche die Verwendung von Zucker und aus Zucker hergestellten Farbmitteln in der beantragten Weise auch nach dem 1. Juli d. Js. gestattet sei, von der Besteuerung dieser Zusätze aber nicht abgesehen werden könne.

Gleichzeitig werden die Direktivbehörden ermächtigt, bis auf weiteres für ähnliche einfache, untergärige Biere, die nicht mehr als 2% Alkoholgehalt haben, die Verwendung von Zucker und aus Zucker hergestellten Farbmitteln zu dem fertigen Biere widerruflich zu gestatten.

(FME. v. 27. Juni 1906 III 10118.)

Anm. 3. Aus den Kreisen des Brauereigewerbes ist neuerdings die Behauptung aufgestellt worden, daß die leichten alkoholarmen aber untergärigen Biere, auf die sich die Verfügung vom 27. Juni d. Js. III 10118 bezieht, vielfach auch in Lagerbierbrauereien hergestellt und von diesen zu Preisen abgegeben würden, denen die obergärigen Brauereien nicht folgen könnten. Die letzteren würden in ihrem Weiterbestehen gefährdet werden, wenn die Verwendung von Zucker zu dem bezeichneten Biere auch ferner zugelassen werden sollte.

Es erscheint ferner notwendig, die beteiligten Brauer noch ausdrücklich darauf hinzuweisen, daß sie die ihnen erteilte Erlaubnis zur Verwendung von Zucker und aus Zucker hergestellten Farbmitteln nur als eine ganz vorläufige anzusehen haben und sich deshalb so einrichten möchten, daß sie im Falle der Zurücknahme den Erlaubnis keine Bestände an Ersatzstoffen vorrätig haben, da deren Weiterverwendung alsdann nicht würde gestattet werden können.

(FME. v. 14. Juli 1906 III 11128.)

Anm. 4. Zu den aus Zucker der bezeichneten Art hergestellten Farbmitteln gehört vornehmlich die sogenannte Bier- oder Zuckercouleur. Sie dient hauptsächlich dazu, nur aus Gebräuen von geringerem Malzgehalt Bitter- oder Braunbier herzustellen oder auch um sogenannte echte (Erlanger usw.) Biere nachzuahmen bzw. das einfache Bier vollmundiger zu machen.

Die Bier- oder Zuckercouleur, welche durch Erhitzen von Stärkezucker bereitet wird, enthält der Regel nach unveränderten Zucker und in zwar um so größerer Menge, je weniger vollständig der Karamelisierungsprozeß gediehen ist. Es liegt vollständig in der Hand des Fabrikanten, durch mehr oder weniger starkes oder länger andauerndes Erhitzen den Zucker mehr oder weniger in Karamel umzuwandeln.

Anm. 5. Ungemalzte Gerste darf also zur Bereitung untergäriger Biere nicht verwendet werden.

Anm. 6. Malzkeime bilden einen Bestandteil von Gerstenmalz, sie sind daher wie das letztere zu versteuern. (Vgl. auch FME. v. 16. September 1874 III 12658, ZBl. S. 221.)

Anm. 7. Die Frage, ob ein Fabrikat im Sinne des Brausteuergesetzes als Bier zu betrachten ist und demgemäß der Brausteuer unterliegt, ist, sobald ein gerichtliches Strafverfahren eingeleitet ist, von dem Strafrichter, unabhängig von den Entscheidungen der Verwaltungsbehörden, zu entscheiden.

(ObertribE. v. 28. September 1877, ZBl. 1878 S. 250.)

Anm. 8. Für obergäriges Bier darf demnach auch Hafer-, Roggen-, Weizen-, Mais-, Buchweizen-, Dari-, Malz, aber keine rohe oder grüne Stärke, Stärkemehl, Kartoffelmehl, Stärkegummi (wohl aber Stärkezucker) zur Verwendung kommen. (Vgl. AusfBest. § 1 Abs. 3, S. 22).

Anm. 9. Der Rohrzucker spaltet sich beim Erwärmen mit verdünnten Säuren oder durch die Wirkung eines von der Hefe produzierten Ferments (des Invertins) in gleiche Moleküle Traubenzucker und Fruchtzucker. Dieses bei der Inversion sich bildende Gemisch nennt man Invertzucker.

Anm. 10. Nach der Erklärung eines Vertreters des Reichsschatzamts ist der Gebrauch von Färbebier nicht verboten, es muß nur, sofern es als Zusatz zu untergärigem Bier bestimmt, ohne Surrogate, also lediglich aus Karamelmalz und, sofern es als Zusatz zu obergärigem Bier bestimmt ist, unter Verwendung der für obergäriges Bier zugelassenen Surrogate (s. § 1 des Ges.) hergestellt werden. (KomBer. 1906 S. 41.)

Anm. 11. Die Zulassung von Surrogaten der bezeichneten Art beim obergärigen Bier ist wohl hauptsächlich im Interesse der Landwirtschaft geschehen. (KomBer. v. 26. April 1906, S. 15).

Anm. 12. Der Brauereibesitzer A. Tiemann zu Winsen a. d. Aller im Hauptamtsbezirk Celle bereitet ein stark eingekochtes, dunkles, obergäriges Bier, welches als Bierfärbemittel dient und unter dem Namen Färbebier in den Handel kommt. Von den zur Bereitung dieses Färbebieres verwendeten Stoffen wird, soweit dieselben nach § 1 des Gesetzes wegen Erhebung der Brausteuer vom 31. Mai 1872 — jetzt vom 3. März 1906 — steuerpflichtig sind, die Brausteuer entrichtet, so daß von einer nochmaligen Versteuerung bei Verwendung des in Rede stehenden Färbebiers zu anderweiter Bierbereitung abzusehen sein wird, sofern der Nachweis geführt wird, daß in Wirklichkeit versteuertes Tiemannsches Färbebier, und nicht etwa andere steuerpflichtige Färbemittel, z. B. Biercouleur, mit welcher das Tiemannsche Fabrikat Aehnlichkeit hat, vorliegt. Zur Erleichterung dieses Nachweises hat der Provinzialsteuerdirektor zu Hannover infolge einer Vorstellung des genannten Brauers angeordnet, daß die Gebinde, in welchen das von pp. Tiemann bereitete und versteuerte Färbebier zur Versendung gelangt, von den mit der

Kontrolle seiner Brauerei beauftragten Aufsichtsbeamten, nachdem dieselben die Befüllung der Gebinde mit Färbebier überwacht haben, in der Brauerei an Spund und Zapfen mit dem Steuerkontrollsiegel zu verschließen sind, und daß bei der Versendung von Färbebier dem Frachtbriefe eine Deklaration beizufügen ist, welche die Anzahl, die Nummern und den Litergehalt der einzelnen Fässer enthalten, sowie die Art und Weise des angelegten Verschlusses unter Bezeichnung der Nummer des zum Verschlusse benutzten Kontrollsiegels angeben muß. Mit diesen Schriftstücken muß das Bier dem Hauptsteueramte zu Celle vorgeführt werden, welches den Verschluß, sowie die Deklaration zu prüfen, letztere dem Frachtbrief anzustempeln und mit einer Bescheinigung dahin zu versehen hat, daß der Inhalt der Gebinde in versteuertem Färbebier aus der Tiemannschen Brauerei bestehe. In Berücksichtigung eines Gesuchs des pp. Tiemann will ich unter Vorbehalt des jederzeitigen Widerrufs genehmigen, daß das gemäß vorstehender Anordnung in amtlich verschlossenen Gebinden und mit amtlichen Ursprungsbescheinigungen versendete Färbebier bei der Verwendung zu anderweiter Bierbereitung mit der Maßgabe steuerfrei gelassen werde, daß der empfangende Brauer über die Art und Weise der beabsichtigten Verwendung von Tiemannschem Färbebier eine Generaldeklaration*) einzureichen und über Zu- und Abgang nach näherer Anleitung der Steuerbehörde Buch zu führen hat. Der Verschluß der Gebinde darf nur von einem Steuerbeamten gelöst werden und muß, so lange die Gebinde nicht völlig entleert sind, nach jedesmaliger Entnahme von Färbebier sofort wieder angelegt werden.

(FME. v. 5. Oktober 1877 III 11346, ZBl. S. 268.)

Anm. 13. Vom FinMin. ist genehmigt worden,

---

*) S. jetzt § 22 d. Ges.

daß von der durch Verf. v. 16. Oktober 1877 Nr. 13010 angeordneten amtlichen Wiederverschließung der Gebinde mit Tiemannschem Farbebier Abstand genommen werden kann, sofern nicht etwa in speziellen Fällen aus besonderen Ursachen die Beibehaltung dieses Kontrollmittels erforderlich erscheinen sollte. In solchen Fällen ist zu berichten.

(ProvStDir. zu Hannover v. 20. Juni 1878 Nr. 7813.)

Anm. 14. Das von den nachstehend aufgeführten Personen in ihren Brauereien hergestellte zum Färben von obergärigem Bier bestimmte sogenannte Färbebier ist bei Verwendung zu anderweiter Bierbereitung unter den gleichen Bedingungen steuerfrei gelassen worden, wie sie durch Verf. v. 5. Oktober 1877 (ZBl. S. 268) und v. 13. Juni 1878 hinsichtlich des von A. Tiemann in Winsen a. d. A. hergestellten Färbebieres vorgeschrieben sind. Dies sind:

Der Chemiker A. Dünkelberg zu Rohrerdorf b. Lützel-Koblenz.

(FME. v. 9. Juni 1866 III 6499, ZBl. S. 128.)

Der Brauereibesitzer Heinrich Gehrke zu Dobrilugk.

(FME. v. 14. Juli 1886 III 8510, ZBl. S. 139.)

Die Aktienbrauerei Löbau (vorm. Schreiber & Rätze) zu Löbau.

(FME. v. 23. Januar 1902 III 721, ZBl. S. 39.)

Der Stadtchemiker Dr. A. Goske in Mühlheim a. d. Ruhr.

(FME. v. 10. Februar 1902 III 1304, ZBl. S. 55.)

Die Bavariabrauerei Ed. Quack in M.-Gladbach.

(FME. v. 3. April 1902 III 3995, ZBl. S. 82).

Die Brauerei in Firma Haedicke & Co. in Döllnitz.

(FME. v. 13. Februar 1900 III 1612, ZBl. S. 95.)

Der Brauereibesitzer Pollin in Schöneberg.

(FME. v. 31. August 1900 III 10519, ZBl. S. 472.)

Die Brauerei zum Feldschlößchen, A.-G., in Dresden.
(FME. v. 11. Mai 1901 III 5983, ZBl. S. 153.)
Der Brauereibesitzer Rother zu Lychen.
(FME. v. 12. Januar 1889 III 24605, ZBl. S. 28.)
Firma Conrad Holzapfel in Berlin, Kaiserstraße 41.
(FME. v. 21. Dezember 1905 III Nr. 16283.)
Der Kaufmann H. Schäffer in Breslau.
(FME. v. 18. Mai 1898 III 6745, ZBl. S. 255.)
Die Coburger Bierbrauerei-Aktiengesellschaft in Coburg.
(FME. v. 7. Februar 1898 III 1638, ZBl. S. 114.)
Der Brauereibesitzer C. Wilh. Schlömer in Düren.
(FME. v. 16. November 1903 III 14628, ZBl. S. 505.)
Vereinsbrauerei Salzwedel, vorm. Hugo Quendt, G. m. b. H., in Salzwedel.
(FME. v. 22. April 1904 III 2456, ZBl. S. 87.)
Das Böhmische Brauhaus, A.-G., vorm. J. H. Bernecker, in Insterburg.
(FME. v. 11. Oktober 1904 III 13084, ZBl. S. 241.)
Firma Gebr. Thielen, Fabrik für Brauereibedarfsartikel, Antonstraße 6, Berlin.
(FME. v. 18. November 1899 III 14479.)
Der Brauer Kurzan zu Batzsch.
(FME. v. 22. Juni 1891 III 8640, ZBl. S. 135.)
Der Kaufmann Max Baruch in Berlin.
(FME. v. 24. Oktober 1895 III 15074, ZBl. S. 391.)
Kaufmann Heinrich Gehrke zu Berlin.
(FME. v. 9. August 1894 III. 10787, ZBl. S. 444.)
Kaufmann Carl Betz in Celle.
(FME. v. 24. April 1893 III 5065, ZBl. S. 168.)
Der Fabrikbesitzer Jasper zu Bernau.
(FME. v. 13. September 1893 III 11631 II, ZBl. S. 287.)
Der Brauer E. Lewin in Berlin.
(FME. v. 19. Oktober 1892 III 13346, ZBl. S. 439.)

Der Brauereibesitzer Moritz Bauer zu Ehrenberg b. Altenburg.

(FME. v. 9. September 1886 III 10755, ZBl. S. 221.)

Anm. 15. Süßstoff oder süßstoffhaltige Nahrungs- und Genußmittel feilzuhalten und zu verkaufen ist verboten. (§ 2c des Süßstoffges. v. 7. Juli 1902.)

Die Lieferung von Süßstoff als Zugabe beim Verkauf von Bier ist schon insofern strafbar, als § 8 des Süßstoffges. v. 7. Juli 1902 diejenigen mit Strafe bedroht, in deren Besitz oder Gewahrsam Süßstoff in Menge von mehr als 50 g vorgefunden wird. Darunter sind Süßstoffmengen zu verstehen, die mehr als 50 g reinen Süßstoff enthalten, nicht aber Süßstoffzubereitungen, die einschließlich ihrer sonstigen Bestandteile mehr als 50 g wiegen. Es genügt schon zur Strafbarkeit die Tatsache des wissentlichen Innehabens, gleichviel ob der Süßstoff von einem Beamten bei dem Angeschuldigten gesehen ist oder nicht. In dem betr. Falle stand fest, daß die Angeklagten fortgesetzt beim Verkaufe von Bier ihren Kunden eine „Zugabe" in Gestalt von Süßstofftäfelchen in sehr erheblichen Mengen geliefert haben, angeblich unentgeltlich, in Wahrheit aber keineswegs schenkungsweise. Bier und Zusatzstoff hatten aus rein wirtschaftlichen Gründen zusammen einen Preis, für den der Konsument das Bier mit der angeblichen Gratisbeigabe käuflich erwarb. Ob das ungesüßte Bier allein oder ob es zusammen mit dem beigegebenen Süßstoff den Gegenstand des Kaufs bzw. des Eigentumsüberganges bildete oder ob der Süßstoff erst nach dem Bier geliefert wurde, ist unerheblich. Mit Recht ist angenommen worden, daß der Süßstoff verkauft worden ist.

(RGE. v. 2. Dezember 1904 II Strafs. 658/04, ZBl. 1905 S. 716.)

Anm. 16. Die Beimischung von Saccharin bei

der Bereitung von Bier ist als Vergehen gegen das Nahrungsmittelgesetz strafbar.

(RGE. v. 2. März 1893, ZBl. S. 213.)

Süßstoff Nahrungs- oder Genußmitteln (also auch dem Bier) bei deren gewerblicher Herstellung zuzusetzen, ist verboten.

(§ 2a des Süßstoffges. v. 7. Juli 1902, RGBl. S. 253, ZBl. S. 198.)

Anm. 17. Es ist festzustellen, ob besondere Biere bereitet werden, für die Abweichungen von der Vorschrift in Abs. 1 zu gestatten sind. Vorläufig ist die Zulassung von Abweichungen nur für die Bereitung der Leipziger Gose und des Lichtenhainer Bieres in Aussicht genommen. Die Genehmigung weiterer Abweichungen wird den obersten Landesfinanzbehörden vorzubehalten sein.

(FME. v. 30. Mai 1906 III 8204.)

Anm. 18. Zur steuerfreien Haustrunkbereitung (§ 9) sind also Getreide, Malz und Malzsurrogate aller Art zugelassen.

Anm. 19. Es sind hier mehrere Gesuche von Brauern eingegangen, in denen darum gebeten wird, Vorräte an Ersatzstoffen, insbesondere Reis, deren Verwendung durch das neue Brausteuergesetz allgemein oder für die von den betreffenden Brauern hergestellten Biere verboten ist, noch nach dem 1. Juli d. Js. aufbrauchen zu dürfen.

Im Einvernehmen mit dem Herrn Reichskanzler (Reichsschatzamt) benachrichtige ich Ew. pp. ergebenst, daß derartigen Gesuchen nicht entsprochen werden kann, weil es hierzu an einer gesetzlichen Ermächtigung fehlt. Etwa dort eingehende Gesuche sind mit Bezug auf die Verfügung abzulehnen.

(FME. v. 18. Juli 1906 III 10987.)

Anm. 20. Bierextrakte oder dergleichen Zubereitungen zur Herstellung von Bier oder bierähnlichen Getränken dürfen vom 1. Juli ab nicht mehr in den Verkehr gebracht werden, wenn es sich nicht ausschließlich um Farbmittel aus Gerstenmalz oder Zucker für obergäriges Bier brauende Brauereien handelt. Uebertretungen werden in jedem Falle, soweit nicht nach anderen Gesetzen eine höhere Strafe verwirkt ist, mit Geldstrafen von 50—5000 Mk. bestraft.

(Verf. d. ProvStDir. zu Stettin v. 11. Juni 1906 Nr. 6918.)

Die Einmaischung von Gerstenmalzschrot zur Bereitung von Malzextrakt nach den Vorschriften der Pharmacopoea germanica (extractum malti) kann ohne Rechtsirrtum als eine nicht zum Zwecke der Bierbereitung erfolgte Einmaischung angesehen werden.

(ObTribE. v. 28. September 1877.)

Gegenstand der Brausteuer.

§ 2. Die Brausteuer wird von dem zur Bierbereitung verwendeten Malze und Zucker erhoben. Unter Malz wird alles künstlich zum Keimen gebrachte Getreide verstanden. Der dem obergärigen Biere nach Abschluß des Brauverfahrens und außerhalb der Braustätte zugesetzte Zucker unterliegt nicht der Brausteuer. Der Bundesrat ist befugt, den Zucker von der Brausteuer gänzlich freizulassen.

Als Zucker im Sinne dieses Gesetzes sind die im § 1 Abs. 1 bezeichneten Zuckerstoffe einschließlich der daraus hergestellten Farbmittel zu verstehen.

Braustoffe.

AusfBest. § 1. (1) Bei der Bereitung von Bier ist nicht nur die Verwendung von Malzersatzstoffen jeder Art — mit der für obergärige Biere zugelassenen Ausnahme — sondern auch aller Hopfenersatzstoffe sowie aller Zutaten irgend welcher Art, auch wenn sie nicht unter den Begriff der Malz- oder Hopfenersatzstoffe gebracht werden können, verboten. Der Ausdruck „Bereitung" ist im weitesten Sinne zu verstehen und umfaßt alle Teile der Herstellung und Behandlung des Bieres bis zu seiner Abgabe an den Verbraucher.

(2) Hinsichtlich der Zulässigkeit der Verwendung und der Höhe der Steuer macht es keinen Unterschied, ob das Malz in ganzen Körnern oder zerkleinert, trocken oder angefeuchtet, ungedarrt, gedarrt oder geröstet zur Bierbereitung verwendet wird. Dagegen ist die Verwendung von Malzauszügen, insbesondere von Malzextrakt, nicht zulässig.

(3) Zur Bereitung von obergärigem Biere darf Malz aus Getreide aller Art, auch aus Buchweizen, Mais und Dari, nicht aber aus Reis verwendet werden.

(4) Als technisch rein gilt Zucker von solcher Reinheit, wie sie in dem bei der Herstellung von Zucker gebräuchlichen Verfahren erreicht wird.

Abweichungen.

AusfBest. § 2. (1) Abweichungen von der Vorschrift im § 1 Abs. 1 des Gesetzes sind nur mit Genehmigung der obersten Landesfinanzbehörde und unter den von ihr angeordneten Bedingungen zulässig.

(2) Zur erstmaligen Zulassung von Abweichungen für jede Art der besonderen Biere bedarf die oberste Landesfinanzbehörde der Zustimmung des Reichskanzlers.

Farbebiere.

AusfBest. § 3. (1) Der Vorschrift im § 1 Abs. 1 des Gesetzes unterliegt auch die Bereitung von Farbebier.

(2) Zur Färbung von untergärigem Biere dürfen nur Farbebiere verwendet werden, die aus Gerstenmalz hergestellt sind.

(3) Für das zur Bereitung von Farbebier[1]) verwendete Malz ist die Brausteuer zu entrichten. Die Verwendung der Farbebiere zur Bierbereitung unterliegt den von der obersten Landesfinanzbehörde anzuordnenden Aufsichtsmaßnahmen.

Zucker.

AusfBest. § 4. Der zur Bereitung von obergärigem Biere verwendete technisch reine Rohr-, Rüben- oder Invertzucker, sowie Stärkezucker und die aus Zucker der bezeichneten Art hergestellten Farbmittel bleiben bis auf weiteres von der Brausteuer befreit, gleichviel ob ihre Verwendung während oder nach Abschluß des Brauverfahrens erfolgt.

S. auch Anmerkungen zu § 1, bes. Nr. 10—14.

Anm. 1. Die Verwendung der Farbebiere unterliegt denjenigen Aufsichtsmaßnahmen, die schon bisher auf Farbebiere Anwendung fanden, welche auf Grund der Ausführungsvorschrift 1 c Abs. 2 zu § 1 des bisher geltenden Gesetzes von der Brausteuer befreit waren. (FME. v. 20. Juni 1906 III 9722.)

Herstellung bierähnlicher Getränke; Handel mit Bierextrakten und dergleichen.

§ 3. Die Brausteuer kann auch von dem zur Bereitung bierähnlicher Getränke verwendeten Malze und Zucker erhoben werden[1])[4]). Die Herstellung solcher Getränke kann unter Steueraufsicht gestellt, auch kann die Verwendung von anderen Malzersatzstoffen als Zucker verboten werden. Die näheren Bestimmungen trifft der Bundesrat.

Andere als die am Schlusse des § 1 Abs. 1 bezeichneten, zur Herstellung von Bier oder bier-

ähnlichen Getränken bestimmte Zubereitungen (Bierextrakte[5]) und dergleichen) dürfen nicht in den Verkehr gebracht werden.

Bierähnliche Getränke.

AusfBest. § 5. (1) Als bierähnlich sind solche Getränke anzusehen, die aus Malz oder unter Mitverwendung von Malz hergestellt sind und als Ersatz für Bier genossen zu werden pflegen.[4]) Es macht keinen Unterschied, ob die Getränke gegoren sind oder nicht. Das Malz, das zu ihrer Bereitung unmittelbar oder mittelbar (z. B. in Gestalt von Malzauszügen) verwendet wird, unterliegt der Brausteuer.

(2) Sollen bierähnliche Getränke als Bier oder unter einer Bezeichnung in den Verkehr gebracht werden, die geeignet ist, die Meinung zu erwecken, daß sie Bier seien, so findet auf ihre Bereitung die Vorschrift im § 1 Abs. 1 des Gesetzes mit der Maßgabe Anwendung, daß ungegorene Getränke den obergärigen gleichzustellen sind.

(3) Die Bereitung der bierähnlichen Getränke unterliegt im übrigen den gleichen Vorschriften wie die Bereitung von Bier. Findet sie in besonderen Anstalten statt, so sind diese als Brauereien anzusehen.

(4) Die Bereitung von Malzextrakt (Malzauszüge in eingedicktem Zustand) ist der Brausteuer nicht unterworfen.

Anm. 1. Malz (und Zucker), die zur Herstellung von bierähnlichen Getränken verwendet werden, werden der Brausteuer zu unterwerfen sein.

Die Freilassung des Zuckers (s. AusfBest. § 4) würde auch den bierähnlichen Getränken zugute kommen.

(FME. v. 30. Mai 1906 III 8204.)

Anm. 2. Honig und Zucker sind, wenn sie unter Ausschluß anderer abgabenpflichtiger Stoffe (also Malz) zur Bereitung von Met verwendet werden, steuerfrei (Bundesratsbeschl. v. 22. Dezember 1892, § 830 d. Prot., ZBl. 1893 S. 32). Daraus folgt, daß der mittelst Gärung aus Honig und Wasser bereitete Met als bierähnliches Getränk im Sinne des § 3 anzusehen ist.

Anm. 3. Süßholz gehört nach einem am 27. März 1873 abgegebenen Gutachten der Kgl. techn. Deput. f. Gewerbe nicht zu den bisher steuerpfl. Malzsurrogaten (FME. v. 8. August 1873 III 11845). Demnach gehört es auch nicht zu den Zuckerersatzstoffen, § 3 Abs. 1 kann also für aus Süßholz bereitete Getränke nicht in Anwendung gebracht werden.

Anm. 4. Bei der mittelbaren Verwendung von Malz zur Herstellung bierähnlicher Getränke ist die Brausteuer von der Malzmenge zu erheben, die zur Herstellung des Zwischenerzeugnisses (z. B. der Malzauszüge) erforderlich war. Das im einzelnen Falle anzuwendende Umrechnungsverhältnis ist von dem Hauptamte festzusetzen.

(FME. v. 20. Juni 1906 III 9722.)

Anm. 5. Auf die Eingabe vom 7. d. Mts. erwidere ich, daß die Vorschrift im § 3 Abs. 2 des Brausteuergesetzes v. 3. Juni d. Js., abgesehen von der in ihr selbst bezeichneten Ausnahme, uneingeschränkte Anwendung zu finden hat. Es macht deshalb keinen Unterschied, ob die Bierextrakte an Brauer oder Bierverkäufer abgegeben oder ob sie zur steuerfreien Haustrunkbereitung in den Verkehr gebracht werden. Die Vorschrift im § 1 Abs. 3 des Gesetzes steht dieser Auslegung nicht entgegen, da dort ein anderer Tatbestand in Frage kommt.

Die fernere Abgabe Ihrer zur Bereitung eines Hausbiers bestimmten Bierextrakte ist hiernach auch für diesen Zweck unzulässig.

(Herrn Otto Reichel in Berlin SO. 33, Eisenbahnstraße 4.)
(FME. v. 11. Juli 1906 III 11173.)

Besteuerung der Essigbrauereien.

§ 4. Ist mit der steuerpflichtigen Bereitung von Bier zugleich eine Essigbereitung verbunden oder wird Essig aus den im § 2 genannten Stoffen in eigens dazu bestimmten Anlagen zum Verkauf oder zu gewerblichen Zwecken bereitet, so muß die Brausteuer auch von den zur Essigbereitung verwendeten Stoffen entrichtet werden.

Essigbereitung.

AusfBest. § 6. (1) Bei der Essigbereitung wird die Brausteuer von dem verwendeten Malze erhoben. Dieses ist auch in dem Falle steuerpflichtig, wenn aus der zur Herstellung des Essigs dienenden Malzwürze zugleich flüssige Hefe gewonnen wird.

(2) Erfolgt die Essigbereitung vorwiegend aus Branntwein, so bleibt ein Zusatz von Malz steuerfrei.

Anm. 1. Zweck dieser Bestimmung ist, wie die Motive hervorheben, keineswegs, den Essig allgemein der Brausteuer zu unterwerfen, sie beruhen vielmehr auf praktischen Erwägungen. Das Verfahren, in Essigbrauereien Essig herzustellen, entspricht im großen und ganzen dem Brauverfahren. Erst im Stadium der Gärung wird ein Unterschied erkennbar. Blieben also die zur Essigbrauerei verwendeten Stoffe (Malz) steuerfrei, so müßte in den betreffenden Brauereien jeder Brauakt bis zur Gärung amtlich überwacht werden, um Sicherheit zu haben, daß nicht statt Essig Bier hergestellt wurde.

(Drucks. d. Bundesr. Nr. 2 f. 1872 S. 24.)

Anm. 2. Da die Bereitung von Essig aus Branntwein der Besteuerung nach Maßgabe des Ges. nicht unterliegt, so ist auch in bezug auf die Färbemittel

(Zuckercouleur usw.), welche dem aus Branntwein hergestellten Essig etwa zugesetzt werden, die Erhebung der Brausteuer ausgeschlossen.

(FME. v. 16. Juni 1873 III 8594, ZBl. S. 148.)

Anm. 3. Auch auf Essigbrauereien finden die Bestimmungen in § 32 und die §§ 61—67 der AusfBest. (s. bei § 32 des Ges.) entsprechende Anwendung.

Anm. 4. Die Essigbereitung aus den zur Bierbereitung zugelassenen Stoffen ist nach § 4 nur steuerpflichtig, wenn dieselbe zugleich mit einer steuerpflichtigen Bereitung von Bier verbunden ist, oder wenn der Essig in eigens dazu bestimmten Anlagen zum Verkauf oder zu gewerblichen Zwecken hergestellt wird.

Anm. 5. Was unter besonderen „Anlagen" im Sinne des § 4 zu verstehen ist, ist im Gesetz nicht gesagt, doch wird daran festzuhalten sein, daß eine gelegentliche Benutzung gewöhnlicher Haushaltungsgeräte zu den genannten Zwecken nicht als eine Bier- oder Essigbereitung mit Brauanlage anzusehen ist. Letztere wird an dem Vorhandensein besonderer Braugeräte und Apparate, der Einrichtung der Betriebsräume usw. unschwer zu erkennen sein. (Vgl. Anm. 2 S. 38.)

Anm. 6. Sogenannte Hefenbrühe, welche bei der Preßhefenfabrikation als Nebenprodukt gewonnen und neben anderer Verwendung insbesondere zur Essigbereitung verwendet wird, ist für ein zur Bierbereitung geeignetes Material nicht zu erachten. Es unterliegt daher die Bereitung von Essig aus Hefenbrühe weder der Kontrollierung noch der Besteuerung nach Maßgabe des Ges.

(FME. v. 26. April 1873 III 5721.)

Steuerpflichtiges Gewicht.

§ 5. Die Versteuerung der im § 2 genannten Stoffe erfolgt nach dem Reingewicht; ein Übergewicht an der für ein Gebräu bestimmten Gesamtmenge, von dem die Steuer weniger als 5 Pfennig beträgt, bleibt dabei außer Betracht.

Bei der Feststellung des für die Höhe der Steuer (§ 6) maßgebenden Gesamtgewichts der verwendeten steuerpflichtigen Braustoffe ist ein Doppelzentner Zucker gleich zwei Doppelzentner Malz zu rechnen.

Ermittelung des steuerpflichtigen Gewichts.

AusfBest. § 7. (1) Solange Zucker gemäß § 4 nicht zu den steuerpflichtigen Braustoffen zu rechnen ist, bleibt die Vorschrift im Abs. 2 des § 5 des Gesetzes außer Anwendung.

(2) Das der Versteuerung zugrunde zu legende Reingewicht des Malzes ist entweder durch Verwiegung des Malzes allein oder in der Weise zu ermitteln, daß das Rohgewicht festgestellt und davon das nach der Entleerung zu ermittelnde Gewicht der Umschließung abgezogen wird.

(3) Kommt das Malz regelmäßig in Säcken von der gleichen Beschaffenheit und Größe zur Wage, so sind Probeverwiegungen[1]) zulässig.

(4) Wird das Malz unverpackt in Kasten oder sonstigen festen Behältern zur Wage abgelassen, und bedarf es zur Ermittelung seines Reingewichts der Verwiegung des Kastens oder der Behälter in leerem Zustande, so kann, sofern eine Vertauschung der Behälter oder eine Gewichtsänderung nicht zu besorgen ist oder durch geeignete Maßnahmen verhütet werden kann, das einmal ermittelte Gewicht[2]) der Behälter bei späteren Verwiegungen in Rechnung gestellt werden. Dieses Gewicht ist auf dem Behälter deutlich und in dauerhafter Weise zu bezeichnen; auch hat der Brauereibesitzer jede beabsichtigte Veränderung der Größe oder der sonstigen Be-

schaffenheit des Behälters der Hebestelle vorher schriftlich anzuzeigen. Das Gewicht ist von Zeit zu Zeit von den Aufsichtsbeamten nachzuprüfen. Der Prüfungsbefund ist im Steuerbuche zu vermerken.

(5) Bildet der Kasten oder sonstige feste Behälter mit der Wage dergestalt ein zusammengehöriges Ganze, daß die Wage im Gleichgewichte steht, wenn der Behälter leer ist und auf der Wagschale keine Gewichte aufliegen, so ist der Brauereibesitzer dafür verantwortlich, daß die Wage jederzeit richtig eingestellt ist.

Anm. 1. In welchem Umfange die nachgelassenen Probeverwiegungen stattzufinden haben, ist dem Ermessen der betreffenden Aufsichtsbeamten überlassen. Den ProvStDir. bleibt es jedoch vorbehalten, nach Bedürfnis dahin Anordnung zu treffen, daß die Probeverwiegungen sich mindestens auf einen gewissen Prozentsatz (etwa 10 % der Maischpost) zu erstrecken haben.
(FME. v. 28. November 1872 III 17609, ZBl. S. 343.)

Anm. 2. Wenn eine Tarierung der von der Wage getrennten festen Behälter ein für allemal stattfindet, so ist das Ergebnis alsbald durch einen Vermerk in dem in der Brauerei befindlichen Exemplar der Nachweisung und Gefäße (s. Muster 3 S. 4) bzw. auf einen angehefteten Bogen zu machen.

Erhebungssätze der Brausteuer.

§ 6. Die Steuer beträgt für jeden Doppelzentner des nach § 5 Abs. 2 berechneten Gesamtgewichts der in einem Brauereibetrieb innerhalb eines Rechnungsjahrs[1]) steuerpflichtig gewordenen Braustoffe

von den ersten	250	Doppelzentnern	4,00 Mk.,
" " folgenden	250	"	4,50 "

von den folgenden	500	Doppelzentnern	5,00	Mk.,
" " "	1000	"	5,50	"
" " "	1000	"	6,00	"
" " "	1000	"	6,50	"
" " "	1000	"	7,00	"
" " "	1000	"	8,00	"
" " "	1000	"	9,00	"
von dem Reste			10,00	" .

Mehrere in einer Hand befindliche Brauereien werden im Sinne des Abs. 1 als ein Brauereibetrieb angesehen, wenn sie ein wirtschaftlich zusammengehöriges Unternehmen bilden oder wenn sie innerhalb derselben Gemeinde oder nicht weiter als 10 Kilometer voneinander entfernt liegen.

Wird eine Braustätte von mehreren für eigene Rechnung brauenden Personen gemeinsam benutzt, so ist für die Höhe des Steuersatzes nicht die in der Brauerei insgesamt verbrauchte Menge an Braustoffen, sondern die Menge entscheidend, die jede einzelne dieser Personen zur Bierbereitung verwendet.

Berechnung der Brausteuer beim Wechsel des Besitzers der Brauerei.

AusfBest. § 8. Die Berechnung der Brausteuer nach den verschiedenen Erhebungssätzen erfolgt nach dem Gesamtgewichte des in einem Brauereibetrieb innerhalb eines Rechnungsjahrs steuerpflichtig gewordenen Malzes auch dann, wenn der Betrieb innerhalb dieses Jahres seinen Besitzer gewechselt hat.

Behandlung mehrerer in einer Hand befindlichen Brauereien.

AusfBest. § 9. (1) Eine Person oder Gesellschaft, für deren Rechnung mehrere Brauereien betrieben werden oder betrieben werden sollen, hat dies, wenn es sich um bereits bestehende Verhältnisse handelt, bis zum 15. Juli 1906, andernfalls mindestens 8 Tage vor Beginn des Betriebs derjenigen Hebestelle, in deren Bezirke sich die größte der Brauereien befindet, anzuzeigen. In der Anzeige sind Bezeichnung und Ort jeder Brauerei und die Hebestelle, in deren Bezirke sie liegt, anzugeben. Je eine Abschrift der Anzeige ist von dem Brauer denjenigen Hebestellen zuzustellen, in deren Bezirken sich die anderen Brauereien befinden.

(2) Liegen die Brauereien nicht innerhalb derselben Gemeinde oder sind sie weiter als 10 Kilometer voneinander entfernt, so ist in der Anzeige ferner zu erklären, ob die verschiedenen Brauereien ein wirtschaftlich zusammengehöriges Unternehmen bilden oder weshalb dies nicht der Fall ist.

(3) Eine wirtschaftliche Zusammengehörigkeit ist z. B. dann anzunehmen, wenn die Betriebseinrichtungen der einen Brauerei, wozu auch Gespanne gehören, von der anderen Brauerei mitbenutzt werden.

(4) Wird das Vorhandensein einer wirtschaftlichen Zusammengehörigkeit von dem Brauereibesitzer bestritten, so ermittelt das Hauptamt, in dessen Bezirke sich die größte der Brauereien befindet, den Tatbestand und legt die Verhandlung der vorgesetzten Direktivbehörde zur Entscheidung vor. Liegen die Brauereien in verschiedenen Direktivbezirken, so hat sich die entscheidende Direktivbehörde mit den übrigen beteiligten Direktivbehörden ins Einvernehmen zu setzen.

AusfBest. § 10. (1) Ist die wirtschaftliche Zusammengehörigkeit mehrerer Brauereien anerkannt oder festgestellt, so ist zu unterscheiden, ob sich die Brauereien in demselben Hebebezirk oder in verschiedenen Hebebezirken befinden.

(2) In ersterem Falle ist in dem Brausteuergegenbuche (§ 45) der Hebestelle für die zusammengehörigen Brauereien nur eine gemeinschaftliche Abteilung für die Anschreibung der verwendeten Malzmengen und für die Berechnung der Steuerbeträge zu eröffnen und bei den Berechnungen der Steuerbeträge so zu verfahren, als ob es sich nur um eine einzige Brauerei handele.

(3) Befinden sich die wirtschaftlich zusammengehörigen Brauereien in verschiedenen Hebebezirken, so sind die zu den einzelnen Staffelsätzen steuerpflichtigen Malzmengen durch die Zahl der in Frage kommenden Brauereien zu teilen und die Brausteuerbeträge nach der so berechneten Staffel für jede Brauerei einzeln festzusetzen und zu erheben. Kommen hierbei drei Brauereien in Frage, so ist von jeder dieser Brauereien für den Doppelzentner Malz zu erheben:

von den ersten		83,33	Doppelzentner	4 Mark,
„ „	folgenden	83,34	„	4,5 „
„ „	„	166,66	„	5 „
„ „	„	333,34	„	5,5 „
„ „	„	333,33	„	6 „
„ „	„	333,33	„	6,5 „
„ „	„	333,34	„	7 „
„ „	„	333,33	„	8 „
„ „	„	333,33	„	9 „
„ dem Reste		. . . .		10 „

(4) Am Schlusse des Rechnungsjahres haben die für die einzelnen Brauereien zuständigen Hebestellen je eine Zusammenstellung der von der betreffenden Brauerei ihres Bezirkes zu den einzelnen Staffelsätzen versteuerten Malzmengen derjenigen Hebestelle mitzuteilen, in deren Bezirke sich die größte der zusammengehörigen Brauereien befindet (§ 9 Abs. 1). Letztere Hebestelle hat diese Zu-

sammenstellungen mit ihrer eigenen dem vorgesetzten Hauptamte zur Festsetzung eines etwa zu viel erhobenen Betrags vorzulegen. Ueberhobene Beträge sind von derjenigen Hebestelle zurückzuzahlen, bei der die Ueberhebung vorgekommen ist. Zu diesem Zwecke hat das die Ueberhebung festsetzende Hauptamt den anderen in Betracht kommenden Hauptämtern je eine beglaubigte Abschrift der Festsetzung zuzusenden.

(5) Für die Festsetzung haben die im Muster 1 (siehe Formulare) gegebenen Beispiele als Anleitung zu dienen.

S. Anm. zu § 55.

Anm. 1. Bei der Fassung des Abs. 1 sind die im ersten Viertel des Rechnungsjahres 1906 verwendeten Braustoffmengen bei der Anwendung der Staffelsätze mit in Anrechnung zu bringen, was besonders bei der Festsetzung der Abfindungsummen zu berücksichtigen bleibt (s. § 32 d. Ges.).

(FME. v. 30. Mai 1906 III 8204.)

Anm. 2. Für die Ausführung des neuen Brausteuerges. wird darauf aufmerksam gemacht, daß die von den Brauereien in der Zeit vom 1. April bis 1. Juli d. Js. verwendeten Braustoffmengen bei der Anwendung der Steuerstaffel des § 6 des Ges. in Anrechnung zu bringen sind. Die Brauereien beginnen also am 1. Juli d. Js. nicht mit dem niedrigsten Steuersatze, der für die Malzverwendung zutrifft, welche sich unter Anrechnung der seit Beginn des Rechnungsjahres verwendeten Braustoffe ergibt. Dabei ist das Gewicht der vom 1. April bis 1. Juli d. Js. verwendeten Malzersatzstoffe entsprechend der Vorschrift in § 5 Abs. 2 des Ges. auf Malzgewicht in dem Verhältnis umzurechnen, in dem die bisherige Besteuerung der betreffenden Malzersatzstoffe zur Besteuerung des Malzes stand, also z. B. Zucker im Verhältnis von 1 : 2 usw.

(FME. v. 15. Juni 1906 III 9225.)

Person des Steuerpflichtigen; Zeitpunkt des Eintritts der Steuerpflicht.

§ 7. Zur Entrichtung der Steuer ist derjenige verpflichtet, der die Verwendung steuerpflichtiger Braustoffe (§ 2) zur Bierbereitung für seine Rechnung vornimmt oder vornehmen läßt.

Die Steuerpflicht tritt ein, sobald die Absicht der Verwendung der Braustoffe zur Bierbereitung der Hebestelle angezeigt wird oder hätte angezeigt werden sollen (§ 21) oder, im Falle des § 27, sobald das Malz auf die Malzsteuermühle gebracht wird.

Fälligkeit, Einzahlung und Stundung der Brausteuer; Unzulässigkeit von Nebenerhebungen.

§ 8. Die Steuer für die in einem Monate verwendeten Braustoffe wird am letzten Tage dieses Monats fällig und ist spätestens am siebenten Tage des nächstfolgenden Monats bei der Hebestelle einzuzahlen. Wird die Zahlungsfrist wiederholt versäumt oder liegen Gründe vor, die den Eingang der Steuer gefährdet erscheinen lassen, so kann die Steuerbehörde die Vorausbezahlung oder Sicherstellung der Steuer fordern.

Gegen Sicherheitsbestellung ist die Steuer für eine Frist von drei Monaten zu stunden.

Nebengebühren, insbesondere für Quittungen und Bescheinigungen der Steuerbehörden, werden nicht erhoben.

Stundung.

AusfBest. § 11. In welcher Weise für gestundete

Brausteuer Sicherheit[1]) zu leisten ist, und unter welchen Voraussetzungen Stundungen für kürzere Fristen auch ohne Sicherheitsleistung gewährt oder die gestundeten Steuerbeträge vor Ablauf der Stundungsfrist eingezogen werden können, bestimmt die oberste Landesfinanzbehörde.

AusfBest. § 12. (1) Bei Stundung der Brausteuer ist über jeden im Brausteuer-Einnahmebuche (§ 46) anzuschreibenden Betrag ein Stundungsanerkenntnis abzugeben.

(2) Der Betrag jedes Anerkenntnisses muß 100 Mark erreichen.

AusfBest. § 13. (1) Die Stundungsfrist beginnt mit dem Tage der Fälligkeit.

(2) Die gestundeten Beträge sind spätestens am 25. Tage des Monats, in dem die Stundungsfrist abläuft, und wenn dieser ein Sonn- oder Festtag ist, am vorhergehenden Werktag einzuzahlen.

Anm. 1. Hinsichtlich der Zeit der Anmeldung usw. vgl. § 21 und AusfBest. dazu.

Anm. 2. Auf die Sicherheitsleistung für gestundete Brausteuer und die Einziehung gestundeter Steuerbeträge vor Ablauf der Stundungsfrist sind die bezüglich der Zölle bestehenden allgemeinen Bestimmungen anzuwenden.

(FME. v. 20. Juni 1906 III 9722.)

Steuerbefreiung des Haustrunkes.

§ 9. Die Bereitung von Bier als Haustrunk ohne besondere Brauanlagen[2]) ist von der Steuerentrichtung frei, wenn die Bereitung lediglich zum eigenen Bedarf in einem Haushalte von nicht mehr als 10 Personen über 14 Jahre geschieht.[3])

Wer von dieser Bewilligung Gebrauch machen will, muß solches der Steuerbehörde zuvor anmelden und darüber einen Anmeldeschein sich erteilen lassen.

Ein jedes Ablassen des Haustrunkes an nicht zum Haushalte gehörige Personen gegen Entgelt ist untersagt.[5])

Im Falle einer wiederholten Verletzung der vorstehend an die Bewilligung der Steuerfreiheit geknüpften Bedingungen kann dem Schuldigen die Befugnis zur steuerfreien Haustrunkbereitung nach dem Ermessen der Steuerbehörde auf bestimmte Zeit oder für immer entzogen werden.

Bierverkäufer[6]) haben auf die Bewilligung des steuerfreien Haustrunks keinen Anspruch.

Steuerfreier Haustrunk.

a) Anmeldung.

Muster 2.

AusfBest. § 14. (1) Die Anmeldung zur steuerfreien Bereitung des Haustrunkes hat bei der Hebestelle mit Vordrucken nach Muster 2 in doppelter Ausfertigung zu erfolgen. Sie kann sämtliche Berechtigte derselben Ortschaft umfassen.

(2) Die Ortsbehörde hat die Richtigkeit des angemeldeten Personenstandes auf der Anmeldung gebührenfrei zu bescheinigen.

(3) Vorübergehend angenommene Arbeiter oder Dienstleute werden zum Haushalte gerechnet, wenn sie dort Kost und Wohnung erhalten.

b) Bewilligung.

AusfBest. § 15. (1) Die Anmeldung dient zugleich als Anmeldeschein und wird hierzu von der Hebestelle mit dem Gültigkeitsvermerke versehen. Die Gültigkeit ist in der Regel auf die Dauer des Kalenderjahrs zu bemessen. Das Hauptamt kann auf Antrag eine Gültigkeitsfrist bis zur Dauer von 5 Jahren bewilligen.

(2) Die eine Ausfertigung des Anmeldescheins erhält der Anmeldende, im Falle einer gemeinschaftlichen Anmeldung der Vorstand der Ortschaft zurück; die zweite bleibt bei der Hebestelle.[7])

(3) Ablaufende oder bereits abgelaufene Anmeldescheine können von der Hebestelle verlängert werden. In dem auf beiden Ausfertigungen abzugebenden Verlängerungsvermerke sind die etwa eingetretenen Veränderungen des Personenstandes und die Dauer der neuen Gültigkeitsfrist anzugeben.

(4) Abgelaufene Anmeldescheine sind an die Hebestelle innerhalb 14 Tagen zurückzureichen. (S. Anm. 9.)

c) Erlöschen der Steuerfreiheit.

AusfBest. § 16. (1) Treten während der Dauer der Gültigkeitsfrist Umstände ein, durch welche die Steuerfreiheit gesetzlich ausgeschlossen wird, so hat der Anmeldende hiervon der Hebestelle binnen einer Woche Anzeige zu machen.

(2) Der gleichzeitig vorzulegende Anmeldeschein ist von der Hebestelle einzuziehen oder — bei gemeinschaftlicher Anmeldung — zu berichtigen.

(3) Die Berechtigung zur Steuerfreiheit erlischt mit dem Eintritte der Veränderung.[4]) [8])

d) Entziehung der Steuerfreiheit.

AusfBest. § 17. (1) Die Entziehung der Steuerfreiheit wegen Mißbrauchs erfolgt durch Beschluß des Hauptamts, gegen den die Beschwerde im Verwaltungswege zulässig ist.

(2) Die Verabreichung von Bier an solche vorübergehend angenommene Arbeiter oder Dienstleute, denen

keine Wohnung, sondern nur Lohn und Kost gewährt wird, gilt nicht als Ablassen gegen Entgelt.

S. auch § 13 Abs. 3.

Anm. 1. Man entschied sich schon im Jahre 1872 für die Beibehaltung der Vergünstigung des § 9, weil sie nach den Ermittelungen fast ausschließlich von Bewohnern der Küstengebiete (Ostpreußen, Westpreußen, Pommern, Mecklenburg, Schleswig-Holstein, Hannover) in Anspruch genommen war, und man dies auf die vielfach ungesunde und schlechte Beschaffenheit des Trinkwassers in diesen Niederungen zurückführte.

(Drucks. d. Bundesr. Nr. 2 für 1872 S. 25.)

Anm. 2. Es soll darauf gehalten werden, daß die Steuerfreiheit für den Haustrunk nur solchen Haushaltungen bewilligt wird, welche ihre gewöhnlichen, wenngleich auch eingemauerten Kochkessel gelegentlich dazu verwenden, um für den eigenen Bedarf Bier zu bereiten. Sie soll nicht auf solche Wirtschaften ausgedehnt werden, in denen eigens zum Brauen eingerichtete und bestimmte Anlagen vorhanden sind. Wirtschaften der letztgenannten Art haben die Brausteuer auch für das zum eigenen Verbrauche zu bereitende Bier zu entrichten. Die Abfindung der Brausteuer für solche Haushaltungen ist möglichst zu fördern.

(FME. v. 16. März 1844.)

Die Steuerfreiheit ist demnach für Besitzer von ordentlichen Brauereien ausgeschlossen. Hat die Brauerei den Betrieb gänzlich eingestellt und sind die vorhandenen Brauereigeräte oder Pfannen unter Amtsverschluß, so kann die Steuerfreiheit nicht versagt werden, wenn die sonstigen Bedingungen erfüllt sind.

(Vgl. FME. v. 26. Juli 1822.)

Anm. 3. Zu den die Steuerfreiheit aufhebenden Umständen gehören neben der Erhöhung des Haushalts auf mehr als 10 Personen über 14 Jahre, die Einrichtung einer besonderen Brauanlage und die Eröffnung eines Bierhandels. Eine besondere Brauanlage ist vorhanden, wenn ausschließlich oder doch hauptsächlich zur Bierbereitung bestimmte Geräte gehalten werden.

Unter Bierhandel wird jeder gewerbsmäßige Absatz von Bier gegen Zahlung verstanden, so daß zu den Bierhändlern (Bierverkäufern) auch Gastwirte, Restaurateure, Krüger usw. gehören.

Anm. 4. Jeder Brauakt, welcher nach dem Aufhören der Steuerfreiheit ohne Versteuerung vorgenommen wird, enthält eine nach § 41 strafbare Biersteuerdefraudation.

Anm. 5. Das Ablassen von Haustrunkbier an nicht zum Haushalt gehörige Personen gegen Entgelt ist gemäß § 46 Ziff. 6 strafbar.

Anm. 6. Unter Bierverkäufer sollen namentlich die Ausschänker von Bier verstanden werden.

(KomBer. v. 1. April 1872 Drucks. des Bundesr. f. 1872 Nr. 35 S. 5.)

Anm. 7. Die Anmeldescheine werden in ein Register zwar nicht eingetragen, die zweiten Ausfertigungen der Anmeldungen sind aber nach Ortschaften zu ordnen und in der Art aufzubewahren, daß für jede Ortschaft ein besonderes Heft angelegt wird. In dieses werden die nach der Reihenfolge des Eingangs mit fortlaufender Nummer bezeichneten Anmeldungen aufgenommen, auf der Titelseite des Heftes der Name der Ortschaft, sowie das Jahr und die Ordnungsnummern der Anmeldungen vermerkt.

(ZirkVerf. d. Großh. Meckl. Steuer- und Zolldir. v. 17. Dezember 1872 Jahrb. S. 148.)

Anm. 8. Wenn die Steuerfreiheit der Haustrunkbereitung einerseits mit dem Eintritt eines sie gesetzlich ausschließenden Umstandes sofort erlischt, so greift dieselbe anderseits alsbald nach dem Wegfall solchen Umstandes von neuem Platz. Falls beispielsweise ein

Landmann, welcher einen Anmeldeschein für ein Kalenderjahr erhalten hat, während der Erntezeit durch Annahme von Arbeitern gegen Lohn, Kost und Wohnung seinen Haushalt auf mehr als 10 Personen über 14 Jahre erhöht, so besteht für den Zeitraum, innerhalb dessen jene Arbeiter am Haushalte teilnehmen, die Steuerpflicht, wogegen während der übrigen Zeit des Jahres (vorher und nachher) die Haustrunkbereitung steuerfrei ist. In derartigen Fällen zeitweiliger Steuerpflichtigkeit haben die Hauptämter bezüglich des steuerpflichtigen Materialverbrauchs die Haustrunkbrauer abzufinden und zwar, wenn möglich sofort bei Erteilung des Anmeldescheins und in dem letzteren einen entsprechenden Vermerk zu machen.

(Verf. d. Großh. Meckl. Zoll- u. Steuerdir. v. 11. Oktober 1873, Jahrb. S. 533.)

Anm. 9. Die Aufsichtsbeamten haben von der Richtigkeit der Anmeldungen je nach der Bestimmung des Hauptamts entweder durchweg oder probeweise an Ort und Stelle Ueberzeugung zu nehmen und den Prüfungsbefund in Spalte 8 der Anmeldung zu vermerken. Die Prüfung der Aufsichtsbeamten hat sich auch darauf zu erstrecken, ob seit der Anmeldung Veränderungen eingetreten sind, welche das Erlöschen der Steuerfreiheit mit sich bringen.

Vergütung der Steuer bei der Ausfuhr aus dem Geltungsbereiche des Gesetzes.

§ 10. Bei der Ausfuhr von Bier aus dem Geltungsbereiche des Gesetzes wird eine Vergütung der Brausteuer unter den vom Bundesrate festzusetzenden und bekannt zu machenden Bedingungen und Maßgaben gewährt.

Vergütung der Brausteuer bei der Ausfuhr von Bier.

AusfBest. § 18. Die Bestimmungen über die Vergütung der Brausteuer bei der Ausfuhr von Bier sind in der Anlage I (hinten abgedruckt) enthalten. — Anlage I.

Die Uebergangsabgaben sind in einem besonderen Abschnitt behandelt (s. d.).

Erlaß oder Erstattung der Steuer.

§ 11. Ein Erlaß oder eine Erstattung der Brausteuer darf, abgesehen von dem Falle des § 10, mit Genehmigung der Direktivbehörde dann gewährt werden, wenn erwiesen ist, daß

1. entweder die zur Einmaischung bestimmten Braustoffe vor der beabsichtigten Verwendung durch Zufall vernichtet oder derart beschädigt worden sind, daß ihre Verwendung zur Bierbereitung nicht möglich erscheint, oder
2. sonst aus Anlaß unvorhergesehener Hindernisse die angemeldete Bierbereitung nicht hat stattfinden können,

und wenn der Anspruch auf Erlaß oder Erstattung innerhalb einer Frist von 3 Tagen nach der angemeldeten Einmaischungszeit (§ 20) bei der Hebestelle angemeldet ist.

Wird die Brausteuer in der Form der Vermahlungssteuer entrichtet (§ 27), so darf der Erlaß oder die Erstattung nur in dem unter 1 erwähnten Falle und nur dann gewährt werden, wenn der Anspruch innerhalb einer Frist von 3 Tagen nach der geschehenen Vernichtung oder Beschädigung der Hebestelle angezeigt ist.

Ein Erlaß oder eine Erstattung der Brausteuer kann ferner gewährt werden, wenn die Vernichtung eines ganzen Gebräus unter Aufsicht der Steuerbehörde erfolgt; einem hierauf gerichteten Antrage des Brauers muß entsprochen werden.

Erlaß oder Erstattung der Brausteuer.

AusfBest. § 19. (1) Der Brauer, der auf Grund der Ziffer 1 oder 2 im § 11 des Gesetzes Erlaß oder Erstattung der Brausteuer in Anspruch nimmt, hat den Tatbestand und die Ursachen der unvorhergesehenen Betriebshinderung der Hebestelle schriftlich und tunlichst sofort, mindestens aber so rechtzeitig anzuzeigen, daß die Anzeige nach dem gewöhnlichen Laufe der Dinge innerhalb der gesetzlichen Frist von 3 Tagen bei der Hebestelle eingehen kann.[1])

(2) Sofort nach dem Eintreffen der Anzeige, spätestens aber innerhalb 24 Stunden ist der Tatbestand an Ort und Stelle unter Zuziehung des Brauers oder seines Stellvertreters zu ermitteln.

(3) Die beschädigten Braustoffe und die verdorbene Maische oder Würze sind unter amtlicher Aufsicht zur Bierbereitung unbrauchbar zu machen. Außer Gebrauch kommende Gefäße sind nötigenfalls unter Verschluß zu nehmen.

(4) Ueber das Ergebnis der Ermittelungen und die getroffenen Anordnungen ist eine Verhandlung aufzunehmen. Der Oberkontrolleur hat, wenn er die Verhandlung nicht selbst aufgenommen hat, den Tatbestand und die Zweckmäßigkeit der getroffenen Anordnungen — in allen wichtigen Fällen an Ort und Stelle — nachzuprüfen. Die Verhandlung ist mit einem Auszug aus

dem Steuerbuche, dem Mahlbuch oder dem Einmaischungsbuche dem Hauptamte vorzulegen.

Vernichtung eines ganzen Gebräus.

AusfBest. § 20. (1) Wird die Vernichtung eines ganzen Gebräus beantragt, so hat sich der Oberkontrolleur mit einem Aufseher spätestens innerhalb 3 Tagen in die Brauerei zu begeben. Vor der Vernichtung ist die Menge und Beschaffenheit der zu vernichtenden Flüssigkeit sowie ferner festzustellen, von welcher Einmaischung sie herrührt und ob das Ergebnis der Einmaischung vollständig vorhanden ist. Die Vernichtung hat unter amtlicher Aufsicht zu erfolgen.

(2) Hinsichtlich der Zuziehung des Brauers und der aufzunehmenden Verhandlung finden die im § 19 (der AusfBest.) getroffenen Anordnungen sinngemäße Anwendung.

Erlaß aus Billigkeitsgründen.

AusfBest. § 21. (1) In anderen als den im § 11 des Gesetzes vorgesehenen Fällen darf von der obersten Landesfinanzbehörde der Erlaß oder die Erstattung[2]) eines nach dem Wortlaute des Gesetzes geschuldeten Brausteuerbetrags auf gemeinschaftliche Rechnung bewilligt werden, wenn überwiegende Gründe der Billigkeit dafür sprechen.

(2) In dem von der Direktivbehörde über die Bewilligung eines solchen Steuererlasses zu erstattenden Bericht ist anzugeben, ob der der Direktivbehörde beigeordnete Reichsbevollmächtigte für Zölle und Steuern mit dem Erlaß auf gemeinschaftliche Rechnung sich einverstanden erklärt hat.

(3) Alljährlich ist ein bei der Direktivbehörde aufzustellendes, vom Reichsbevollmächtigten mit zu beurkundendes Verzeichnis über die im abgelaufenen Kalenderjahre bewilligten Erlasse der bezeichneten Art von der obersten Landesfinanzbehörde dem Reichskanzler zur

Vorlegung an den Bundesrat mitzuteilen. In dem Verzeichnis ist für jeden Fall eine kurze Darstellung des Sachverhalts zu geben.

Anm. 1. Es genügt also nicht, wenn die Brauer ihre Erstattungsanträge lediglich in den Verhandlungen registrieren lassen, welche von den Aufsichtsbeamten etwa behufs Feststellung von Betriebsunterbrechungen aufgenommen werden. Ein solches Verfahren kann die Steuerpflichtigen bezüglich ihrer gesetzlichen Verpflichtungen irreführen und dazu Anlaß geben, unter Umständen den verhandelnden Aufsichtsbeamten, der nicht verpflichtet ist, derartige Anträge aufzunehmen, für den Nachteil des Brauers verantwortlich zu machen.

Anm. 2. Ein Erlaß oder eine Erstattung der Brausteuer für umgeschlagenes Bier auf gemeinschaftliche Rechnung darf nicht bewilligt werden.

(FME. v. 21. November 1876 III 14603, Bundesr.-Beschl. v. 2. November 1876, § 336 d. Prot.)

Verjährung der Abgabe.

§ 12. Alle Forderungen und Nachforderungen von Brausteuer, desgleichen die Ansprüche auf Ersatz wegen zu viel oder zur Ungebühr entrichteter Steuer verjähren innerhalb Jahresfrist, von dem Tage des Eintritts der Zahlungsverpflichtung oder der Zahlung an gerechnet.

Auf den Rückgriff des Staates gegen die Steuerbeamten und auf die Nachforderung hinterzogener Brausteuer[1]) findet diese Verjährungsfrist keine Anwendung.

Anm. 1. Der Anspruch auf Nachzahlung hinterzogener Gefälle erlischt erst in 3 Jahren (s. § 52 Abs. 2).

Anzeige der Brauereiräume und Gefäße.

§ 13. Wer, ohne von der Steuer befreit zu sein, brauen will[1]), hat der Steuerhebestelle, insoweit dies nicht bereits auf Grund der bisherigen gesetzlichen Vorschriften geschehen ist, mindestens 8 Tage vor Anfang des Betriebs eine Nachweisung nach einem besonders vorzuschreibenden Muster in doppelter Ausfertigung einzureichen, in der die Räume[2]) zur Aufstellung der Geräte[3]) und zum Betriebe der Brauerei, einschließlich der Gärungsräume, die Maisch-, Koch-, Kühl- und Gärgefäße und der in Litern ausgedrückte Raumgehalt jedes einzelnen dieser Gefäße, soweit ihre Beschaffenheit dies gestattet, genau und vollständig angegeben sein müssen.

Ferner hat der Brauer, wenn neue Betriebsräume eingerichtet oder Gefäße der vorerwähnten Art angeschafft oder die vorhandenen abgeschafft, geändert oder in einen anderen Raum gebracht werden, innerhalb der nächstfolgenden 3 Tage[5]) Anzeige zu machen.

Zu dieser Anmeldung sind jedoch alle diejenigen nicht verpflichtet, die nur für den ausschließlichen Bedarf des eigenen Haushalts ohne besondere Brauanlage Bier bereiten.

(S. AusfBest. §§ 22—37, hinter § 15.)
S. auch § 9 und Erl. dazu.

Anm. 1. Zur Abgabe der vorgeschriebenen Anmeldung der Räume und Geräte und der damit vorgeschriebenen Veränderungen ist bei verpachteten Brauereien nicht der Eigentümer, sondern der Pächter, d. h. derjenige, welcher die steuerpflichtige Fabrikation betreibt und mit dem es die Steuerbehörde allein zu tun hat, verpflichtet.

Anm. 2. Die Räume in den Wohnungen der Brauer, welche zur Aufbewahrung und Bereitung des Malzes durch Einquellen, Keimen, Darren und des dazu verwendeten Getreides, sowie zur Lagerung des fertigen Bieres benutzt werden, gehören nicht zu den unter unmittelbarer Steuerkontrolle stehenden Gelassen, deren Anmeldung gesetzlich erfordert werden kann, sondern es sind dahin nur diejenigen Lokalitäten zu rechnen, in welchen das Braumaterial aufbewahrt wird und in welchen die Bereitung des Bieres bis zu dessen Uebergang in die Lagerräume erfolgt.

(FME. v. 19. November 1837.)

Anm. 3. Hinsichtlich solcher Brauer, die keine eigenen Brauereien besitzen, sondern zum Kochen und Abkühlen des Bieres die Gemeindebrauerei ihres Wohnorts benutzen und nur eigene Gäranlagen halten, kann von einer Anmeldung und Inventarisierung derjenigen Gefäße, in denen sie das Bier zu ihren Gäranlagen transportieren und der in letzteren zur Abgärung des Bieres vorhandenen Bottiche und Fässern abgesehen werden. Denn die Vorschrift des § 9 — jetzt § 13 — des Ges. bezieht sich nur auf Besitzer von eingerichteten Brauanlagen. Zur Sicherung des Steuerinteresses wird es genügen, eine Anmeldung nur der Gärräume zu fordern und im übrigen die zur Abgärung des Bieres bestimmten Gefäße unter allgemeine amtliche Kontrolle zu stellen.

(FME. v. 13. März 1873 III 2938.)

Anm. 4. Zu den Gärgefäßen im Sinne dieses Paragraphen sind solche Geräte nicht zu rechnen, welche nur ausnahmsweise und vorübergehend zur Abgärung des

Bieres benutzt werden, z. B. wenn bei zeitweise verstärktem Betriebe Lagerfässer aufgeschlagen und als Gärgefäße benutzt, demnächst aber wieder zu ihrer ursprünglichen Bestimmung eingerichtet werden.

Die vorübergehende Benutzung solcher Geräte als Gärgefäße kann auf Grund einer schriftlichen Anzeige des Brauereibesitzers, in welcher die Geräte summarisch anzugeben sind, unter Anordnung einer allgemeinen Kontrolle gestattet werden, ohne daß es der Beobachtung der sonstigen Vorschriften über Anmeldung und Inventarisierung der Brauereigefäße bedarf. Bierfässer als solche, ferner Wasserbehälter, Hopfen- und Trebergefäße, Quellbottiche, endlich die kleinen Schöpf- und Füllgefäße gehören nicht zu den anzumeldenden Gefäßen.

(FME. v. 19. Mai 1875. Nr. III 17434.)

Anm. 5. Die dreitägige Frist zur Anmeldung wird nur von der **Vollendung** der Veränderung ab gerechnet.

(FME. v. 2. Dezember 1825.)

§ 14. Inhaber von Brauereien, sowie Personen, die Braupfannen verfertigen oder Handel damit treiben, dürfen die Pfannen nicht aus ihren Händen geben, bevor sie es der Steuerhebestelle ihres Wohnorts angezeigt und von dieser eine Bescheinigung darüber erhalten haben.

(S. AusfBest. §§ 22—37, hinter § 15.)

Vermessung, Bezeichnung und Verschluß der Gefäße.

§ 15. Die nach § 13 anzumeldenden Gefäße werden nach Bestimmung der Steuerbehörde mit fortlaufenden Zahlen und, soweit tunlich, mit einer amtlichen Bezeichnung versehen. Auch kann die Steuerbehörde eine Vermessung der Maisch-, Koch-

und Kühlgefäße sowie der Biersammel- (sogenannten Stell- und dergleichen) Bottiche anordnen. Der Brauereibesitzer hat den Raumgehalt und die Nummer an diesen Gefäßen deutlich bezeichnen und diese Bezeichnung gehörig erhalten zu lassen.

Für die Zeit, in der die Brauereigeräte nicht im Betriebe sein dürfen, können die Geräte, auch nach Umständen die Zugänge zur Braukesselfeuerung, an Ort und Stelle unter amtlichen Verschluß gesetzt werden.

Nachweisung der Brauereiräume und Gefäße.

AusfBest. § 22. (1) Zur Nachweisung der Brauereiräume und -gefäße, mit der auch der Aufstellungsort der Wage (§ 16 des Gesetzes) sowie der Malzsteuermühle und der selbsttätigen Verwiegungsvorrichtung (§ 26 des Gesetzes) und der Aufbewahrungsort für die Vorräte an Malzschrot (§ 17 des Gesetzes) anzuzeigen ist, sind Vordrucke nach Muster 3 zu benutzen.

Muster 3.

(2) Bei größeren Betrieben kann von dem Hauptamte die Beifügung eines Grundrisses der Brauereiräume, in dem die Gerätestellung einzuzeichnen ist, verlangt werden.

AusfBest. § 23. Die Nachweisung ist von der Hebestelle nach Eintragung in die Brauereirolle (§ 28) dem Oberkontrolleur zuzustellen. Dieser hat ihren Inhalt an Ort und Stelle mit dem Bestande zu vergleichen, die Gefäße soweit erforderlich zu vermessen, das Ergebnis in die Nachweisung einzutragen, und diese sodann mit den Vermessungsverhandlungen (§ 34) der Hebestelle zurückzugeben. Nach Prüfung der Vermessungsverhandlungen übermittelt die Hebestelle je eine Ausfertigung der Nachweisung und der Vermessungsverhandlungen dem Brauereibesitzer.

Aenderungen.

Wechsel im Besitze der Brauerei.

AusfBest. § 24. Jeder Wechsel im Besitz einer Brauerei, z. B. durch Erbgang, Verkauf oder Verpachtung ist der Hebestelle binnen drei Tagen vom neuen und in Fällen freiwilliger Besitzübertragung auch vom bisherigen Besitzer schriftlich anzuzeigen. Der neue Besitzer hat die Richtigkeit des nachgewiesenen Gerätebestandes und des Raumgehalts der einzelnen Gefäße schriftlich anzuerkennen oder eine neue Nachweisung der Räume und Gefäße abzugeben.

Aenderungen der Räume und Gefäße.

AusfBest. § 25. (1) Die im § 13 Abs. 2 des Gesetzes vorgeschriebenen Anzeigen über Aenderungen in den Betriebsräumen oder an den Gefäßen sind nach Muster 4 anzufertigen und der Hebestelle in doppelter Ausfertigung einzureichen. Die eine Ausfertigung ist von der Hebestelle mit der Bescheinigung über die erfolgte Anzeige zu versehen und dem Anmeldenden zur Aufbewahrung bei dem Brauereibelegheste (§ 30) zurückzugeben, die andere dem Oberkontrolleur vorzulegen. Muster 4.

(2) Der Oberkontrolleur hat sich von der Richtigkeit der Anzeige zu überzeugen, erforderlichenfalls für die Vermessung und Bezeichnung der Gefäße zu sorgen und die eingetretenen Aenderungen in die in der Brauerei ausliegende Nachweisung der Räume und Gefäße einzutragen; der Befund oder das Geschehene ist von ihm auf der Aenderungsanzeige kurz zu bescheinigen. Sodann ist die Anzeige mit den etwa aufgenommenen Vermessungsverhandlungen an die Hebestelle zurückzugeben, die beim Brauereibelegheft aufbewahrte Aenderungsanzeige aber zu entfernen.

(3) Die Hebestelle vermerkt die stattgehabte Aenderung in der Brauereirolle und nimmt die Anzeige mit ihren Anlagen zum Beleghefte.

(4) Hat der Oberkontrolleur einen anderen Beamten mit der Ausführung der erforderlichen Maßnahmen beauftragt, so hat er die von diesem in dem Brauereibelegheft gemachten Eintragungen bei seiner nächsten Anwesenheit zu prüfen und zu bescheinigen.

Aenderungen im Besitz einzelner Geräte.

AusfBest. § 26. (1) Die im § 14 des Gesetzes vorgesehenen Anzeigen über den Besitzwechsel von Braupfannen sind nach Muster 4 aufzustellen und der Hebestelle in doppelter Ausfertigung einzureichen.

(2) Sollen in diesem wie in dem Falle des § 13 Abs. 2 des Gesetzes oder bei gänzlicher Abmeldung einer Brauerei Brauereigefäße in einen anderen Hebebezirk versandt werden, so ist die zweite Ausfertigung der Aenderungsanzeige mit den betreffenden Vermessungsverhandlungen der Hebestelle des Bestimmungsorts zu übersenden. Diese bescheinigt die erfolgte Meldung der Gefäße auf der Aenderungsanzeige und sendet letztere an die Hebestelle des Absendungsorts zurück, die damit nach § 25 Abs. 3 verfährt.

Einreichung neuer Nachweisungen.

AusfBest. § 27. Wenn die Nachweisung der Räume und Gefäße oder der Grundriß durch Nachträge unübersichtlich oder sonst unbrauchbar geworden ist, hat der Oberkontrolleur die Einreichung neuer Ausfertigungen anzuordnen.

Brauereirolle und Beleghefte.

AusfBest. § 28. Die Hebestelle hat eine Brauereirolle[2])[3]) nach Muster 5 zu führen, in der sämtliche im Bezirke vorhandenen Brauereien, so weit deren Inhaber nach § 13 des Gesetzes zur Anmeldung der Betriebsräume usw. verpflichtet sind, nachgewiesen werden.

Muster 5.

AusfBest. § 29. (1) Die Belege für die Eintragungen in der Brauereirolle sind in einem Hefte zu vereinigen und darin in folgender Reihenfolge zu ordnen[4]):

a) die Nachweisung der Räume und Gefäße,
b) der etwa eingereichte Grundriß,
c) Zeichnung und Beschreibung der etwa verwendeten selbsttätigen Verwiegungsvorrichtung,
d) die Verhandlung über die steueramtliche Verschließung der Malzsteuermühle und der selbsttätigen Verwiegungsvorrichtung,
e) die Vermessungsverhandlungen,
f) die Aenderungsanzeigen,
g) die bei Verwendung von Zucker abzugebende Erklärung (§ 22 des Gesetzes),
h) die für den Betrieb mit Nachmaischen vorgeschriebene Anzeige (§ 25 Abs. 2 des Gesetzes),
i) die amtlichen Verfügungen über besondere Vergünstigungen,
k) die sonstigen amtlichen Verfügungen und Papiere über besondere Verhältnisse der Brauerei.

(2) Später hinzukommende Schriftstücke sind der Zeitfolge nach einzuheften. Nicht mehr gültige Belege sind zu durchkreuzen und einzuschlagen.

Brauereibelegheft.

AusfBest. § 30. (1) Die an den Brauereibesitzer gelangenden Ausfertigungen oder beglaubigten Abschriften der im § 29 unter a bis e, g bis k aufgeführten Schriftstücke sind in einem Brauereibeleghefte zu vereinigen. Darin bilden die unter a bis d fallenden Belege in dieser Reihenfolge stets die ersten Stücke, dann folgen die Vermessungsverhandlungen nach den Nummern der Gefäße, und hierauf die übrigen Belege in der im § 29 bezeichneten Reihenfolge.

(2) Das Brauereibeleghest ist mit Umschlag zu versehen und nach näherer Bestimmung des Oberkontrolleurs an einem dem Aufsichtsbeamten jederzeit zugänglichen hellen Orte in einem besonderen Behältnis aufzubewahren. Nicht mehr gültige Belege sind vom Oberkontrolleur aus dem Brauereibelegheste zu entfernen.

(3) In dem Behältnisse sind, soweit der Oberkontrolleur nichts anderes bestimmt, auch alle von dem Brauer für steuerliche Zwecke zu führende Bücher aufzubewahren.

Hauptbrauereirolle.

AusfBest. § 31. (1) Die Hebestelle hat eine vom Oberkontrolleur bescheinigte Abschrift der Brauereirolle an das Hauptamt einzusenden. Die Abschriften bilden zusammen mit der Brauereirolle für den Sonderhebebezirk des Hauptamts die Hauptbrauereirolle.[5])

Muster 6.

(2) Vierteljährlich ist ferner eine vom Oberkontrolleur bescheinigte Nachweisung der in der Brauereirolle vermerkten Aenderungen nach Muster 6 aufzustellen und einzureichen.

(3) Die angezeigten Aenderungen sind in der Hauptbrauereirolle zu vermerken.

Vermessung der Gefäße.

AusfBest. § 32. (1) Die Gefäße, in denen die Menge des gezogenen Bieres ermittelt werden soll,[6]) sind auf nassem Wege zu vermessen.

(2) Das Hauptamt kann auch für andere Gefäße die Vermessung auf nassem Wege anordnen.

(3) Alle übrigen Gefäße sind auf trockenem Wege zu vermessen. Das Hauptamt kann von dieser Vermessung absehen, wenn sie entbehrlich erscheint und gegen die Richtigkeit des in der Nachweisung angegebenen Inhalts keine Bedenken bestehen.

(4) Die nasse Vermessung der zur Ermittelung des Bierzugs dienenden Gefäße kann mit Genehmigung der

Direktivbehörde unterbleiben, wenn sie mit besonderen Schwierigkeiten oder Kosten verknüpft sein würde und die steuerliche Ueberwachung der Brauerei auch ohne sie hinreichend gesichert ist.

AusfBest. § 33. (1) Die Vermessungen auf nassem Wege sind durch den Oberkontrolleur unter Zuziehung eines anderen Beamten, die Vermessungen auf trockenem Wege durch den Oberkontrolleur oder einen anderen Beamten zu bewirken. Der Brauereibesitzer hat der Vermessung beizuwohnen und ihre Richtigkeit durch Unterzeichnung der Verhandlungen (§ 34) anzuerkennen.

(2) Die trockene Vermessung erfolgt nach einer amtlich zu liefernden Anleitung.[7])

(3) Bei der nassen Vermessung haben die Beamten darauf zu achten, daß das Gefäß völlig dicht und leer ist und auf seinen Unterlagen fest aufliegt.

(4) Sind die Unterlagen des Gefäßes verrückbar, z. B. bei Kühlschiffen, die zum leichteren Ablassen des Bieres auf der einen Seite emporgeschraubt werden können, so hat der Brauereibesitzer Einrichtungen zu treffen, durch welche die Lage, die das Gefäß bei der nassen Vermessung hatte, genau festgehalten wird und ohne Zeitverlust wiederhergestellt werden kann.

(5) Die Vermessung hat entweder in der Weise zu erfolgen, daß das Gefäß mit vorher abgemessenem Wasser bis zum Ueberlaufen gefüllt oder daß nach vorheriger vollständiger Füllung das abfließende Wasser gemessen wird.

(6) Zum Abmessen des Wassers sind geeichte Gefäße zu verwenden. Es ist gestattet, Hilfsgefäße zu benutzen, die vorher mit geeichten Gefäßen auszumessen sind.

(7) Im Endergebnisse bleiben Bruchteile eines Liters außer Betracht.

(8) Die Wassermengen sind an einem von dem Brauereibesitzer zu liefernden Senkstab oder einer anderen ähnlichen Einrichtung in Abschnitten, die eine tunlichst genaue Ablesung gestatten, fortlaufend festzustellen. Der

Senkstab ist gegen Aenderung oder Vertauschung amtlich zu sichern.

Vermessungsverhandlungen.

AusfBest. § 34. (1) Ueber die Vermessung sind für jedes Gefäß zwei gleichlautende Verhandlungen nach Muster 7 oder 8 aufzunehmen. Nötigenfalls sind die Muster zu ändern oder zu ergänzen.

Muster 7 u. 8.

(2) Die Vermessungsverhandlungen sind von der Hebestelle rechnerisch zu prüfen. Die Verhandlungen über die Vermessung der zur Ermittelung des Bierzugs bestimmten Gefäße sind außerdem dem Hauptamte zur Prüfung vorzulegen.

Nachvermessung.

AusfBest. § 35. Wenn vermessene Brauereigefäße eine Aenderung ihres Raumgehalts erfahren haben oder die Vermutung einer solchen Aenderung vorliegt, sowie wenn die Lage von Gefäßen, die zur Ermittelung des Bierzugs dienen, geändert worden ist oder eine solche Aenderung zu vermuten ist, ist eine neue Vermessung vorzunehmen.

Bezeichnung der Gefäße.

AusfBest. § 36. (1) Der Brauereibesitzer hat jedes in die Nachweisung aufgenommene Gefäß mit Nummer und Raumgehalt in Uebereinstimmung mit der Nachweisung deutlich zu bezeichnen, diese Bezeichnung zu erhalten und nötigenfalls zu erneuern.

(2) Die Bezeichnung ist an dem Gefäß an einer in die Augen fallenden Stelle mit Oelfarbe oder in anderer dauerhafter Weise anzubringen. Läßt sich die Bezeichnung nicht an dem Gefäße selbst anbringen, so ist sie in seiner unmittelbaren Nähe auf einer Tafel ersichtlich zu machen.

(3) Die näheren Anordnungen trifft der Oberkontrolleur.

Verschluß.

AusfBest. § 37. Wenn eine Brauerei längere Zeit ruht, so sind in der Regel die Zugänge zur Braukesselfeuerung unter amtlichen Verschluß zu nehmen.[8])

Anm. 1. Nach Ziff. 2 der Anleitung zum Gebrauche des Musters 3 ist der Grundriß doppelt einzureichen. Außerdem ist daselbst die Befugnis zur Einforderung des Grundrisses allgemein, nicht bloß für „größere" Betriebe, ausgesprochen.

Anm. 2. Wie der Gebrauch bzw. die Führung der Brauereirolle zu erfolgen hat, ist auf dem Form. Muster 5 angegeben, s. dieses.

Anm. 3. Zur Abgabe der vorgeschriebenen Anmeldungen der Räume und Geräte und der damit vorgehenden Veränderungen ist bei verpachteten Brauereien nicht der Eigentümer, sondern der Pächter, d. h. derjenige, der die steuerpflichtige Fabrikation betreibt, und mit dem es daher die Steuerverwaltung allein zu tun hat, verpflichtet. Daraus aber folgt, daß auch in den Brauereirollen der Brauereien solche verpachteten Betriebsanstalten nicht auf den Namen des Eigentümers, sondern auf den Namen des Inhabers eingetragen und etwaige Veränderungen hinsichtlich der Person des Inhabers in den Brauereirollen vermerkt werden müssen usw. Dergleichen Veränderungen sind in den Rollen derart nachzutragen, daß in der Ueberschrift des betreffenden Kontos der Name des bisherigen Inhabers durchstrichen und der Name des folgenden Inhabers darüber oder daneben geschrieben und gleichzeitig in der zu den Bemerkungen bestimmten Spalte der Zeitpunkt einer derartigen Besitzänderung angemerkt wird.

(FME. v. 10. April 1839, Sachsen.)

Anm. 4. Die Neuaufstellung der Brauereirollen und die Umlegung des Belagsheft ist bald in Angriff zu nehmen und innerhalb eines Jahres zu Ende zu führen.

(FME. v. 20. Juni 1906 III 9722.)

Anm. 5. Jedes Hauptamt hält als solches für die übrigen Hebebezirke seines Bereichs eine Hauptrolle sämtlicher Bier- und Essigbrauereien. Dieselbe bildet sich aus den von den unteren Stellen zu liefernden Abschriften ihrer Rolle. Von der Rolle für den hauptamtlichen Spezialhebebezirk bedarf es keiner Abschrift zu der Hauptrolle.

Jede Hauptrolle wird in ein oder mehrere Bände gebracht. Der Bezirk jeder unteren Stelle bildet darin eine Hauptabteilung, welche von den folgenden auf leicht erkennbare Weise geschieden sein und den nötigen Raum zu Nachtragungen enthalten muß. Jede dieser Hauptabteilungen kann auch einen besonderen Band bilden.

Beläge für die Hauptrollen sind allein die von den unteren Stellen zu liefernden vierteljährlichen Nachweisungen der stattgefundenen Veränderungen. Diese Nachweisungen werden bei dem Hauptamte für jeden Hebebezirk in ein besonderes Heft gebracht und, nach der Zeitfolge geordnet, mit einer fortlaufenden Nummer versehen.

Nach dem Eingange werden die darin angezeigten Veränderungen, der Anleitung für die Brauereirollen und den Probeeintragungen gemäß in den Hauptrollen bemerkt, wobei als Nummer des Belags für den Zu- und Abgang die Nummer der betreffenden Nachweisung angegeben wird.

(FME. v. 20. Mai 1867 Nr. II 10, 11, 12, 13 der Anl. z. Buchf., ZBl. S. 151.)

Anm. 6. Bei Bestimmung der Gefäße, in welchen die Kontrolle des Bierzuges stattfinden soll, hat der Oberkontrolleur die Wahl zwischen den Kühlgefäßen und den Bier-, Sammel- (sog. Stell- und dgl.) Bottichen.

(Verf. d. Großh. Meck. Zoll- u. StDir. v. 17. Dezember 1872, Jahrb. S. 149.)

Anm. 7. Die trockne Vermessung erfolgt auch fernerhin nach der Conradischen „Anleitung zur Bestimmung des Literinhalts der Brennerei- und Brauereigeräte durch Vermessung auf trockenem Wege nebst Tabellen zur Feststellung des Literinhalts zylindrischer Räume".

(FME. v. 20. Juni 1906 III 9722.)

Anm. 8. Darüber, wie der Verschluß an den Geräten bzw. an den Zugängen zur Braukesselfeuerung anzubringen ist, ist nichts Näheres bestimmt. Der Geräteverschluß geschieht i. d. R. durch Befestigung von Papierstreifen mittelst amtlicher Siegelabdrücke an dem Boden oder den inneren Seitenflächen der Gefäße.

Wie die Zugänge zu der Braukesselfeuerung zu verschließen sind, richtet sich nach der Beschaffenheit und Größe derselben. Gewöhnlich geschieht der Verschluß in der Art, daß zwei Stäbe — der eine außerhalb, der andere innerhalb der Feuerung — durch Bindfäden verbunden und durch Siegelabdrücke so gesichert werden, daß eine Entfernung derselben nicht möglich ist.

Die Abnahme des Verschlusses zum Zwecke des Wiedergebrauchs oder der Reinigung der Gefäße ist bei der Hebestelle schriftlich oder mündlich, unter Angabe des Tages, an welchem die Abnahme erfolgen soll, zu beantragen und durch den Bezirksaufseher zu bewirken, kann jedoch, sofern letzterer an dem hierfür bestimmten Tage nicht erscheint, auch durch den Brauer oder dessen Stellvertreter unter Zuziehung eines glaubwürdigen Zeugen vorgenommen werden.

Die erfolgte Anlegung oder Abnahme amtlicher Geräteverschlüsse ist von den Revisionsbeamten oder dem Brauereiinhaber und dem Zeugen in der hierfür bestimmten Spalte 5 des Aufsichtsbuchs (s. Muster 18) zu vermerken.

Erfordernis einer Wage.

§ 16. Jede Brauerei soll mit einer geeichten Wage und den erforderlichen geeichten Gewichten[2]) versehen sein. Die Wage muß geeignet sein, die einzelnen Maischposten, wenn diese das Gewicht von 2,5 Doppelzentner nicht erreichen, auf einmal, sonst aber mindestens 2,5 Doppelzentner zusammen zu verwiegen.

Bis diesem Erfordernisse genügt ist, kann der Betrieb der Brauerei untersagt werden.

Der Aufstellungsort der Wage[1]) wird im Einvernehmen mit der Steuerbehörde bestimmt.

Wagen und Gewichte.

AusfBest. § 38. (1) Der Brauereibesitzer ist verpflichtet, die Wagen und Gewichte nach näherer Bestimmung der Steuerbehörde eichamtlich prüfen zu lassen.

(2) Der Aufstellungsort der Wage ist so zu wählen, daß die Verwiegung der Braustoffe in der Nähe der Einmaischungsstelle erfolgen kann.

Anm. 1. Der Brauer kann die Aenderungsanzeige (s. Muster 4 AusfBest. § 25) auch zu der ihm obliegenden Anzeige einer Aenderung des Aufstellungsorts der Wage benutzen. Er muß sie dann aber in doppelter Ausfertigung vor der bewirkten Aenderung des Orts — die nur mit Genehmigung des Oberkontrolleurs erfolgen darf — einreichen. Die von der Hebestelle mit der Bescheinigung der Anmeldung versehene eine Ausfertigung erhält der Brauer zurück und hat sie bei dem Brauereibelagsheft aufzubewahren. Die genehmigte Aenderung des Aufstellungsorts der Wage wird von den Aufsichtsbeamten in die Nachweisung der Räume und Gefäße eingetragen.

(S. Anl. z. GebrMust. 4 AusfBest. § 25 und Must. 3 S. 4 z. AusfBest. § 22.)

Findet zwischen dem Brauer und dem Oberkontrolleur hinsichtlich des Ausstellungsorts der Wage eine Einigung nicht statt, so entscheidet das Hauptamt.

Anm. 2. Die Wagen und Gewichte müssen den Vorschriften der Eichordnung v. 16. Juni 1869 (Beil. zu Nr. 32 d. Bundesges.Bl. f. 1869) entsprechen und mit dem Eichstempel versehen sein. Darauf ist von sämtlichen Aufsichtsbeamten zu achten.

(S. Gen.Verord. d. Sächs. Zoll- und Steuerdir. v. 11. Januar 1873 Nr. 1, Jahrb. S. 520.)

Anm. 3. Bei der Notwendigkeit, gegen Unrichtigkeiten der Wiegegeräte gesichert zu sein, scheint es im Interesse der Zoll- und Steuerverwaltung wie des Publikums erforderlich, auch künftig von Zeit zu Zeit durch Eichungsbeamte die Richtigkeit der Geräte prüfen zu lassen. Um unnötige kostspielige Revisionen zu vermeiden, wird es den Herren ProvStDir. überlassen, nach Anhörung der Hauptzoll- und Hauptsteuerämter zu bestimmen, in welchen Zeiträumen die Revision der Wagen und Gewichte durch Eichungsbeamte bei den einzelnen Abfertigungsstellen stattzufinden hat. Die in den Brauereien befindlichen Wagen einer solchen Revision auf ihre Kosten unterwerfen zu lassen, werden die Brauereibesitzer allerdings nicht genötigt werden können, sofern nicht bestimmte Anzeichen für die Unrichtigkeit der Wagen und Gewichte vorliegen. Durch sorgfältige Prüfung wird es indes voraussichtlich den Aufsichtsbeamten möglich werden, etwaige dem Steuerinteresse nachteilige Veränderungen dieser Geräte rechtzeitig zu entdecken und auf die Reparatur der Mängel und die demnächstige abermalige Prüfung durch Eichungsbeamte hinzuwirken.

(FME. v. 28. Juni 1875 III 8385, ZBl. S. 166.)

Anm. 4. Die im § 18 der Maß- und Gewichtsordnung v. 16. Mai 1816 und § 7 d. Ges. v. 24. Mai 1853 enthaltenen Vorschriften über periodische eichamtliche Prüfung der im öffentlichen Gebrauche befindlichen Wagen und Gewichte durch die Maß- und Gewichtsordnung v. 17. August 1868 sind nicht für beseitigt zu erachten. Da gegen die Verlängerung der Revisionsperioden, welche in jenen gesetzlichen Bestimmungen und in den auf Grund derselben erlassenen Verfügungen vorgeschrieben sind, aus technischen Gründen Bedenken bestehen, so ist auch ferner nach den bis 1874 beobachteten Grundsätzen in der Weise zu verfahren, daß, sofern nicht bemerkte Unrichtigkeiten der Wiegegeräte Anlaß hierzu geben, die Zoll- und Steuerstellen im amtlichen Gebrauch befindlichen Wagen und Gewichte alle 3 Jahre, die in (Rübenzuckerfabriken) Brauereien (und Salzwerken) benutzten Wagen und Gewichte alljährlich der eichamtlichen Prüfung zu unterwerfen sind. Nur bei Amtsstellen, welche von dem betreffenden Eichamte entfernt belegen sind, oder bei denen eine häufige Benutzung der Wagen und Gewichte nicht eintritt, kann jene dreijährige Periode überschritten werden, sofern die periodische Prüfung durch die Oberbeamten der Steuerverwaltung keinen Zweifel gegen die Richtigkeit der Wiegegeräte ergibt und andere Gründe für eine eichamtliche Untersuchung nicht eintreten. —

Zur Vermeidung von Betriebsstörungen und Kosten wird es dienlich sein, daß die betreffenden Amtsstellen vor der Gestellung der Wiegegeräte zur Revision sich vorher mit den betreffenden Eichämtern in Verbindung setzen, damit für die sofortige Ausführung der Revision Sorge getragen werden kann.

(FME. v. 8. Dezember 1878 III 11337.)

Anm. 5. Die Frist für die eichamtlichen Revisionen die Wagen und Gewichte in kleineren, nicht am Sitze eines Eichamtes belegenen Brauereien, kann von den zuständigen Hauptämtern bis auf drei Jahre verlängert werden, sofern nach dem Ermessen dieser Behörden die Innehaltung der in der Verfügung v. 8. Dezember 1878 III 11337 vorgeschriebenen einjährigen Revisionsfrist zu einer übermäßigen Belastung führen würde, und sofern nicht Zweifel gegen die Richtigkeit der Wiegegeräte gerechtfertigt erscheinen.

(FME. v. 18. Juni 1880 III 8857.)

Anm. 6. Der FM. hat im Einverständnis mit dem Min. f. H. u. G. bestimmt, daß bis auf weiteres die im Gebrauche von Zoll- und Steuerbehörden befindlichen Wagen von mehr als 2000 kg Tragfähigkeit unterschiedslos alle 3 Jahre einer eichamtlichen Nachprüfung zu unterziehen sind. Die allg. Verf. v. 8. Dezember 1878 III 11337, ZBl. 1879 S. 49 erleidet dadurch eine entsprechende Einschränkung.

(FME. v. 13. April 1903 III 4830, ZBl. S. 130.)

Aufbewahrung der Vorräte an Braustoffen.[13])

§ 17. Jeder Brauer[2])[3])[4])[5]) ist verbunden, Vorräte an Malzschrot[6]) und Zucker, soweit sie nach dem Ermessen der Steuerbehörde den Bedarf des eigenen Haushalts[8]) übersteigen, nur an bestimmten, ein für allemal vorher anzuzeigenden geeigneten Orten aufzubewahren.

Zucker darf nur in Räumen, die von der Braustätte gänzlich getrennt sind, aufbewahrt werden.

Der Vorrat an Malzschrot darf, sobald Braueinmaischungen angemeldet sind (§ 20), die längstens für den folgenden Tag angemeldete Menge nicht übersteigen.[10]) [14])

Will der Brauer Vorräte von Zucker halten, die nicht zur Bierbereitung bestimmt sind,[7][8]) so muß er sie getrennt von den zur Bierbereitung bestimmten Vorräten in anderen, ein für allemal anzuzeigenden Räumen aufbewahren, auch sich den nach Bedürfnis von der Steuerbehörde zu treffenden Anordnungen wegen der Buchführung über solche Vorräte und wegen des Verschlusses, insbesondere zur Zeit des Brauens, unterwerfen.

Die Aufbewahrungsorte stehen ohne Ausnahme unter Aufsicht der Steuerbehörde.

Aufbewahrung des Malzschrots.

AusfBest. § 39. (1) Der Aufbewahrungsort für die Vorräte an Malzschrot soll sich tunlichst nahe der Wage befinden.

(2) Die Aufbewahrungsorte sowie ihr nachträglicher Wechsel[1]) bedürfen der Genehmigung des Oberkontrolleurs.

AusfBest. § 40. (1) So lange Braueinmaischungen nicht angemeldet sind, darf an dem Aufbewahrungsorte Malzschrot in beliebiger Menge vorhanden sein.

(2) Hat eine Anmeldung von Braueinmaischungen stattgefunden, so darf der Vorrat an Malzschrot die Menge nicht übersteigen, die für den nächsten Betriebstag und, im Falle gleichzeitiger Anmeldung mehrerer Braueinmaischungen im voraus, für den auf den ersten Betriebstag folgenden Kalendertag zur Einmaischung angemeldet ist.[12])

AusfBest. § 41. Die Vorschriften des § 17 des Gesetzes bleiben, soweit sie sich auf die Aufbewahrung von Zucker beziehen, solange außer Anwendung, als der Zucker von der Brausteuer befreit bleibt.

Anm. 1. Hinsichtlich der Anmeldung usw. Aenderung des für die Aufbewahrung der Vorräte an Malzschrot bestimmten Orts gilt das gleiche wie für Aenderung des Aufstellungsorts der Wage, s. Erläut. bei § 16 des Ges.

Anm. 2. Unter dem Ausdruck „Brauer" im § 13 — jetzt § 17 — des Ges. ist nur derjenige Gewerbetreibende zu verstehen, welcher dem Staate gegenüber als solcher zur Entrichtung der Brausteuer verpflichtet ist. (ObTribE. v. 23. April 1874, ZBl. S. 195.)

Anm. 3. Das RGE. IV. Straff. v. 9. April 1886, Rechtspr. Bd. 8 S 274, hat entschieden, daß die Verpflichtungen der §§ 13 u. 18 — jetzt 17 u. 22 — des Ges. in erster Linie dem **Brauer** obliegen und daß er sich dieser Verpflichtung nicht dadurch entschlagen kann, daß er einen Braumeister anstellt und diesem die Haftung für Zuwiderhandlungen gegen diese Paragraphen zuschieben will. Damit ist aber durchaus nicht ausgesprochen, daß der Brauer auch dann strafbar ist, wenn ihn keinerlei Verschulden trifft (s. ZBl. 1896 S. 47.)

Anm. 4. Die Vorschrift des § 13 — jetzt § 17 — schließt die weitere Verpflichtung in sich, auch die erforderlichen Vorkehrungen zu treffen und die entsprechende Aufmerksamkeit und Sorgfalt anzuwenden, damit dieser Gesetzesvorschrift genügt werde. Es würde also eine strafbare Verschuldung darstellen, wenn der Brauer unterlassen hat, durch eingehendere Beaufsichtigung des Betriebes die Zuwiderhandlungen zu hindern. (RGE. IV. Straff. v. 27. Oktober 1893, ZBl. 1894 S. 149.)

Anm. 5. Der Vormund, welcher als Vertreter eines minderjährigen Brauereibesitzers die denselben gehörige Brauerei leitet, ist für den Betrieb der letzteren als „Brauer" im Sinne des Brausteuergesetzes und für die Zuwiderhandlungen gegen die damit verbundenen Obliegenheiten verantwortlich. (RGE. ums.)

(RGE. IV. Straff. v. 27. Oktober 1893, ZBl. 1894 S. 147.)

Anm. 6. Es erschien angemessen, Vorräte von rohem Getreide, sowie auch von ungeschrotenem Getreidemalz bei der Seltenheit der unmittelbaren Verwendung dieser Stoffe für Brauzwecke und bei der Unausführbarkeit einer wirksamen Kontrolle von jeder Ueberwachung frei zu lassen.

(Drucks. d. Bundesr. f. 1872 u. Nr. 11 d. Drucks. d. d. Reichst. f. 1872 S. 26.)

Anm. 7. Vorräte an Malzschrot, welche zu anderen Zwecken als zur Bierbereitung (z. B. zum Verkauf) verwendet werden sollen, dürfen von den Brauern nur mit Genehmigung der Direktivbehörde und unter der von dieser anzuordnenden Kontrolle gehalten werden.

(Verf. d. Großh. Meckl. Steuer- u. Zolldir. v. 17. Dezember 1872 Nr. 6, Jahrb. S. 149.)

Anm. 8. Als „Bedarf des eigenen Haushalts" können solche Vorratsmengen von der Kontrolle frei bleiben, wie sie in der betreffenden Gegend in Haushaltungen ähnlicher Art gewöhnlich für den Wirtschaftsbedarf gehalten zu werden pflegen.

Anm. 9. Die Direktivbehörden sind durch Bundesratsbeschl. v. 5. März 1896 — § 151 d. Prot. — ermächtigt worden, den Brauern das Halten von Vorräten an Malzschrot zum Verkauf unter Anordnung der mit Rücksicht auf die Vorschrift im § 13 Abs. 3 — jetzt § 17 Abs. 3 — erforderlichen Kontrollen (s. ZBl. 1872 S. 354) zu gestatten.

(Allg. FE. v. 23. März 1896 III 4019.)

Anm. 10. Da Malzschrot, sobald Braueinmaischungen angemeldet sind, die längstens für den folgenden Tag deklarierte Menge nicht übersteigen darf, ist es nicht zulässig, außer dem versteuerten Malzschrot noch anderes einstweilen unversteuert (an demselben Orte) in Vorrat zu halten.

(FME. v. 30. Juni 1875 III 8711, Hannover.)

Anm. 11. Die Vorschrift des § 40 AusfBest. ist ihrem Wortlaute nach auszulegen. Es macht demnach keinen Unterschied, ob im Falle der Anmeldung mehrerer Braumaischen im voraus der auf den ersten Betriebstag folgende Kalendertag ein Sonn- resp. Feiertag oder ein Wochentag ist.

(Vgl. FME. v. 19. Mai 1875 Nr. III, 17434.)

Anm. 12. Sind z. B. für den 10. Januar zwei Braueinmaischungen und für den 11. Januar auch zwei Brauakte angemeldet, so darf am deklarierten Orte das für diese Brauakte deklarierte Malzschrot vorhanden sein, nicht aber auch das für den 12. etwa benötigte Material.

Der Brauer N., welcher am 9. Januar d. Js. zwei Einmaischungen für den 11. und 13. desselben Monats — der betriebslose Zwischentag (12.) war ein Sonntag — angemeldet und je 11 Zentner Malzschrot zu jeder Einmaischung deklariert und versteuert hatte, hat sich daher der Verletzung der Vorschrift — jetzt des § 40 Abs. 2 — dadurch schuldig gemacht, daß er am 11. Januar außer der für diesen Tag zu verwendenden Schrotmenge auch bereits das zur Einmaischung am 13. Januar bestimmte Malzschrot im Gewicht von 11 Zentner in seiner Braustube vorrätig gehalten.

(FME. v. 19. Mai 1875 III 17434.)

Anm. 13. Zuwiderhandlungen gegen § 17 werden auf Grund § 46 Ziff. 2 mit Ordnungsstrafen bzw. auf Grund des § 40 mit Defraudationsstrafe geahndet.

Anm. 14. Das Vorhandensein von Braumalzschrot in Brauereien an dem deklarierten Aufbewahrungsorte in einer Menge, welche die nach § 13 Abs. 3 — jetzt § 17 Abs. 3 — des Ges. zulässige Menge übersteigt, aber nicht über 10% derselben hinausgeht, ist nicht mit einer Ordnungsstrafe aus § 35 Abs. 1 — jetzt § 46 Abs. 1 — bis zu 150 Mk. zu ahnden. Ein derartiges Uebergewicht ist zwar straffrei zu lassen, aber nachzuversteuern.

(FME. v. 29. Dezember 1876 III 12663.)

Buchführung über den zur Bierbereitung bestimmten Zucker.

§ 18. 1. Über den zur Bierbereitung bestimmten Vorrat von Zucker hat der Brauer nach näherer Anleitung der Steuerbehörde ein von der letzteren geliefertes Buch zu führen, in das jeder Zugang sofort bei der Einbringung unter Angabe der bezogenen Gattung und Menge, der Zahl der Packstücke und der Verpackungsart, des Bezugsorts, des Namens (der Handelsfirma) des Verkäufers, des Tages und der Stunde der Aufnahme, jeder Abgang aber sogleich bei Ablassung der zur Versteuerung angemeldeten Menge in die Braustätte (§ 24) unter Angabe der Gattung und Menge sowie des Tages und der Stunde der Herausnahme einzutragen ist.

Jeder Zugang muß mit über den Bezug lautenden Versendungspapieren (Fakturen, Frachtbriefen usw.) belegt sein.

2. Die Entnahme von Zucker aus dem Aufbewahrungsraume zu anderen Zwecken, als zur Verwendung in der Brauerei, ist nur in Ausnahmefällen, nach vorher besonders einzuholender Genehmigung der Steuerbehörde zulässig.

3. Der Brauer hat das nach der vorstehenden Bestimmung zu 1 zu führende Buch den Steuerbeamten jederzeit auf Verlangen zur Einsicht vorzulegen, auch Rechnungsabschlüsse des Buches und amtliche Bestandsaufnahmen des Vorrats sich gefallen zu lassen.

Ein hierbei gegen den buchmäßigen Sollbestand ermittelter Minderbefund soll als in der Brauerei verwendet angesehen und, wenn er zwei vom Hundert des Sollbestandes übersteigt, nachversteuert, ein Mehrbefund aber dem Buchbestande zugeschrieben werden.

Buchführung über die Vorräte an Zucker.

AusfBest. § 42. (1) Ueber den in der Brauerei während oder nach Abschluß des Brauverfahrens verwendeten Zucker (§ 1 Abs. 1 und § 2 Abs. 2 des Gesetzes) ist ein Buch nach Muster 9 (Zuckerverwendungsbuch) zu führen.[1]) Muster

(2) Die Steuerbeamten sind befugt, dieses Buch jederzeit einzusehen, auch Rechnungsabschlüsse und Bestandsaufnahmen vorzunehmen.

(3) Die übrigen Vorschriften des § 18 des Gesetzes bleiben außer Anwendung.

(S. auch § 22 d. Ges.)

Anm. 1. Siehe die „Anleitung zum Gebrauch" des Zuckerverwendungsbuchs (Muster 9). Das Formular wird dem Brauer von dem Hauptamt unentgeltlich geliefert.

Vorschriften für den gemeinschaftlichen Betrieb der Brauerei und Brennerei.

§ 19. Bei dem gemeinschaftlichen Betriebe der Brauerei und Brennerei darf für die letztere, falls nicht die von der Brauerei zu entrichtende Steuer in einer Abfindungssumme gezahlt wird (§ 32), reines Malzschrot nicht verwendet, das zur Brennerei bestimmte Malz[1])[2]) muß vielmehr vor dem Schroten auf der Mühle wenigstens zum vierten Teile mit ungemalztem Roggen vermischt[2]) werden. Wird neben der Brauerei Branntwein aus Kartoffeln gebrannt, so ist zu letzterem Zwecke der Gebrauch von reinem Malzschrote[1])[2]) zwar gestattet, dieses muß jedoch besonders angemeldet und aufbewahrt werden und steht unter der Aufsicht der Steuerbehörde.

Gemeinschaftlicher Betrieb der Brauerei und Brennerei.

AusfBest. § 43. (1) In den gemeinschaftlich mit einer Brauerei betriebenen Kartoffelbrennereien ist das für den Betrieb der letzteren bestimmte Malzschrot an einem von dem Braumalzschrote getrennten, ein für allemal anzuzeigenden Orte aufzubewahren.

(2) Ueber den Vorrat an Brennereischrot hat der Brauer ein Buch zu führen, in dem das Schrot sogleich nach der Niederlegung an dem Aufbewahrungsort in Zugang und bei Verwendung für die Branntweinbereitung in Abgang einzutragen ist.

Anm. 1. Dieser Paragraph enthält für solche Brauer, welche zugleich Brennerei treiben, zwar nur bezüglich des reinen Malzschrotes, welches zur Kartoffelbrennerei dienen soll, die ausdrückliche Anordnung, daß das hierzu sowohl als das zur Brauerei zu verwendende Malzschrot besonders deklariert und aufbewahrt werden soll, während bezüglich desjenigen Malzschrotes, welches mit ungemalztem Getreide vermischt zur Branntweinbrennerei verwendet werden soll, eine solche Vorschrift nicht besteht. Jedoch findet sich auch nicht vorgeschrieben, daß über dieses Malzschrot keine Kontrolle geübt werden soll; und da alles Malzschrot, welches nach erfolgter Anmeldung von Braueinmaischungen bei dem Brauer in einer Menge vorgefunden wird, welche die gesetzlich zulässige Menge — s. § 40 Ziff. 1 — um mehr als 10% übersteigt, als Gegenstand einer beabsichtigten Defraude angesehen werden soll, so erscheint es nicht unzulässig, diese allgemeine Vorschrift auch in bezug auf das zur Brennerei bestimmte, aber mit ungemalztem Getreide vermischte Malzschrot Anwendung finden zu lassen, insoweit durch das Gesetz nicht eine Abweichung begründet wird.

(FME. v. 26. November 1847.)

Anm. 2. Als Unterscheidungszeichen des reinen Malzschrots von einem Schrotgemenge aus gemalztem und ungemalztem Getreide gilt folgendes:

Das reine Malzschrot schmeckt süß. Es hat einen süßen Geruch; bei Darrmalz ist dieser brenzlich. Es enthält ferner eine Menge Hülsen, an denen kein Mehl haftet, ist ohne Kleie, leicht, nimmt einen verhältnismäßig großen Raum ein, weicht beim Druck in der Hand und verursacht mehr oder weniger Stechen durch die Hülsen.

Beim Gemenge aus Malz- und Roggenschrot ist Geschmack und Geruch beinahe dem des Mehles gleich; es enthält Kleie, an der Mehl haftet, fühlt sich fest an, ist schwerer und nimmt weit weniger Raum ein, als reines Malzschrot. Das für die Brennerei bestimmte Malzschrot pflegt außerdem kleiner vermahlen zu werden.

Brauanzeige.

§ 20. Wer, abgesehen von den in den §§ 9 und 32 gedachten Fällen brauen will, ist verpflichtet, der Steuerhebestelle schriftlich anzuzeigen[2][3][4]), welche Gattung und Menge der im § 2 genannten Stoffe er zu jedem Gebräu nehmen, an welchem Tage und zu welcher Stunde er einmaischen wird und wieviel Bier er aus den angegebenen Braustoffen ziehen will. Es steht dem Steuerpflichtigen frei, diese Anzeige, so oft er braut, zu machen, oder im voraus für einen bestimmten Zeitraum.

(S. AusfBest. §§ 44—46, hinter § 21.)

Der im § 20 Abs. 1 angezogene § 9 betrifft die Steuerfreiheit des Haustrunks, § 32 die Abfindung.

Anm. 1. In Gemäßheit der Ausführungsbestimmungen zu diesen Paragraphen (amtl. Ausg. S. 27, letztes Alinea) sind bei Ermittelung des Bierzuges auf dem Kühlschiffe für das auf demselben stattfindende Verdampfen 10 Prozent in Abzug zu bringen, sofern die Revision unmittelbar nach dem Ablassen der Würze auf das Kühlschiff erfolgt. Ein Strafverfahren ist demnach nur dann einzuleiten, wenn nach Abzug von 10 Prozent für Verdampfung, die Differenz gegen den deklarierten Bierzug mehr als 10 Prozent beträgt (s. § 46 Ziff. 4).

(FME. v. 19. Mai 1875 Nr. III, 17 434.)

Anm. 2. Die unterlassene Anmeldung der Verwendung bereits anderweit versteuerter Braustoffe zur Bierbereitung enthält den Tatbestand der Brausteuerdefraudation.

Für die Steuerpflichtigkeit der zur Einmaischung gelangenden unangemeldeten Stoffe ist es also bedeutungslos, ob von denselben bereits anderweit die Brausteuer entrichtet worden ist.

(RGE. v. 10. Februar 1891, ZBl. S. 125.)

Anm. 3. Jede Aenderung des Inhalts einer mit dem Quittungsvermerk der Steuerhebestelle versehenen Brauanzeige ist objektiv als Fälschung einer öffentlichen Urkunde im Sinne des § 267 StGB. anzusehen.

Eine solche Fälschung ist also auch dann schon als vorliegend zu erachten, wenn an der Mengeangabe des in die Anzeige aufgenommenen und von der Steuerbehörde festgestellten Bierzuges eine Aenderung vorgenommen wird.

(RGE. I. Straff. v. 25. Juni 1891, ZBl. S. 279.)

Darin, daß der Steuerpflichtige die verfälschte Brauanzeige zur Einsicht des revidierenden Steuerbeamten bereit hält, kann ohne Rechtsirrtum ein Gebrauchmachen von derselben gefunden werden.

(ObTribE. v. 11. Mai 1876, ZBl. S. 235.)

Anm. 4. 1. Die von dem Steuerpflichtigen nach § 20 über einen beabsichtigten Brauakt zu erstattende schriftliche Brauanzeige bildet, nachdem sie der Steuerbehörde eingereicht, und seitens derselben festgestellt ist, in betreff ihres gesamten Inhalts, insbesondere auch in betreff der darin enthaltenen Deklaration des Bierzugs, eine öffentliche Urkunde.

Eine später in rechtswidriger Absicht zum Zwecke der Täuschung der Behörde einseitig vorgenommene Abänderung derselben, speziell der Deklaration des Bierzugs, fällt unter den Tatbestand der Urkundenfälschung.

2. Darin, daß der Steuerpflichtige die verfälschte Brauanzeige zur Einsicht des revidierenden Steuerbeamten bereit hält, kann ohne Rechtsirrtum ein Gebrauchmachen von derselben gefunden werden.

3. Die Abweichung vom deklarierten Bierzuge um mehr als 10% bildet eine neben der (etwaigen)

Fälschung der Deklaration besonders zu ahndende Ordnungswidrigkeit.

(ObTribE. v. 11. Mai 1876, ZBl. S. 235.)

Anm. 5. 1. Die Ordnungsstrafe wegen Einmaischung zu einer anderen als der angezeigten Stunde trifft den Vorstand der Brauerei, auch wenn derselbe bei der Einmaischung nicht zugegen war.

2. Die geschärfte Ordnungsstrafe des § 46 Abs. 2 Nr. 3 tritt nur dann ein, wenn statt um die angezeigte Vormittagsstunde während der Nachmittagsstunden eingemaischt wird oder umgekehrt.

(ObTribE. v. 11. April 1878.) Aus der Begründung:

In einer Brauerei waren zwei Einmaischungen, die eine um 6 Uhr vormittags, die andere um 10 Uhr vormittags angemeldet. Die zweite Einmaischung hatte aber erst um 11½ Uhr vormittags begonnen, weil eine Betriebsstörung eingetreten war. Letztere hatte in dem Schadhaftwerden der Wasserpumpe bestanden und konnte erst um 11½ Uhr vormittags beseitigt werden. Die zur Einmaischung bestimmten Maischgeräte waren aber um 10 Uhr vormittags, d. h. zur angezeigten Stunde der zweiten Einmaischung noch mit Maischgut aus der ersten Einmaischung besetzt, so daß die zweite Einmaischung tatsächlich gar nicht hätte zur angezeigten Stunde stattfinden können. Eine ausreichende Entschuldigung hierfür lag nicht vor. Der Angeklagte machte geltend, daß er an dem Vormittage gar nicht in der Brauerei gewesen sei und deshalb von diesen Vorgängen nichts gewußt habe. Diesen Umstand hielt das Obertribunal aber nicht für geeignet, den Angeklagten von der Strafe zu befreien. Denn wenn auch eine Steuerdefraudationsstrafe nicht immer unbedingt den Vorstand des steuerpflichtigen Gewerbes zu treffen brauche, sondern nach Umständen auch gegen die Gewerbsgehilfen desselben, wenn diese die eigentlich

Schuldigen sind, verhängt werden könne, vorbehaltlich der subsidiarischen Haftung des Vorstandes für diese Strafen, und, um den Vorstand unmittelbar haftbar zu machen, mindestens das Bewußtsein desselben von den den Tatbestand der Defraudation bildenden Tatsachen, erforderlich sei, so handele es sich hier doch nicht um eine Defraudations-, sondern um eine bloße Ordnungsstrafe wegen Vernachlässigung der im Interesse der Steuererhebung für den äußeren Betrieb des betr. Gewerbes gesetzlich getroffenen Anordnungen. Diese Anordnungen zur Ausführung zu bringen, kann selbstverständlich nur von dem Vorstande der Betriebsstätte gefordert werden. Wie daher der § 20 des Gesetzes den „Brauer", also den Vorstand der Brauerei, verpflichtet, der Steuerbehörde außer über andere Punkte auch darüber Anzeige zu machen, „an welchem Tage und zu welcher Stunde er einmaischen werde", so kann es auch nur Sache des Vorstandes sein, dafür zu sorgen, daß die angezeigte Stunde eingehalten wird. Dieser Sorge kann er sich dadurch nicht entschlagen, daß er seinerseits in der Brauerei nicht erscheint und den Betrieb einem Gewerbsgehilfen überläßt, woraus dann von selbst folgt, daß, wenn er seines Nichterscheinens wegen von dem ordnungswidrigen Verfahren in der Brauerei keine Kenntnis erhalten hat, er dadurch allein von der gesetzlich angedrohten Ordnungsstrafe nicht befreit werden kann. Um auf eine solche Befreiung Anspruch zu machen, hätte er daher mindestens einen unabwendbaren Zufall nachweisen müssen, durch den er am Erscheinen verhindert worden wäre.

Anm. 6. Die Vorschriften des § 17 Abs. 3 und des § 40 Nr. 2 des Brausteuergesetzes über die Aufbewahrung von nicht zur Bierbereitung bestimmten Braustoffen finden auch dann Anwendung, wenn der Brauer mit der Steuerbehörde einen Abfindungsvertrag über die Brausteuer abgeschlossen hat. (ObTribE. umf.)

(OTribE. v. 22. November 1876, ZBl. 1879 S. 140.)

Zeit der Anmeldung und Berichtigung der letzteren.

§ 21. Die Anmeldung (§ 20) muß, wenn vormittags gemaischt werden soll, spätestens am Nachmittage des vorhergehenden Tages, und wenn nachmittags gemaischt werden soll, spätestens am Vormittage desselben Tages drei Stunden vorher, in beiden Fällen auch während der Dienststunden (§ 36) erfolgen. Abänderungen dieser Anmeldungen[3]) sind nur innerhalb der für die letzteren selbst vorstehend festgesetzten Frist zulässig.

Erfordernis und Form der Brauanzeige.

AusfBest. § 44. (1) Die im § 20 des Gesetzes vorgeschriebene Brauanzeige ist nur in bezug auf Malz zu erstatten.

Muster 10. (2) Der Brauer hat ein Steuerbuch nach Muster 10 in vierteljährlichen Zeitabschnitten zu führen[1]), das ihm bei der ersten Betriebsanmeldung von der Hebestelle ausgehändigt wird. Behufs der Brauanzeige ist das Buch nach Ausfüllung der Spalten 1 bis 9 der Hebestelle vorzulegen[1]).

(3) Die Hebestelle vermerkt in dem Buche den für die einzelnen Braueinmaischungen zu erhebenden Steuerbetrag und gibt das Buch dem Anmeldenden zurück.

(4) Aenderungen der Anmeldungen[3]) sind der Hebestelle mündlich oder schriftlich unter Vorlegung des Steuerbuchs anzuzeigen. Ist die Aenderung zulässig, so wird die ursprüngliche Eintragung von der Hebestelle berichtigt.

(5) Binnen 3 Tagen nach Ablauf des Vierteljahrs ist das Steuerbuch der Hebestelle zurückzureichen. Haben

in dem Vierteljahr Einmaischungen nicht stattgefunden, so ist das Buch für das nächste Vierteljahr beizubehalten.

Brausteuer-Gegenbuch[2]).

AusfBest. § 45. (1) Die Anmeldungen werden von der Hebestelle einzeln in das nach Muster 11 zu führende Brausteuer-Gegenbuch[2]) eingetragen. Muster 11.

(2) Von den angemeldeten Einmaischungen haben die Aufsichtsbeamten fortdauernd Kenntnis zu nehmen und die Kenntnisnahme durch Einschrift ihres Namens in Spalte 12 zu bescheinigen.

Brausteuer-Einnahmebuch.

AusfBest. § 46. Bei der Hebestelle wird in vierteljährlichen Zeitabschnitten ein Brausteuereinnahmebuch nach Muster 12 geführt. Die Steuerbeträge, die für die im Laufe eines Monats angemeldeten Einmaischungen von dem einzelnen Brauer entrichtet werden, sind in das Einnahmebuch in einer Summe einzutragen. Muster 12.

(Hinsichtlich der Fälligkeit, Einzahlung, Stundung der Brausteuer usw. vgl. § 8 und AusfBest. dazu, hinsichtlich der Verwiegung der Braustoffe § 24 Abs. 2 ff.)

Anm. 1. Wie das Steuerbuch zu führen ist, ist in der Anleitung zum Gebrauch auf dem Titelblatt des Steuerbuchs (Muster 10) angegeben. Danach ist zum Bierzug diejenige Flüssigkeit nicht zu rechnen, welche ohne erneuten Zusatz von Braustoffen durch Aufgießen von kaltem oder heißem Wasser auf die bereits ausgezogenen Treber gewonnen und nicht auf der Pfanne gekocht, sondern als Konsent (Nachbier) verbraucht wird.

Brauanzeigen, welche den Vorschriften des Ges. oder den AusfBest. nicht entsprechen, sind, sofern nicht nach Umständen eine sofortige Berichtigung veranlaßt werden kann, unter Angabe der Mängel zurückzuweisen.

(Verf. der Großh. Meckl. Zoll- u. Steuerdir. v. 17. Dezember 1872 Nr. 7a, Jahrb. S. 150).

Anm. 2. Da das Brausteuergegenbuch für vierteljährliche Zeitabschnitte geführt wird und mit den Steuerbüchern der Brauer belegt sein muß, so ist es nicht zulässig, in das Register des laufenden Vierteljahrs solche Meldungen einzutragen, welche zwar noch vor Ablauf des betreffenden Vierteljahrs eingehen, aber eine Betriebshandlung zum Gegenstande haben, welche in das nächstfolgende Vierteljahr fällt. Es muß vielmehr bereits in den letzten Tagen eines jeden Vierteljahrs das Brausteuer-Gegenbuch für das folgende Vierteljahr eröffnet und darin jede Meldung, welche sich auf einen Betrieb im nächsten Monate bezieht, eingetragen werden.

(Vgl. FME. v. 6. Januar 1837.)

Erklärung über die Verwendung von Zucker.

§ 22. Wer Zucker zum Brauen verwenden will, hat hierüber, abgesehen von den Anmeldungen für die einzelnen Gebräue (§ 20), mindestens drei Tage vor der ersten derartigen Einmaischung der Steuerhebestelle eine schriftliche Erklärung in doppelter Ausfertigung zu übergeben. In der Erklärung ist die Art und Weise der beabsichtigten Verwendung, insbesondere bei welchem Abschnitte der Bierbereitung sie jedesmal erfolgen soll, und der Raum für die Aufbewahrung des Vorrats (§ 17 Abs. 4) näher zu beschreiben. Bei dem Betrieb ist diese Erklärung genau zu befolgen. Später beabsichtigte dauernde Änderungen sind innerhalb gleicher Frist vorher schriftlich anzuzeigen. Soll von dem Inhalte der Erklärung, von der die eine Ausfertigung demnächst in der Brauerei zur Einsicht der Steuerbeamten ausliegen muß, nur für einzelne bestimmte Einmaischungen abgewichen werden, so genügt es, solches in der nach § 20 abzugebenden Brauanzeige anzumelden.

Die Verwendung von Zucker darf in der Regel nur innerhalb der Zeit vom Beginne der Einmaischung bis zur Beendigung des Kochens der Bierwürze stattfinden. Ausnahmen hiervon[1]) sind nur unter den von der Direktivbehörde anzuordnenden Maßnahmen zulässig.

(S. AusfBest. § 48.)

Erklärung über die Verwendung von Zucker.

AusfBest. § 47. (1) In der Erklärung über die Verwendung von Zucker ist die Gattung des zu verwendenden Zuckers, der Abschnitt der Bierbereitung, in dem die Verwendung stattfinden wird, sowie ferner anzugeben, in welcher Gestalt (ob ganz oder zerkleinert, trocken oder in Flüssigkeit aufgelöst usw.) der Zucker verwendet werden soll. Einer Beschreibung des Raumes für die Aufbewahrung des Vorrats bedarf es nicht.

(2) Nach Prüfung der Erklärung durch den Oberkontrolleur ist die eine Ausfertigung dem Brauer zur Aufnahme in das Brauereibelegheft zu übersenden. Die zweite Ausfertigung ist nach Aufnahme eines entsprechenden Vermerkes in Spalte 7 der Brauereirolle dem Beleghefte der Hebestelle einzuverleiben.

(3) Bei dauernden Aenderungen in der Art der Zuckerverwendung ist stets eine neue Erklärung abzugeben.

Verwendung von Zucker zu dem bereits gekochten Biere.

AusfBest. § 48. Die Vorschrift des § 22 Abs. 2 des Gesetzes bleibt außer Geltung.

(S. auch § 18 d. Ges.)

Anm. 1. Wenn ein Brauer gegen die Regel in § 22 Abs. 2 d. Ges. eine spätere Zusetzung von Zucker zu dem bereits gekochten Bier (z. B. auf dem Kühlschiffe, den Stellbottichen, den Gärgefäßen oder Lagerfässern) wünscht, so hat er das technische Bedürfnis hierfür in der einzureichenden schriftlichen „Erklärung" näher zu begründen. Dem Antrage wird von der Direktivbehörde unter Anordnung der erforderlichen Kontrollen, sowie unter Vorbehalt jederzeitigen Widerrufs für den Fall eines Mißbrauchs i. d. Regel dann entsprochen werden, wenn durch Gutachten von Technikern oder sonst auf überzeugende Art nachgewiesen ist, daß die Zusetzung des betreffenden Zuckers innerhalb der im § 22 Abs. 2 begrenzten Abschnitte der Bierbereitung den Zweck der Verwendung vereiteln oder doch von nachteiliger Einwirkung auf die Güte des Fabrikats sein würde.

Die Direktivbehörden sind ermächtigt worden, die ihr nach § 22 Abs. 2 zustehende Befugnis zur Genehmigung des Zusatzes von Zucker zu dem bereits gekochten Biere unter Anordnung der für solche Fälle erforderlichen Kontrollen den Hauptämtern zu übertragen.

(FME. v. 17. Juni 1898 III 8592, ZBl. S. 304.)

(S. aber AusfBest. § 48.)

Zeit der Einmaischungen.

§ 23. Die Einmaischungen dürfen nur an den Wochentagen geschehen, und zwar in den Monaten vom Oktober bis einschließlich März von morgens 6 bis abends 10 Uhr, in den übrigen Monaten aber von morgens 4 bis abends 10 Uhr[1]).

Ausnahmen hiervon[2])[3]) können nach Bedürfnis bewilligt und dürfen bei ununterbrochenem Betriebe nicht versagt werden.

Als Schluß der Einmaischung gilt der Zeitpunkt, an dem mit dem Ablassen der Würze zum Zwecke des Kochens begonnen wird.

AusfBest. § 49. Für die Zulassung von Ausnahmen von der gesetzlichen Einmaischungszeit sind die Hauptämter zuständig[2][3][4]).

Anm. 1. Bei Prüfung der Brauanzeigen der an die gesetzlichen Einmaischungsstunden gebundenen Brauer ist zu beachten, daß um 10 Uhr abends das gesamte Maischverfahren, d. h. die Behandlung der Maische bis zum Ablassen der Würze zwecks Kochens beendet sein muß. Wird daher für den Beginn der Einmaischung eine so späte Stunde angemeldet, daß von derselben bis 10 Uhr abends der Maischungsakt nach gewöhnlichem Lauf der Dinge nicht bis zu dem bezeichneten Ablassen der Würze fortgeschritten sein kann, so ist die Brauanzeige zurückzuweisen.

(Verf. der Großh. Meckl. Zoll- u. Steuerdir. v. 17. Dezember 1872 Nr. 8, Jahrb. S. 151.)

Anm. 2. Den Bierbrauern kann gestattet werden, das Malzschrot am Abend vor der eigentlichen Einmaischung — nicht aber während der Nacht — unter Aufsicht von Steuerbeamten kalt einzuteigen. Dieselben haben demnächst die Bottiche mittelst eines darauf anzubringenden Deckels unter Verschluß zu nehmen.

Die Einmaischung mit heißem Wasser erfolgt dann am nächsten Tage, nachdem der Verschluß durch die Steuerbeamten abgenommen ist, darf jedoch nur während der gesetzlich dazu verstatteten Stunden vor sich gehen.

(FME. v. 3. Dezember 1846.)

Diese Vergünstigung kann auch ferner Brauern widerruflich zugestanden werden, sofern ein Bedürfnis dazu nach der besonderen Einrichtung des technischen

Betriebes in der betreffenden Brauerei vorhanden ist und durch die vorhandenen Beamtenkräfte eine genügende Kontrolle gehandhabt werden kann, auch gegen die Zuverlässigkeit des Brauers keine Zweifel bestehen. (FME. v. 19. Mai 1875 III 17434.)

Die Brauer haben auch die mit dem Verschluß der Maischbottiche etwa verbundenen Kosten zu tragen. Die Weigerung, den Siegellack zu dem Verschlusse der Bottiche zu liefern, ist deshalb als begründet nicht anzuerkennen. Vielmehr würde dem Brauer, wenn er die Bedingung nicht sollte erfüllen wollen, an welche die Erlaubnis zum nächtlichen Einmaischen geknüpft werden muß, die Erlaubnis zur nächtlichen Einmaischuug wieder entzogen werden müssen.

(FME. v. 18. April 1849, Westfalen.)

Anm. 3. Für die amtliche Ueberwachung von Brauakten in Brauereien mit kontinuierlichem Betriebe außerhalb der im § 23 Abs. 1 festgesetzten gewöhnlichen Einmaischungszeiten werden Gebühren nicht erhoben. Diese Gebührenfreiheit hat sich auch auf die an Sonn- und Festtagen vorgenommenen Einmaischungen zu erstrecken (s. Bericht der Reichstagskomm., Aktenst. Nr. 67).

(FME. v. 25. Februar 1898 III 85, ZBl. S. 156.)

Anm. 4. Die Hauptämter können ausnahmsweise Einmaischungen an Sonn- und Festtagen gestatten, falls hierzu polizeiliche Genehmigung erteilt ist.

(FME. v. 17. Juni 1898 III 8592, ZBl. S. 304.)

Erwarten der Steuerbeamten.

§ 24. Der Brauer ist verpflichtet, die Ankunft eines Steuerbeamten zur angezeigten Stunde des Einmaischens (§ 20) abzuwarten.

Findet sich der Beamte ein, so müssen alsdann sogleich in dessen Gegenwart die Braustoffe abgewogen und es muß mit der Einmaischung begonnen werden; der Brauer darf die Einmaischung erst, nachdem eine halbe Stunde gewartet worden ist, ohne Gegenwart des Beamten vornehmen.

Sind Braustoffe für mehrere angemeldete Einmaischungen (§ 20) am Aufbewahrungsorte vorhanden, so kann der Steuerbeamte die Verwiegung der für diese späteren Beschickungen bestimmten Vorräte bis zur Stunde ihrer Einmaischung aussetzen und diese Vorräte selbst an dem angemeldeten Aufbewahrungsort unter amtlichen Verschluß nehmen.

Zucker darf nicht früher, als mit Beginn desjenigen Abschnitts der Bierbereitung, bei dem er nach der Erklärung (§ 22) Verwendung finden soll, und nicht in größerer, als der für das betreffende Gebräu angemeldeten Menge in die Braustätte eingebracht werden.

(S. AusfBest. § 50 Abs. 4.)

Prüfungsbefund.

AusfBest. § 50. (1) Bei der Verwiegung der Braustoffe bleiben überschießende Bruchteile eines halben Kilogramms außer Betracht.

(2) Für ein gegen die angemeldete Menge sich ergebendes Mindergewicht findet ein Steuererlaß nicht statt. Für ein den Steuerbetrag von 5 Pf. erreichendes oder übersteigendes Mehrgewicht (vgl. § 5 Abs. 1 des Gesetzes) ist die Steuer bei der nächsten Brauanzeige und, wenn eine solche im laufenden Vierteljahre nicht mehr abgegeben wird, bei Rücksendung des Steuerbuchs an die Hebestelle von dieser durch einen besonderen Eintrag in Ansatz zu bringen.

(3) Das Ergebnis der Verwiegung hat der Aufsichts-

beamte sofort nach ihrer Beendigung, die Art und Zeitdauer der weiteren Ueberwachung aber erst unmittelbar vor dem Verlassen der Brauerei in das Steuerbuch einzutragen.

(4) **Der Abs. 4 des § 24 des Gesetzes bleibt außer Anwendung.**

Anm. 1. Dem Brauer liegt ob, das Brauverfahren vom Beginne der Einmaischung bis zur Verbringung des Bieres auf die Gärgefäße ohne jede willkürliche Unterbrechung fortzusetzen. Wird die Fortsetzung eines willkürlich unterbrochenen Brauverfahrens dem Aufsichtsbeamten gegenüber verweigert, so macht sich der Brauer einer Ordnungswidrigkeit schuldig.

(Verf. d. Großh. Meckl. Zoll= u. Steuerdir. v. 17. Dezember 1872, Jahrb. S. 151.)

Vgl. auch § 33 u. Anm. dazu.

Anm. 2. Ist das für mehrere Einmaischungen angemeldete Braumaterial am Aufbewahrungsorte gleich für beide Tage (§ 17 Abs. 3) vorrätig, dann kann der Steuerbeamte gleich bei der ersten Einmaischung die Braustoffe für die folgenden abwiegen und sich überzeugen, daß der Vorrat dadurch erschöpft wird, oder er nimmt den Bestand unter Verschluß, läßt bei den folgenden Einmaischungen jedesmal soviel abwiegen, als nach der Deklaration erforderlich ist, und überzeugt sich, daß nach der letzten Beschickung nichts mehr übrig bleibt.

(§ 27 der Instr. d. pr. FM. v. 20. Mai 1867, ZBl. S. 145.)

Nachmaischen.

§ 25. In der Regel soll die ganze Beschickung auf einmal eingemaischt werden, so daß keine Nachmaischung stattfinden darf.

Wird aber eine Brauerei regelmäßig mit Nachmaischen betrieben, so muß ein= für allemal angezeigt werden, in wieviel Abteilungen und mit welchem Gewichte für jede Beschickung gemaischt werden soll.

(S. auch § 46 Ziff. 5, § 39 Ziff. 1 u. § 42 Abs. 1.)

Anm. 1. Ein abgefundener Brauer, welcher nachmaischt, d. h. von der zur Einmaischung bestimmten Menge Gerstenmalzschrot einen Teil erst einige Tage später als die Hauptmasse einmaischt, ist nicht verpflichtet, dies vorher anzuzeigen oder im Brauregister anzugeben, sofern er nur die gesamte zur Einmaischung bestimmte Menge in das Einmaischungsbuch einträgt.

(RGE. v. 7. Oktober 1898, ZBl. S. 444.)

Vermahlungssteuer:

a) Verpflichtung zum Halten von Malzsteuermühlen mit selbsttätigen Verwiegungsvorrichtungen; deren Aufstellung und Einrichtung.

§ 26. Die Inhaber

1. der am 1. April 1906 bestehenden Brauereien, in denen
   a) der Verbrauch an Malz und Malzersatzstoffen in den Rechnungsjahren 1904 und 1905 unter Zugrundelegung der Steuersätze des Gesetzes vom 31. Mai 1872 den Steuerwert von 8000 Mark überstiegen hat, oder
   b) das Gesamtgewicht (§ 5 Abs. 2) der steuerpflichtigen Braustoffe in einem späteren Jahre 2000 Doppelzentner übersteigt,
2. der nach dem 1. April 1906 errichteten Brauereien, in denen das Gesamtgewicht der

in einem Jahre steuerpflichtig werdenden Braustoffe 500 Doppelzentner übersteigt,

sind verpflichtet, in ihrer Brauerei selbst oder doch in räumlicher Verbindung mit ihr eigene Mühlenwerke oder Malzquetschen (Malzsteuermühlen) mit selbsttätiger Verwiegungsvorrichtung zu halten[2]) und ausschließlich zum Schroten des in ihrer Brauerei zur Bierbereitung bestimmten Malzes zu benutzen.

Die Verpflichtung entsteht für die Inhaber der Brauereien zu 1a am 1. April 1908, für die Inhaber der Brauereien zu 1b und 2 am 1. Oktober nach Ablauf desjenigen Rechnungsjahrs, in dem das Gesamtgewicht der steuerpflichtigen Braustoffe zuerst 2000 oder 500 Doppelzentner übersteigt.

Wenn und solange die Brauer in Erfüllung der Verpflichtung säumig sind, kann ihnen die Bierbereitung untersagt werden.

Die Verpflichtung geht im Falle eines Wechsels im Besitze der Brauerei auf den neuen Inhaber über und erlischt nicht durch spätere Verminderung des Verbrauchs an Braustoffen.

Aufstellungsort und Einrichtung der Malzsteuermühlen und der selbsttätigen Verwiegungsvorrichtungen unterliegen der Genehmigung der Steuerbehörde[4]).

Die Verwiegungsvorrichtungen müssen mit den Malzsteuermühlen in feste Verbindung gebracht und beide so eingerichtet sein, daß nach Anlegung des steueramtlichen Verschlusses ohne Anwendung erkennbarer Gewalt Malz nur zum Mahlwerke gelangen kann, nachdem es die Verwiegungsvorrichtung durchlaufen hat.

Einrichtung der Malzsteuermühlen und der selbsttätigen Verwiegungsvorrichtungen.

AusfBest. § 51. (1) Die Malzsteuermühlen müssen derartig eingerichtet sein, daß es unmöglich ist, Malz, das die Verwiegungsvorrichtung nicht durchlaufen hat, auf die Mahlwalzen zu bringen. Die Verwiegungsvorrichtungen müssen mit einem Mantel aus Eisenblech derart umgeben sein, daß eine Störung oder Beeinflussung der Verwiegungsvorrichtung ausgeschlossen ist.

(2) Die Verwiegungsvorrichtungen müssen wagrecht und derart aufgestellt sein, daß sie nicht durch Erschütterung in der Nähe stehender Maschinen usw. gestört werden. Es müssen Vorkehrungen getroffen sein, die ein gleichmäßiges Einfließen des Malzes und die Beseitigung von Fremdkörpern, die den Betrieb der Vorrichtung stören könnten, bewirken.

(3) Die selbsttätigen Verwiegungsvorrichtungen, die für die Verwiegung von steuerpflichtigem Malze in Brauereien verwendet werden dürfen, bestimmt der Reichskanzler[1]).

Prüfung und Reinigung.

AusfBest. § 52. (1) Die Aufsichtsbeamten sind befugt, die Wirksamkeit der selbsttätigen Verwiegungsvorrichtungen durch besondere Verwiegung des durch die Verwiegungsvorrichtung durchgegangenen Malzes nachzuprüfen. Zu dem Behufe müssen die Verwiegungsvorrichtungen mit besonderen Einrichtungen versehen sein, die ein Abfangen des verwogenen Malzes, ehe es auf die Walzen abfließt, ermöglichen.

(2) Nach Anordnung des Oberkontrolleurs hat der Brauer die inneren Teile der Verwiegungsvorrichtung und der Malzsteuermühle unter amtlicher Aufsicht reinigen zu lassen.

Steueramtlicher Verschluß.

AusfBest. § 53. (1) Der steueramtliche Verschluß der Malzsteuermühlen und der selbsttätigen Verwiegungsvorrichtungen geschieht in der Regel durch Kunstschlösser[3], welche die Steuerverwaltung auf Kosten des Brauereibesitzers liefert und, falls sie entbehrlich werden, ohne Erstattung der Anschaffungskosten zurücknimmt.

(2) Ueber die Verschlußanlage ist von dem Oberkontrolleur eine Verhandlung aufzunehmen, die der Hebestelle auszuhändigen ist. Die Hebestelle hat von der Verhandlung eine beglaubigte Abschrift für das Brauereibelegheft zu fertigen.

Anm. 1. Dieser Vorschrift liegt die Absicht einer gleichmäßigen Behandlung der Angelegenheit für das ganze Brausteuergebiet zugrunde.

Anm. 2. Hinsichtlich der Vermahlungssteuer entrichtenden Brauer, welche keine selbsttätige Verwiegungsvorrichtungen zu halten brauchen, bestimmt § 31 das Nähere.

Anm. 3. Wie bei Verschlußverletzungen zu verfahren ist, bestimmt § 29 u. AusfBest. dazu.

Anm. 4. Die Genehmigung zur Aufstellung selbsttätiger (automatischer) vorschriftsmäßig geeichter Wagen kann von den Hauptämtern genehmigt werden.

(FME. v. 17. Juni 1898 III 8592, ZBl. S. 304.)

S. AusfBest. § 51 Abs. 3.

b) Entrichtung der Brausteuer als Vermahlungssteuer.

§ 27. Die im § 26 bezeichneten Brauer haben die Brausteuer für das zur Bierbereitung bestimmte Malz nach dem Gewichte des auf die Malzsteuermühle gebrachten noch ungeschroteten Malzes zu entrichten (Vermahlungssteuer). Sie sind in bezug auf das auf ihrer Malzsteuermühle geschrotete Malz von den in den §§ 17 Abs. 3, 20, 21, 23, 24 und 25 ausgesprochenen Beschränkungen hinsichtlich der Aufbewahrung der Vorräte an Malzschrot, der Anmeldung jeder Einmaischung, der Zeit der Einmaischung usw. und des Nachmaischens befreit[1]).

Für den verwendeten Zucker ist die Steuer neben der Vermahlungssteuer zu entrichten. Auch unterliegt der Zucker den für ihn in diesem Gesetz allgemein vorgeschriebenen Aufsichtsmaßnahmen[2])[3]).

Für die Feststellung des Gewichts des auf die Malzsteuermühle gebrachten Malzes ist, vorbehaltlich der Vorschrift im § 29[4]), die Anzeige der selbsttätigen Verwiegungsvorrichtung maßgebend.

Anm. 1. Malzschrot darf also an den deklarierten Orten in beliebiger Menge aufbewahrt werden; eine Brauanzeige braucht nicht gemacht zu werden; Einmaischungen können zu jeder Zeit vorgenommen werden; das Eintreffen der Steuerbeamten braucht zur Einmaischung nicht abgewartet zu werden; Nachmaischungen können beliebig vorgenommen werden.

Anm. 2. Der Zucker ist bis auf weiteres gemäß § 4 der AusfBest. (s. bei § 2) von der Brausteuer befreit.

Anm. 3. Hinsichtlich der Aufsichtsmaßnahmen für Zucker vgl. § 41 der AusfBest. (s. bei § 18) und §§ 18 und 22 und AusfBest. dazu.

Anm. 4. Im Falle einer Beschädigung der Malzsteuermühle ist gemäß § 29 zu verfahren.

c) Pflichten der Brauer, die Vermahlungssteuer entrichten.

§ 28. Brauer, welche die Brausteuer als Vermahlungssteuer entrichten, dürfen zur Bierbereitung nur Malz verwenden, das auf der eigenen Malzsteuermühle geschrotet worden ist. Die Benutzung der Malzsteuermühle durch andere oder das Ablassen von geschrotetem Malze an andere ist nur mit Genehmigung der Steuerbehörde statthaft.

Besitzt der Brauer außer der von der Steuerbehörde zum Schroten des Braumalzes genehmigten Malzsteuermühle noch andere, für sonstige Zwecke bestimmte, zum Schroten von Malz geeignete Vorrichtungen (Futterschrotmühlen usw.) oder will er sich solche beschaffen, so hat er hiervon der Steuerbehörde Anzeige zu erstatten und sich den für die Benutzung dieser Vorrichtungen etwa angeordneten Maßnahmen zu unterwerfen.

Benutzung der Malzsteuermühle durch andere.

AusfBest. § 54. (1) Die Benutzung der Malzsteuermühle durch andere und das Ablassen von geschrotetem Malze an andere bedarf der Genehmigung des Hauptamts.

(2) Ueber die Menge des für andere geschroteten oder an andere abgelassenen geschrotenen Malzes ist von dem Empfänger eine Bescheinigung zu erteilen, die bei dem Mahlbuche (§ 57) aufzubewahren und mit diesem der Hebestelle einzureichen ist.

Andere zum Schroten von Malz geeignete Vorrichtungen.

AusfBest. § 55. (1) Die im § 28 Abs. 2 des Gesetzes vorgesehene Anzeige ist der Hebestelle schriftlich zu erstatten, die sie dem Oberkontrolleur aushändigt.

(2) Die in dem Gesetze bezeichneten Vorrichtungen können nach näherer Bestimmung des Oberkontrolleurs zeitweise unter steueramtlichen Verschluß gesetzt, auch kann angeordnet werden, daß ihre Benutzung nur unter amtlicher Aufsicht geschehen darf.

§ 29. Von Beschädigungen der Malzsteuermühle oder der selbsttätigen Verwiegungsvorrichtung, welche die Benutzung unterbrechen oder die Sicherheit mindern, von Unregelmäßigkeiten in der Tätigkeit der Verwiegungsvorrichtung[1]) sowie von Verletzungen des amtlichen Verschlusses haben die Brauer ohne Verzug und jedenfalls vor Ablauf von 24 Stunden der Hebestelle Meldung zu machen. Wenn der amtliche Verschluß verletzt oder sonst die Sicherheit gefährdet ist, desgleichen wenn die Verwiegungsvorrichtung die Tätigkeit versagt oder unregelmäßig ausübt, darf der Brauer bis zum Eintreffen eines Steuerbeamten nur unter Zuziehung eines glaubwürdigen Zeugen Malz auf der Malzsteuermühle schroten. Das Gewicht des geschroteten Malzes ist in diesem Falle unter Mitwirkung des zugezogenen Zeugen besonders festzustellen und im Mahlbuche (§ 30) anzuschreiben.

Der Steuerbeamte setzt die schadhafte oder unzuverlässige Verwiegungsvorrichtung außer Betrieb und gewährt zur Ausbesserung oder Neuaufstellung, desgleichen zur Wiederherstellung der beschädigten Malzsteuermühle eine angemessene Frist. Die einstweilige Benutzung der Malzsteuermühle ohne die Verwiegungsvorrichtung ist, wenn es zur Verhütung einer Betriebsstörung erforderlich ist, unter sichernden Maßnahmen zu gestatten.

Beschädigungen der Malzsteuermühlen oder der selbsttätigen Verwiegungsvorrichtungen.

AusfBest. § 56. (1) Sofort nach dem Eintreffen der Meldung bei der Hebestelle, spätestens aber innerhalb 24 Stunden ist der Sachverhalt amtlich an Ort und Stelle zu ermitteln.

(2) Ist eine Ausschaltung der selbsttätigen Verwiegungsvorrichtung notwendig, so ist das Gewicht etwaiger Vorräte an bereits geschrotetem Malze festzustellen und die Brauerei, falls der Betrieb fortgesetzt werden soll, der Einzelversteuerung oder der Abfindung zu unterstellen.

(3) Ueber das Ergebnis der Ermittelungen und die getroffenen Anordnungen ist eine Verhandlung aufzunehmen. Der Oberkontrolleur hat, wenn er die Verhandlung nicht selbst aufgenommen hat, den Tatbestand und die Zweckmäßigkeit der getroffenen Maßnahmen, in allen wichtigen Fällen an Ort und Stelle, nachzuprüfen.

(4) Die Verhandlung ist dem Hauptamte vorzulegen.

Anm. 1. Unter welchen Bedingungen bei Störung im Gange der selbsttätigen Verwiegungsvorrichtung die Vermahlung von Malz fortgesetzt werden darf, bestimmt Ziff. 2 der Anleit. zum Gebrauch des Mahlbuchs (s. Muster 13).

§ 30. Jedes Schroten von Malz ist nach der Beendigung sofort in ein Mahlbuch einzutragen, das den Stand des an der Verwiegungsvorrichtung befindlichen Zählwerkes fortlaufend nachweist. Die Eintragung muß von dem Brauer oder dessen bevollmächtigten Vertreter eigenhändig vollzogen, das Mahlbuch monatlich abgeschlossen und spätestens am dritten Tage des nächstfolgenden Monats der Hebestelle eingereicht werden. Außerdem ist der Brauer verpflichtet, über alle in der Brauerei vorkommenden Einmaischungen ein Anschreibebuch zu führen; auch kann ihm die Führung eines weiteren Buches über den Zu- und Abgang an Braustoffen und des daraus gezogenen Bieres auferlegt werden.

Buchführung des Brauers.

AusfBest. § 57. (1) Die der Vermahlungssteuer unterstellten Brauer haben ein Mahlbuch nach Muster 13 und ein Einmaischungsbuch nach Muster 14 zu führen. Es kann ihnen außerdem die Führung eines Buches über den Zu- und Abgang an Braustoffen und an daraus gezogenem Biere nach Muster 15 auferlegt werden[1]). Must 13, 14, 1

(2) Das Buch ist nach seinem Abschlusse vier Jahre lang von dem Brauer aufzubewahren.

AusfBest. § 58. Die Aufsichtsbeamten haben bei jedem Besuche der Brauerei den Stand des Zählwerkes in das Mahlbuch, oder sofern ein solches nicht aufliegt, in das Aufsichtsbuch (§ 72) einzutragen.

Anm. 1. S. die Anleitung zum Gebrauch des Mahlbuchs (Must. 13), des Einmaischungsbuchs (Must. 14) und des Rechnungsbuchs (Must. 15).

d) Zulassung anderer als der im § 26 bezeichneten Brauer zur Entrichtung der Vermahlungssteuer; Zulassung von Genossenschaftsmühlen.

§ 31. Die Steuerbehörde darf auch andere als die im § 26 bezeichneten Brauer auf ihren Antrag unter den in den §§ 26 bis 30 vorgeschriebenen Bedingungen zur Entrichtung der Brausteuer im Wege der Vermahlungssteuer zulassen, auch darf sie bei diesen Brauern bis zum 1. April 1908 von der Forderung der Anbringung einer selbsttätigen Verwiegungsvorrichtung unter Anordnung anderer sichernder Maßnahmen absehen.

Unter den erforderlichen Maßnahmen darf ferner gestattet werden, daß mehrere zur Vermahlungssteuer zugelassene Brauer eine Malzsteuermühle mit selbsttätiger Verwiegungsvorrichtung gemeinschaftlich besitzen oder benutzen.[1]) Bezüglich der von der Verwiegungsvorrichtung der gemeinschaftlich benutzten Malzsteuermühle angezeigten Malzmenge findet die Vorschrift des § 6 Abs. 3 entsprechende Anwendung.

Vermahlungssteuer ohne selbsttätige Verwiegungsvorrichtung.

AusfBest. § 59. Für die auf Grund des § 31 Abs. 1 des Gesetzes zur Vermahlungssteuer zugelassenen Brauer gelten bis zur Aufstellung selbsttätiger Verwiegungsvorrichtungen die §§ 3—14 der Grundsätze für die Zulassung der Brauer zur Entrichtung der Brausteuer im Wege der Vermahlungssteuer (Anlage III der Ausführungsbestimmungen zum Brausteuergesetze vom 31. Mai 1872), indes mit den Aenderungen, die sich hinsichtlich der Zahlung der Steuer und der Führung des Brausteuergegenbuchs aus dem Gesetze vom 3. Juni 1906 und diesen Bestimmungen ergeben. Die Direktivbehörde ist ermächtigt, weitere Abweichungen von den Bestimmungen der Grundsätze zuzulassen.

(Die Grundsätze sind hinten besonders abgedruckt.)

Genossenschaftsmühlen.

AusfBest. § 60. In dem Falle des § 31 Abs. 2 des Gesetzes finden die Vorschriften der §§ 26 bis 30 des Gesetzes mit folgenden Maßgaben Anwendung:

1. Für die bei dem Betriebe der Malzsteuermühle und der selbsttätigen Verwiegungsvorrichtung zu beobachtenden Verpflichtungen ist ein der Steuerverwaltung gegenüber zunächst verantwortlicher gemeinschaftlicher Vertreter zu bestellen.
2. Das Mahlbuch ist im Mühlenraum an einem von dem Oberkontrolleur zu genehmigenden Orte aufzubewahren.
3. Von jedem einzelnen Brauer ist ein besonderes, in der Brauerei aufzubewahrendes Mahlbuch zu führen, in das jedes für Rechnung des Brauers erfolgte Schroten von Malz sofort unter Angabe des Zählwerksstandes vor dem Aufschütten des Malzes und nach erfolgter Vermahlung einzutragen ist.

Anm. 1. Die Verstattung mehrerer Brauer einer Ortschaft zur gemeinschaftlichen Benutzung derselben Mühle bedarf jedesmal der Genehmigung des FinMin. Das Hauptamt hat zu diesem Zweck motiviert an die Direktivbehörde zu berichten.

(FME. v. 28. November 1872 III 17609, ZBl. S. 347.)

Der FinMin. hat sich damit einverstanden erklärt, daß die Vorschriften des § 59 der BrausteuerAusfBest. auf die Brauereien ausgedehnt werden, auf die die Vorschrift des § 26 Abs. 1 Ziffer 1a BrStG. Anwendung findet, so lange in ihnen Mühlenwerke mit selbsttätiger Verwiegungsvorrichtung noch nicht aufgestellt sind, und zwar einschließlich der Brauereien, die mehrere Mühlenwerke teils mit teils ohne selbsttätige Verwiegungsvorrichtung besitzen.

(FME. v. 15. September 1906 III 15232.)

Abfindung.

§ 32. Für alle Brauereien, die nach den Vorschriften der §§ 26 und 27 zur Entrichtung der Brausteuer als Vermahlungssteuer nicht verpflichtet oder zeitweilig daran gehindert sind, kann nach näherer Bestimmung des Bundesrats die Versteuerung durch Zahlung einer Abfindungssumme für einen bestimmten Zeitraum angeordnet werden.

Anordnung der Abfindung und Festsetzung der Abfindungssumme.

AusfBest. § 61. (1) Die Anordnung der Abfindung und die Festsetzung der Abfindungssumme erfolgt durch das Hauptamt.[3])

(2) Die Direktivbehörden können sich allgemein oder für Brauereien mit größerem Betriebsumfange die Genehmigung dieser Maßnahmen vorbehalten.[5])

(3) Die Abfindung geschieht in der Regel für die Dauer des Rechnungsjahrs, kann aber auch einen Teil des Rechnungsjahrs umfassen.

(4) Die Abfindungssumme ist nach dem voraussichtlichen Verbrauch an steuerpflichtigen Braustoffen zu bemessen. Vor der Festsetzung ist der Brauer zu hören.

(5) Ergibt sich während der Dauer der Abfindung, daß die Abfindungssumme um mehr als ein Fünftel zu hoch oder zu niedrig bemessen ist, so kann für den Rest der Abfindungszeit eine anderweitige Festsetzung stattfinden.

Zahlung der Abfindungssumme.

AusfBest. § 62. (1) Die Abfindungssumme wird in monatlichen Teilbeträgen am letzten Tage des Monats fällig. Beträgt der monatlich einzuzahlende Teil weniger als 5 Mark, so tritt die Fälligkeit erst am letzten Tage des Vierteljahrs ein.

(2) Die Teilbeträge sind, soweit nicht Stundung bewilligt ist (§§ 11 ff.), spätestens am siebenten Tage des auf die Fälligkeit folgenden Monats einzuzahlen.

Endgültige Abrechnung.

AusfBest. § 63. (1) Nach Ablauf der Abfindungszeit findet eine endgültige Abrechnung statt.

(2) Das Hauptamt kann auch während der Dauer der Abfindung die endgültige Abrechnung anordnen. Es ist dazu verpflichtet, wenn die Sicherheit des Steuereinganges gefährdet erscheint.

(3) Der Brauer darf endgültige Abrechnung verlangen:

a) bei einer wesentlichen Aenderung der Gesetzgebung über die Brausteuer,
b) beim Wechsel der Person des Brauereibesitzers,
c) wenn er zu einer mindestens einen Monat dauernden Betriebseinstellung genötigt wird,
d) wenn er das Brauen ganz aufgibt.

(4) Die Anordnung des Hauptamts (Abs. 2) ist dem Brauer mittelst eingeschriebenen Briefes oder durch Verhandlung mitzuteilen. Der gleichen Form bedarf der an das Hauptamt zu richtende Antrag des Brauers (Abs. 3).

(5) In beiden Fällen ist anzugeben, für welchen Zeitpunkt abgerechnet werden soll.

(6) In der Anordnung des Hauptamts ist ferner darüber Bestimmung zu treffen, in welcher Art die Brausteuer künftig zu entrichten ist.

(7) Hat der Brauer die endgültige Abrechnung beantragt, so darf der Brauereibetrieb erst fortgesetzt werden,

nachdem das Hauptamt über die nach der Abrechnung stattfindende Art der Steuerentrichtung entschieden hat.

(8) Bei der endgültigen Abrechnung stellt die Hebestelle nach den Einmaischungsbüchern (§ 64) den Steuerbetrag fest, der für das während der Abfindungszeit verwendete Malz zu entrichten ist, und vergleicht ihn mit den gezahlten oder gestundeten Abfindungsbeträgen.

(9) Eine Nachzahlung, zu der der Brauer unter Mitteilung der Berechnung aufzufordern ist, ist innerhalb einer Woche bar zu leisten, ein etwa erhobener Mehrbetrag dem Brauer herauszuzahlen.

Pflichten des abgefundenen Brauers. Buchführung.

AusfBest. § 64. (1) Der Besitzer der Abfindungsbrauerei hat ein Einmaischungsbuch nach Muster 14 (§ 57 Abs. 1) in vierteljährlichen Zeitabschnitten zu führen. Er bleibt für die Führung dieses Buches verantwortlich, auch wenn er sich darin vertreten läßt. Bei längerer oder dauernder Vertretung ist der Hebestelle hierüber eine Anzeige in doppelter Ausfertigung einzureichen, die von dem Vertreter mit zu unterzeichnen ist.

(2) Jede Braueinmaischung muß mindestens 3 Stunden vor ihrem Beginn in das Einmaischungsbuch eingetragen werden. Unmittelbar nach der Eintragung ist ein Anmeldezettel nach Muster 16, der die in das Einmaischungsbuch eingetragenen Angaben zu enthalten hat, bei der Hebestelle abzugeben oder zur Versendung an die Hebestelle der Post zu übergeben. Befindet sich am Orte der Brauerei keine Hebestelle, wohl aber der Sitz des Aufsichtsbeamten, so kann der Brauer den Anmeldezettel auch an den Aufsichtsbeamten abgeben. Die Anmeldezettel sind von den Aufsichtsbeamten mit den Eintragungen im Einmaischungsbuche zu vergleichen.

(3) Das Gewicht der zu verwendenden Braustoffe ist im Einmaischungsbuch in Zahlen und Buchstaben

Muster 16

anzugeben, auch ist jede Eintragung von dem Brauer oder seinem Vertreter durch Namensbeischrift zu bescheinigen.

(4) Aenderungen der Eintragungen sind durch Namensbeischrift zu bescheinigen; auch ist Tag und Stunde anzugeben, in der sie erfolgt sind.

(5) Nach Ablauf der Eintragungsfrist (Abs. 2) sind Aenderungen nur unter der Voraussetzung zulässig, daß unvermutete Umstände die Ausführung der Braueinmaischung überhaupt oder in der eingetragenen Art gehindert haben. In diesem Falle ist ein Steuerbeamter oder ein glaubwürdiger Zeuge, der mit dem Brauer nicht in einem Familien- oder Lohnverhältnisse stehen darf, sofort nach Eintritt des hindernden Ereignisses zuzuziehen, um die Aenderung und ihre Ursache im Einmaischungsbuche mit zu bescheinigen. Aenderungen der Eintragungen sind in der gleichen Weise, wie in Abs. 2 angegeben, der Steuerbehörde zur Kenntnis zu bringen.

(6) Der Oberkontrolleur hat bei seiner nächsten Anwesenheit in der Brauerei die Zulässigkeit etwaiger Aenderungen zu prüfen und dies im Einmaischungsbuche zu bescheinigen. Ergeben sich Anstände, so ist über die Zulässigkeit der Aenderungen und die Anrechnung der ursprünglich eingetragenen Braustoffmengen die Entscheidung des Hauptamts einzuholen.

Buchführung über die Braustoffe und das gezogene Bier.

AusfBest. § 65. Das Hauptamt kann dem Brauer die Verpflichtung auferlegen, über den Zu- und Abgang an Braustoffen und daraus gezogenem Biere nach Muster 15 Buch zu führen. Muster 15.

Befugnisse der Aufsichtsbeamten.

AusfBest. § 66. (1) Den Steuerbeamten steht das Recht zu, die Vorräte an Malzschrot vor der Einmaischung zu verwiegen und das gewonnene Bier zu vermessen. Ein bei der Verwiegung ermitteltes Mehrgewicht an Malzschrot ist von den Beamten mittelst einer besonderen Eintragung, die von dem Brauer mit zu unterzeichnen ist, in Spalte 7 des Einmaischungsbuchs nachzutragen. Ist Malz für mehrere im Einmaischungsbuch eingetragene Einmaischungen am Aufbewahrungsorte vorhanden, so können die für die späteren Einmaischungen bestimmten Mengen bis zur Stunde ihrer Verwendung von den Steuerbeamten unter amtlichen Verschluß genommen werden. (S. § 69 AusfBest. Ziff. 5.)

(2) Die Oberbeamten der Steuerverwaltung sind befugt, die Bücher des Brauers, soweit sie über den Bezug und den Verbrauch von Braustoffen Auskunft geben, einzusehen.

AusfBest. § 67[6]. Auf den Betrieb einer Abfindungsbrauerei finden die Vorschriften im § 7 Abs. 2, § 8 Abs. 1 Satz 1, § 11 Abs. 1 und §§ 2, 24 Abs. 1 bis 3 des Gesetzes sowie §§ 19, 44, 45, 46 Satz 2 und § 50 dieser Ausführungsbestimmungen keine Anwendung. Der § 17 Abs. 3 des Gesetzes und § 40 der Ausführungsbestimmungen gelten auch für die Abfindungsbrauereien.

Abfindung der Essigbereitung.

AusfBest. § 68. Die Bestimmungen der §§ 61 bis 67 (d. AusfBest.) finden auf die steuerpflichtige Essigbereitung entsprechende Anwendung. Ist die Essigbereitung mit steuerpflichtiger Bierbereitung verbunden, so hat sich die Abfindung auf beide Betriebsarten zu erstrecken.

Besondere Vorschriften für die Abfindung kleiner Brauereien.

AusfBest. § 69. Brauereien, die Braustoffe im Steuerwerte von nicht mehr als 50 Mark jährlich verwenden, sind unter folgenden erleichterten Bedingungen abzufinden:

1. Die Abfindungssumme wird nach den Angaben des Brauers, die unter Umständen amtlich richtig zu stellen sind, berechnet und unveränderlich, also mit Ausschluß einer Nach- oder Rückzahlung festgesetzt.
2. Die Abfindung kann sich auf mehrere Jahre erstrecken.
3. Soweit eine besondere Brauanlage nicht vorhanden ist, ist der Brauer von der Verpflichtung zur Anmeldung der Räume und Gefäße befreit.
4. Das Hauptamt kann die erleichterte Abfindung aufheben:
   a) im Falle einer wesentlichen Aenderung der Gesetzgebung über die Brausteuer,
   b) bei Uebertretungen des Gesetzes oder der dazu erlassenen Verwaltungsvorschriften, die von dem Brauer oder einer Person, für die er nach § 50 des Gesetzes haftet, in Beziehung auf die Brauerei begangen sind,
   c) wenn nach dem Ermessen des Hauptamts der jährliche Verbrauch an Braustoffen den Steuerwert von 50 Mark überschreitet,
   d) beim Wechsel der Person des Besitzers, sowie beim Konkurse des Brauers.

Der Brauer darf die Aufhebung der Abfindung in den im § 63 unter a bis d bezeichneten Fällen verlangen.

Die Abfindung endigt mit dem Tage, an dem die Erklärung der Aufhebung an den Brauer oder — im Falle seines Todes — an die Erben oder an das Hauptamt gelangt.

Die Abfindungssumme ist nur für den Zeitraum zu entrichten, während dessen die Abfindung bestanden hat.

5. Die Bestimmungen der §§ 64, 65 und 66 Abs. 1 haben für die Brauereien keine Geltung. Im übrigen finden die Bestimmungen der §§ 61 bis 67 Anwendung.
(S. auch Anm. 6 zu § 67 AusfBest. u. Anm. 3 zu § 40.)

Abfindungsnachweisung.

AusfBest. § 70. Ueber sämtliche Abfindungen hat Muster 17. die Hebestelle eine Abfindungsnachweisung nach Muster 17 zu führen.

Verzeichnis der angeordneten Abfindungen.

AusfBest. § 71. Die Hauptämter haben der Direktivbehörde alljährlich bis zum 1. Mai ein Verzeichnis der für das laufende Rechnungsjahr angeordneten Abfindungen und der festgesetzten Abfindungssummen vorzulegen[3]) und spätere Aenderungen und Ergänzungen sofort mittelst eines Nachtragsverzeichnisses anzuzeigen.

Anm. 1. Im allgemeinen wird die Abfindung, sofern die Brauereien nicht unter die Vermahlungssteuer treten, die Regel zu bilden haben.
(Verf. des ProvStDir. zu Stettin v. 8. Juni 1906 Nr. 6895.)

Anm. 2. Die Steueraufsicht in den Brauereien ist in der bisherigen Weise auszuüben. Indes ist zu beachten, daß die Abfindungsbrauereien einer verschärften Ueberwachung bedürfen.

Anm. 3. Nach dem Wortlaut des § 32 bedarf es zur Abfindung einer Brauerei künftig nicht mehr der Zustimmung des Brauers.
(S. indes § 61 Abs. 4 der AusfBest.)
Es werden nunmehr auch solche kleinere Brauereien abzufinden sein, die sich bisher zum Nachteil für den Aufsichtsdienst der Abfindung entzogen haben.
Die Anordnung der Abfindung und die Festsetzung

der Abfindungssumme wird den Hauptämtern übertragen werden, die aber wie bisher die Genehmigung der Direktivbehörden einzuholen haben.

Da ein Abfindungsvertrag nicht abgeschlossen wird, unterliegt es weiterer Erwägung, ob und inwieweit es zulässig bleiben wird, die Abfindungssumme auch dann voll zu erheben oder einzubehalten, wenn sie den Steuerwert der verwendeten Braustoffe nicht erreicht. Die Grundlagen für die schließliche Steuerschuld würden verneinendenfalls im wesentlichen die Eintragungen des Brauers im Abfindungsbuche, dem bisherigen Brauregister, bilden. Dieser Umstand nötigt dazu, auf die steuerliche Zuverlässigkeit des Brauers größeres Gewicht zu legen, als dies mitunter bisher geschehen ist. Auch wird die Abfindungssumme, vor deren Festsetzung der Brauer zu hören ist, so zu bemessen sein, daß sie dem voraussichtlichen Verbrauch an Braustoffen tunlichst genau entspricht usw.

(FME. v. 30. Mai 1906 III 8204, vgl. auch. FME. v. 20. Juni 1906 III 9722, Anm. 5.)

Anm. 4. Die im vorletzten Absatz des FME. v. 30. Mai 1906 III Nr. 8204 geforderte verschärfte Ueberwachung der Abfindungsbrauereien wird vorzugsweise derart zu erfolgen haben, daß das Brauverfahren, insbesondere die Einmaischungen, so oft das dienstliche Interesse dies zuläßt, überwacht werden und, wo dies nicht oder nicht ausreichend hat geschehen können, die Revision des Bierzuges vorzunehmen ist.

Von Zeit zu Zeit sind beide Kontrollen nebeneinander auszuüben. Ferner sind die Brauereien zu verschiedenen Tageszeiten unerwartet Revisionen zu unterwerfen.

Die Anordnungen im einzelnen, insbesondere die Festsetzung, wie oft die Einmaischungen mindestens zu überwachen sind, bleiben dem Hauptamtsleiter überlassen.

(Verf. d. ProvStDir. zu Stettin v. 25. Juni 1906 Nr. 7394.)

Anm. 5. Abgesehen von der in § 69 behandelten Abfindung **kleiner** Brauereien bedarf das Hauptamt zur Anordnung von Abfindungen und zur Festsetzung der Abfindungssummen der Genehmigung der Direktivbehörde. (Vgl. AusfBest. § 61 S. 94.)

(FME. v. 20. Juni 1906 III 9722.)

Anm. 6. Ein Erlaß oder Erstattung der Steuer infolge Vernichtung oder Beschädigung von Braustoffen oder Verhinderung der Bierbereitung findet demnach nicht statt (s. § 11 Abs. 1). Der abgefundene Brauer braucht auch die Ankunft des Steuerbeamten zur Stunde des Einmaischens nicht abwarten (s. § 24). Er braucht keine Brauanzeige mittelst Steuerbuchs zu erstatten (§ 44 AusfBest.). Eine Prüfung und Verwiegung des Maischguts findet bei den Einmaischungen im allgemeinen — mit Ausnahme der in § 66 AusfBest. vorgesehenen Fälle — nicht statt (§ 50 AusfBest.)[4]).

Dagegen darf der Vorrat an Malzschrot auch bei ihm nach erfolgter Anmeldung von Braueinmaischungen (s. § 64 AusfBest.) die längstens für den folgenden Tag (s. § 40 Abs. 2 AusfBest.) bestimmte Menge nicht übersteigen (§ 17 Abs. 3 d. Ges.). Solange Braueinmaischungen nicht angemeldet sind (durch Anmeldezettel), darf an dem deklarierten Aufbewahrungsorte Malzschrot in beliebiger Menge vorhanden sein (§ 40 AusfBest.).

Hinsichtlich der **kleinen** abgefundenen Brauereien ist jedoch § 69 Ziff. 5 zu beachten.

Aufsichtsbefugnis der Steuerbeamten.

a) Besuch der Gewerbsräume.

§ 33. Das Gebäude, in dem eine Brauerei betrieben wird, einschließlich der zur Aufbewahrung von geschrotetem Malze oder von Zucker und zur Kühlung und Gärung der Gebräue dienenden Räume darf, wenn die Brauerei nicht im Betrieb ist, nur von morgens 6 bis abends 9 Uhr von den Steuerbeamten zur Ausübung der Steueraufsicht[4]) besucht und muß ihnen hierzu sogleich geöffnet werden. Solange jedoch in der Brauerei gearbeitet wird, ist der Besuch zu jeder Zeit zulässig. Die Brauerei muß alsdann unverschlossen und der Zutritt unbehindert sein[8]).

Die Aufsichtsbefugnis[9]) erstreckt sich zugleich auf die an die Brauerei anstoßenden, mit ihr in Verbindung stehenden Räumlichkeiten und im Falle der §§ 26 bis 31*) auch auf diejenigen Räume, in denen Malz geschrotet wird.

Innerhalb der der Steueraufsicht unterliegenden Räume dürfen keine Einrichtungen getroffen werden, welche die Ausübung der gesetzlichen Aufsicht hindern oder erschweren. Die Steuerbehörde ist befugt, anzuordnen, daß Öffnungen in der Braustätte, die zu unbemerkten Zumaischungen benutzt werden könnten, während der Zeit des Brauens unter Verschluß gesetzt werden. (S. S. 106.)

*) Anm. Die §§ 26 bis 31 betreffen die der Vermahlungssteuer unterworfenen Brauereien.

Eintragung des Prüfungsbefundes.

AusfBest. § 72. (1) Die Aufsichtsbeamten haben das Ergebnis ihrer Prüfungen[1])[2]) in die in der Brauerei ausliegenden Bücher nach Maßgabe des Vordrucks und der Anleitung zum Gebrauch einzutragen.

(2) In jeder Brauerei ist ein Aufsichtsbuch nach Muster 18 auszulegen, in das die Prüfungsergebnisse für Muster 16

den Fall einzutragen sind, daß ein anderes Buch nicht vorhanden ist.

Anm. 1. Die Beamten haben sich zu überzeugen, daß der Betrieb nur in den angemeldeten, nach Aufstellung, Bezeichnung und Rauminhalt nicht unbefugt veränderten Gefäßen geschieht und daß die vorschriftsmäßige Wage nebst Gewichten in den Brauereien zum Gebrauch vorhanden ist (§ 27 d. Instr. d. FM. v. 20. Mai 1867, ZBl. S. 145/6).

Anm. 2. Das Ergebnis der Verwiegung hat der Aufsichtsbeamte sofort nach Beendigung derselben, die Art und Zeitdauer der weiteren Betriebsüberwachung aber erst unmittelbar vor dem jedesmaligen Verlassen der Brauerei in die hierfür bestimmten Spalten des Steuerbuchs (Muster 10) gewissenhaft und in möglichst kurzen Worten mit Namensunterschrift einzutragen. Ueberschießende Bruchteile eines halben Kilogramms bleiben bei der Verwiegung außer Betracht.

Hinsichtlich der abgefundenen Brauereien vgl. § 66 der AusfBest. (s. bei § 32), hinsichtlich der der Vermahlungssteuer unterworfenen Brauereien vgl. § 58 der AusfBest. (s. bei § 30).

Anm. 3. Uebersteigt das Mehrgewicht an Schrotvorräten 10 % der gesetzlich zulässigen Menge (§ 40 u. § 17 Abs. 3) oder ergibt sich endlich, daß unerlaubte Surrogatstoffe vorhanden sind, so sind dergleichen Vorräte und Stoffe vorläufig mit Beschlag zu belegen und erst dann freizugeben, nachdem vorher von dem Beamten unter Zuziehung des Brauereibesitzers oder eines Stellvertreters desselben und mindestens eines glaubhaften Zeugen der Tatbestand, soweit zur Einleitung der Untersuchung erforderlich, festgestellt und eine von den Anwesenden zu unterschreibende Verhandlung darüber aufgenommen worden ist.

Haben mehrere der Kontrolle desselben Beamten unterstehende Brauereien den Betrieb für dieselbe Zeit angemeldet, so wird es in der Regel vorzuziehen sein, in einer dieser Brauereien das Verfahren vollständig zu beaufsichtigen, statt dieselbe nach geschehener Verwiegung der Braustoffe zu verlassen und den Verwiegungen auch in den anderen beizuwohnen.

In denjenigen Brauereien, deren Einmaischungen gar nicht oder doch nicht ausreichend haben überwacht werden können, ist in der Regel rechtzeitig die Revision des Bierzuges auf den zu diesem Zweck vermessenen Gefäßen (§ 36 AusfBest. S. 52) vorzunehmen und das Ergebnis in das Steuerbuch einzutragen. Bei Ermittelung des Bierzuges auf dem Kühlschiffe ist für das Verdampfen 10 % (unmittelbar nach dem Ablassen der Würze, s. Anm. zu § 20) in Abzug zu bringen. (Vgl. § 27 Abs. 8 d. Instr. d. FM. v. 20. Mai 1867, ZBl. S. 146.)

Wegen des nicht zum Bierzuge zu rechnenden Kofents (Nachbiers) s. Anm. zu § 21.

Wird infolge einer strafbaren Abweichung von mehr als 10 % bzw. von 20 % (unmittelbar nach Ablassen der Würze) ein strafrechtliches Einschreiten erforderlich (s. § 46 Ziff. 4), so ist zur Verhütung von Verdunkelungen des Tatbestandes die Stelle des Gefäßes, bis zu welcher das Bier gestanden hat, äußerlich durch amtliche Besiegelung zu bezeichnen.

Auch außerhalb der Zeit des angemeldeten Betriebes sind die Brauereien sowohl durch den Oberinspektor und Bezirksoberkontrolleur als auch durch die Steueraufseher zu verschiedenen Tageszeiten unerwarteten Revisionen zu unterwerfen. Wird in solchen Fällen Brauschrot am deklarierten Orte vorgefunden, so hat der Beamte von der vorgefundenen Menge zur Vergleichung mit den Angaben der nächsten Brauanzeige Notiz zu nehmen (s. § 17 Abs. 3).

Kommen Brauer, welche keine Erklärung über die

Verwendung von Zucker (§ 22) abgegeben haben, nach den anderweit hierüber angestellten Beobachtungen, wie z. B. nach den über Bezüge solcher Braustoffe von auswärts erhaltenen Nachrichten in den begründeten Verdacht heimlicher Verwendung von Zucker oder verbotenen Surrogaten, so sind die Brauereien in allen Teilen, insbesondere auch innerhalb der Gärungs- oder Lagerräume, einer geschärften Kontrolle zu unterwerfen, je nach Umständen auch Haussuchungen nach Vorräten an solchen Stoffen in Gemäßheit des § 34 anzuordnen. (S. aber § 7 der AusfBest.)

Die Beamten haben auch darauf zu achten, daß nicht über den Maischbottichen Oeffnungen vorhanden sind, durch welche unbemerkt Braumalzschrot während der Maischung in den Bottich herabgeschüttet werden kann (s. FME. v. 6. Februar 1836).

Anm. 4. Ein nicht außer acht zu lassendes Hilfsmittel für die Kontrolle der Brauereien gewähren auch die nach dem Ablassen der Bierwürze zurückbleibenden Treber. Sollte sich in einzelnen Fällen finden, daß im Verhältnis zu der versteuerten Schrotmenge erheblich mehr Treber vorhanden sind als in andern, namentlich in Fällen, wo das Brauverfahren von Anfang an bis nach dem Ablassen der Würze beaufsichtigt worden, so ist Grund zu vermuten, daß Verwendung unversteuerten Schrotes stattgefunden habe. Es ist daher vorsichtige Nachforschung zu halten und, wenn auch diese zu keinem genügenden Resultate führt, die Brauerei unter schärfere Kontrolle zu nehmen. Ebenso ist zu verfahren, wenn in einer Brauerei die Trebermassen im Verhältnis der versteuerten Schrotmenge ungewöhnlich größer zu sein pflegen als in anderen Brauereien und ist hier namentlich Ueberzeugung zu nehmen, daß nicht etwa Vorrichtungen vorhanden sind, welche es möglich machen, selbst in Gegenwart des Steueraufsehers, ohne daß er es merkt, Schrot in den

Maischbottich zu bringen. Solche Brauereien sind während der Nacht von außen zu beobachten, und es ist, wenn darin gearbeitet oder sonst etwas Verdächtiges bemerkt wird, der Eintritt, nötigenfalls unter Zuziehung eines Gemeindebeamten, zu begehren, um von dem, was geschieht, Ueberzeugung zu nehmen.

(§ 28 Abs. 2 d. Instr. d. FM. v. 20. Mai 1867, ZBl. S. 146.)

Anm. 5. Die Berechnung über die Nachversteuerung in den Spalten 19/21 des Steuerbuchs (Muster 10) ist nicht von den Aufsichtsbeamten, sondern von der Hebestelle aufzustellen, welche bei jeder neuen Vorlegung des Steuerbuchs die erforderliche Vergleichung der Revisionsbefunde und Brauanzeigen vorzunehmen hat.

(Verf. d. Großh. Meckl. Zoll- u. Steuer-Dir. v. 17. Dezember 1872 Nr. 10, Jahrb. S. 152); s. auch § 50 Abs. 2 der AusfBest. bei § 24.

Anm. 6. Diejenigen Befunde, welche während des Nichtvorhandenseins des Steuerbuchs in das zu diesem Behufe in jeder Brauerei ausliegende Aufsichtsbuch (Muster 18) eingetragen werden und direkt auf die Verwiegung von Braustoffen Bezug haben, sind jedesmal von demjenigen Beamten, welcher hierauf zunächst in der Brauerei eine Revision abhält, mit einem kurzen und sachgemäßen Vermerk in das Steuerbuch nachzutragen.

(Generalv. der Kgl. Sächs. Zoll- u. Steuerdir. v. 11. Januar 1873 Nr. 3, Jahrb. S. 520.)

Anm. 7. Im Hinblick auf den Beschl. d. Bundesrats im § 464 u. Ziffer 2a der Prot. v. 1872 wird es überlassen, die Aufsichtsbeamten dahin anzuweisen, daß sie bei der Eintragung der Revisionsatteste in das Steuerbuch die Namensunterschrift in Spalte 18 (Muster 10) in gleicher Höhe mit dem Schlußworte des Attestes selbst abzugeben haben.

(FME. v. 28. Juni 1878 III 6163.)

Anm. 8. Brauereien dürfen hiernach von 9 Uhr abends bis 6 Uhr morgens nur revidiert werden, wenn sie 1. im Betriebe sind oder 2. wenn darin gearbeitet wird, im letzteren Falle also nur dann, wenn Rauch, Feuer, Licht, Geräusch oder andere Anzeichen darauf hinweisen, daß irgend welche Arbeiten, mögen dieselben auf den Brauereibetrieb selbst Bezug haben oder nicht, darin ausgeführt werden. Im anderen Falle müssen, wenn gegründeter Verdacht aus anderen Anzeichen, als solchen vorliegt, welche das Arbeiten in den zur Brauerei gehörenden Räumen zu erkennen geben, die Vorschriften des (jetzt) § 34 in Anwendung kommen (vgl. FME. v. 7. September 1826).

Anm. 9. Die Beamten haben bei der Kontrollierung der unter Einzelversteuerung stehenden Brauereien darüber zu wachen, daß innerhalb der Brauereiräume steuerpflichtige Braustoffe nur an den dazu bestimmten Orten bzw. in den gesetzlich zulässigen Mengen (s. § 17 d. Ges.) aufbewahrt werden, daß nur an den angezeigten Tagen und Stunden eingemaischt, hierbei keine andere Gattung und keine größere Menge an Braustoffen, als versteuert worden, verwendet werden und daß keine größere als die angezeigte Biermenge (s. § 20) gezogen werde.

Zur Erreichung dieses Zweckes sind die mit Beaufsichtigung der Braueinmaischungen beauftragten Beamten zu verpflichten, sich — insoweit nicht im einzelnen Falle andere gleich wichtige und unaufschiebbare Dienstleistungen entgegenstehen — pünktlich zur angezeigten Stunde des Einmaischens in der betreffenden Brauerei einzufinden, daselbst nach vorgängiger Revision der Betriebsräume das am angezeigten Orte bereit gehaltene Braumaterial in ihrer Gegenwart verwiegen und einmaischen zu lassen und dem weiteren Brauverfahren unter sorgfältiger Beobachtung der dabei beschäftigten Personen möglichst so lange unausgesetzt beizuwohnen, bis eine Zumaischung mit Vorteil nicht mehr ausführbar ist.

In der Regel wird dem Brauverfahren wenigstens bis dahin beizuwohnen sein, daß die Würze zum Kochen auf die Pfanne gebracht wird.

(§ 27 Abs. 6 d. Instr. d. F.M. v. 20. Mai 1867, ZBl. S. 146.)

b) Haussuchungen.

§ 34. Ist begründeter Verdacht vorhanden, daß Steuerdefraudationen*) begangen sind oder daß unzulässige Stoffe bei der Bierbereitung verwendet werden, und deshalb eine förmliche Haussuchung erforderlich, es sei bei Personen, die Brauerei betreiben oder bei anderen, so darf die Durchsuchung nur unter Beachtung der für Haussuchungen gesetzlich vorgeschriebenen Formen und nur an solchen Orten stattfinden, die zur Begehung des Unterschleifs oder zur Verheimlichung von Beständen an geschrotetem Malze, an Zucker oder an unzulässigen Ersatz- oder Zusatzstoffen geeignet sind.

Anm. *) Verwaltungsdurchsuchungen dürfen in Preußen nur bei begründetem Verdachte, daß Brausteuerhinterziehungen begangen sind, vorgenommen werden. Werden in anderen Fällen Durchsuchungen notwendig, so können dieselben nur von den allgemein zuständigen Behörden angeordnet werden. Die Ausführung erfolgt durch die von der anordnenden Behörde (Richter) damit beauftragten oder darum ersuchten Beamten.

c) Verhalten der Personen, bei denen eine Aufsichts-
handlung vorgenommen wird.

§ 35. Personen, bei denen eine Aufsichtshandlung vorgenommen wird, und ihre Gewerbsgehilfen sind verbunden, den Aufsichtsbeamten die Hilfsdienste zu leisten oder leisten zu lassen, die erforderlich sind, um die den letzteren obliegenden Geschäfte, es mögen solche in Prüfung des Betriebs, Nachmessung der Geräte, Anlegung von Verschlüssen, Verwiegung von Vorräten oder Feststellung des Tatbestandes bei vorgefundenen Unrichtigkeiten bestehen, in den vorgeschriebenen Grenzen zu vollziehen. Sie haben die zu diesem Zwecke erforderlichen Hilfsmittel zu beschaffen, auch für hinreichende Beleuchtung zu sorgen.

Dienststunden und Abfertigung außerhalb dieser.

§ 36. Die Dienststunden, in denen die Erhebungsbeamten an den Wochentagen zur Abfertigung der Steuerpflichtigen bereit sein müssen, bestimmt die Steuerbehörde. In der Regel sollen die Dienststunden folgende sein:

> in den Wintermonaten Oktober bis Februar einschließlich vormittags von 8 bis 12 Uhr und nachmittags von 1 bis 5 Uhr, in den übrigen Monaten von 7 bis 12 Uhr und von 2 bis 5 Uhr.

Abweichungen von vorstehenden Bestimmungen

sollen an den Orten, wo sie stattfinden, besonders bekannt gemacht werden.

So weit möglich, muß in dringenden Fällen auch außerhalb der Dienststunden die Abfertigung bewirkt werden.

Bekanntmachung der Dienststunden.

AusfBest. § 73. Am Eingange jeder Hebestelle ist eine Bekanntmachung anzuschlagen, aus der die ordentlichen Geschäftsstunden ersichtlich sind.

Strafvorschriften.

Strafe für Verwendung unzulässiger Stoffe bei der Bierbereitung und für verbotswidrigen Handel mit Bierextrakten und dergleichen.

§ 37. Wer andere als die nach § 1 zulässigen Stoffe zur Bereitung von Bier verwendet, mitverwendet oder dem fertigen, zum Absatze bestimmten Biere zusetzt, oder solche Stoffe zu verwenden, mitzuverwenden oder zuzusetzen unternimmt, verfällt, soweit nicht nach anderen Gesetzen eine höhere Strafe verwirkt ist, in eine Geldstrafe von fünfzig Mark bis fünftausend Mark.

Die Strafe ist schon dann verwirkt, wenn unzulässige Ersatz- oder Zusatzstoffe in irgend einer unter Steueraufsicht stehenden Räumlichkeit (§ 33) vorgefunden*) werden, sofern nicht nachgewiesen wird, daß die Stoffe ausschließlich zu anderen Zwecken als der Bierbereitung bestimmt sind.

---

*) S. Anm. zu § 40 Ziff. 1 und 2.

Neben der Geldstrafe hat die Einziehung der noch vorhandenen Ersatz- oder Zusatzstoffe oder des mit solchen Stoffen bereiteten oder versetzten Bieres und der Umschließungen einzutreten ohne Rücksicht darauf, wem die Gegenstände gehören.

Stehen der Einziehung tatsächliche Hindernisse entgegen, so ist dem Schuldigen die Erlegung des Wertes der Gegenstände oder, wenn dieser nicht zu ermitteln ist, die Zahlung einer Geldsumme von zehn Mark bis eintausend Mark aufzuerlegen.

Die Vorschriften in Abs. 1, 3 und 4 finden auch auf Zuwiderhandlungen gegen ein gemäß § 3 Abs. 1 erlassenes Verbot sowie auf die Verbreitung von Zubereitungen der im § 3 Abs. 2 bezeichneten Art Anwendung. Im letzteren Falle hat sich die Einziehung auf die verbotswidrig in den Verkehr gebrachten Zubereitungen zu erstrecken.

(Vgl. § 3 u. Anm. dazu.)

Begriff der Brausteuerdefraudation.

§ 38. Wer es unternimmt, die Brausteuer zu hinterziehen oder eine Vergütung oder Erstattung dieser Steuer zu erlangen, die überhaupt nicht oder nur in geringerem Betrage zu beanspruchen war, macht sich der Brausteuerdefraudation schuldig.

Anm. 1. Die §§ 38—43 finden nicht bloß gegen die Leiter einer Brauerei, sondern gegen jeden Anwendung, welcher steuerpflichtige Stoffe, ohne daß deren Anmeldung erfolgt ist, zum Brauen verwendet.

(RGE. v. 22. Oktober 1887, ZBl. S. 131.)

Anm. 2. Die Frage, ob ein Fabrikat im Sinne des BraustGes. als Bier (s. §§ 1 u. 2) zu betrachten ist und demgemäß der Brausteuer unterliegt, ist, sobald ein gerichtliches Strafverfahren eingeleitet ist, von dem Strafrichter, unabhängig von den Entscheidungen der Verwaltungsbehörde, zu entscheiden.

(ObTribE. v. 28. September 1877, ZBl. 1878 S. 250.)

Anm. 3. Da der Brauer N. nach seinem Geständnis seit dem verflossenen Herbste jedem Gebräu undeklariert ein halbes Pfund Zucker und etwas Couleur zugesetzt hat, so fällt ihm in allen denjenigen Fällen, in denen durch Hinzurechnung des Gewichts der undeklariert verwendeten Surrogate zu dem bei der Einmaischung ermittelten — nicht dem deklarierten — Gewichte der deklarierten Braustoffe sich ein um mindestens 5 Pfennig höherer Steuerbetrag als der tatsächlich entrichtete ergibt, eine Defraude zur Last. Soweit sich dagegen der Steuerbetrag durch diese Zusammenzählung der nach Pfennigen berechneten Steuerbeträge für die deklarierten und die nicht deklarierten Braustoffe nicht um 5 Pfennig erhöht, handelt es sich nur um Ordnungswidrigkeiten, die gemäß § 16 in Verbindung mit § 35 und § 37 Abs. 2 zu ahnden sein würden (jetzt §§ 20, 46 und 48 Abs. 2).

(FME. v. 30. Juli 1877 III. 8619.)

Anm. 4. Nur für den Fall, daß bereits versteuerte Braustoffe, z. B. Färbebier, mit Genehmigung der Steuerbehörde unter Anwendung gewisser Kontrollmaßregeln zur Bierbereitung verwendet werden, kann deren steuerfreie Verwendung zugelassen werden.

Die unterlassene Anmeldung der Verwendung bereits anderweitig versteuerter Braustoffe zur Bierbereitung enthält den Tatbestand der Brausteuerdefraudation.

(RGE. v. 10. Februar 1891.)

§ 39. Die Defraudation wird insbesondere[3]) dann als vollbracht angenommen:

1. wenn mit der Verwendung (Einmaischung, Zumaischung, Zusetzung) solcher steuerpflichtigen Braustoffe, die der Steuerbehörde nicht, oder für einen anderen Tag oder in unrichtiger, einen geringeren Steuerbetrag bedingender Menge angemeldet sind[1]), zum Brauen auch nur begonnen ist;

2.*) wenn die Verwendung von Zucker bei einem anderen als dem in der Erklärung (§ 22) angegebenen Abschnitte der Bierbereitung erfolgt;

3. wenn in einer der Vermahlungssteuer unterliegenden Brauerei ohne Genehmigung der Steuerbehörde Malz zur Verwendung gelangt, das auf einer anderen Mahlvorrichtung als der für die Brauerei genehmigten Malzsteuermühle geschrotet worden, oder das (ausgenommen den Fall des § 29) nicht durch die mit der Malzsteuermühle verbundene selbsttätige Verwiegungsvorrichtung gegangen ist;

4. wenn ein Brauer durch unrichtige Anschreibungen in den von ihm zu führenden Büchern oder durch sonstige unrichtige Angaben bewirkt, daß die von ihm geschuldete

---

*) S. AusfBest. § 48 b, § 22.

Brausteuer nach einem niedrigeren als dem der Vorschrift des Gesetzes entsprechenden Satze berechnet wird.

Anm. 1. Die unterlassene Anmeldung der Verwendung bereits anderweit versteuerter Braustoffe zur Bierbereitung enthält den Tatbestand der Brausteuerdefraudation.

(RGE. v. 10. Februar 1891, ZBl. S. 125.)

Anm. 2. Ein Steuerpflichtiger genügt der Pflicht, die der Besteuerung unterliegende Handlung (d. i. eine Braueinmaischung) dem Steueramte vorher anzuzeigen und den Steuerbetrag zu entrichten, wenn er beides so zeitig zur Post gibt, daß er nach dem regelmäßigen Verlaufe der Dinge voraussetzen darf, beides werde rechtzeitig beim Steueramte eingehen.

(ObTribE. v. 12. März 1874.)

Anm. 3. Der § 39 zählt nicht alle Fälle auf, in denen die Defraudation als vollbracht angenommen werden soll, der Ausdruck „insbesondere“ weist vielmehr darauf hin, daß auch andere, aus dem allgemeinen Begriff des § 38 sich ergebende Defraudationsfälle nicht ausgeschlossen sind.

(Nr. 2 der Drucks. d. Bundesr. f. 1872 S. 33.)

§ 40. Der Defraudation[1]) wird gleichgeachtet:

1. wenn Malzschrot nach erfolgter Anmeldung von Braueinmaischungen, sei es an dem dazu bestimmten Orte oder anderwärts bei dem Brauer, in einer Menge vorgefunden wird, welche die gesetzlich zulässige Menge (§ 17 Abs. 3) um mehr als 10 vom Hundert übersteigt[4]);

2.*) wenn Zucker, der Vorschrift im letzten Ab-

---

*) S. §§ 17, 24 und AusfBest. §§ 41, 50 Abs. 4.

satze des § 24 entgegen, in der Braustätte außer der erlaubten Zeit oder um mehr als 5 vom Hundert über die für das betreffende Gebräu angemeldete Menge, oder der Vorschrift im § 17 entgegen außerhalb der bestimmten Aufbewahrungsräume[2]) bei dem Brauer vorgefunden wird[5])[6])[7]);

3.*) wenn sich im Falle des § 18 Ziffer 3 bei einer amtlichen Aufnahme der Lagervorräte Gewichtsabweichungen von mehr als 10 vom Hundert zwischen der vorgefundenen Menge und dem buchmäßigen Sollbestand ergeben;

4. wenn in einer der Vermahlungssteuer unterliegenden Brauerei die Malzsteuermühle mit selbsttätiger Verwiegungsvorrichtung in ihrer regelmäßigen Tätigkeit derart vorsätzlich gestört wird, daß das Gewicht des geschroteten Malzes von dem Zählwerk entweder gar nicht oder zu gering angegeben wird;

5. wenn ein Vermahlungssteuer entrichtender Brauer, obwohl er weiß, daß das Zählwerk der selbsttätigen Verwiegungsvorrichtung seiner Malzsteuermühle das Gewicht des Malzes nicht oder zu niedrig angibt, die Malzsteuermühle zum Schroten benutzt oder benutzen läßt, ohne einen glaubwürdigen Zeugen zuzuziehen und unter dessen Mitbeurkundung

---

*) S. § 18 und AusfBest. § 42.

das Gewicht des Malzes im Mahlbuch anzuschreiben;

6. wenn in einer Abfindungsbrauerei die gemäß § 32 vom Bundesrate vorgeschriebenen Anmeldungen oder Anschreibungen nicht oder unrichtig bewirkt worden sind[3]);

7. wenn in einem Antrag auf Erlaß, Erstattung oder Vergütung der Brausteuer die Menge der steuerpflichtigen Braustoffe oder die Biermenge zu hoch angegeben ist oder sonst wahrheitswidrige Angaben gemacht worden sind, die geeignet sind, zu einer Verkürzung der Steuer zu führen.

Anm. 1. Eine Brausteuerhinterziehung im Sinne des § 40 Nr. 1 u. 2 liegt schon dann vor, wenn Malzschrot bzw. Zucker unter den daselbst bezeichneten Umständen beim Brauer überhaupt vorhanden ist. Erforderlich ist es nicht, daß die genannten Braustoffe im Wege amtlicher Revision bei dem Brauer vorgefunden werden. Es genügt also schon, wenn die Stoffe in unzulässiger Menge bzw. in nicht angemeldeten Räumen beim Brauer überhaupt vorhanden und zu seiner beliebigen Verfügung und jederzeitigen Verwendung zum Brauen bereit gewesen sind.

(RGE. v. 28. Juni 1889, ZBl. S. 375.)

Anm. 2. Die Worte „außerhalb der bestimmten Aufbewahrungsräume" haben nichts weiter zu bedeuten, als „an vorher nicht angezeigten Orten".

(RGE. v. 15. Dezember 1885, ZBl. 1886 S. 220.)

Anm. 3. Nach der ausdrücklichen Vorschrift im § 20 besteht im Falle der Abfindung eine Verpflichtung zu der im Gesetz vorgeschriebenen Anmeldung von Braustoffen usw. nicht. Es kann deshalb ein abgefundener Brauer — abgesehen von den in Ziff. 6 vorgesehenen Fällen — nur dann eine Defraude begehen, wenn er eine andere nicht abgefundene Brauerei benutzt. (Vgl. AusfBest. §§ 64, 65.)

Anm. 4. Die Verpflichtung, Vorräte an Malzschrot an bestimmten Orten und nur in gesetzlich zulässiger Menge aufzubewahren, ist lediglich der die Brauerei als Gewerbe treibenden Person, d. i. dem Brauereibesitzer auferlegt.

(ObTribE. v. 23. April 1874.)

Anm. 5. Die Bestimmung des § 40 Ziff. 2, daß es der Defraudation gleichgeachtet wird, wenn Zucker außerhalb der bestimmten Aufbewahrungsräume bei dem Brauer vorgefunden werden, gilt nicht nur für den Fall, daß von dem Brauer der Steuerbehörde ein bestimmter Aufbewahrungsraum für den Zucker angezeigt ist und nun ein anderer Raum, als der angezeigte, dazu benutzt wird, sondern auch für den Fall, daß der Brauer der Steuerbehörde einen Aufbewahrungsraum für den Zucker überhaupt nicht angezeigt hat. Denn auch in diesem Falle befinden sich die Stoffe nicht in einem Raume, welcher der Steuerbehörde angezeigt ist.

(ObTribE. v. 25. Oktober 1877, ZBl. 1878 S. 280.)

Anm. 6. Eine Brausteuerdefraudation im Sinne der vorstehenden Ziffern 1 und 2 (§ 40) liegt schon dann vor, wenn Braumalzschrot nach erfolgter Anmeldung von Braueinmaischungen beim Brauer in einer die gesetzlich zulässige Menge um mehr als 10 % übersteigenden Menge oder wenn Zucker außerhalb der bestimmten Aufbewahrungsräume beim Brauer überhaupt vorhanden ist.

(RGE. v. 28. Juni 1889.)

Anm. 7. Die Vorschrift der Ziff. 2 (§ 40) findet auch dann Anwendung, wenn die Räumlichkeit, in der die

Stoffe sich vorfinden, nicht im Eigentum oder ausschließlichen Benutzungsrecht des Brauers steht, sofern nur der Brauer rechtlich und tatsächlich in der Lage war, die Stoffe von dort aus ebenso unmittelbar wie von den eigenen Räumlichkeiten aus mit Umgehung der Brausteuer zum Brauen zu verwenden.

(ObTribE. v. 8. Februar 1877.)

Anm. 8. Wenn auch nach § 17 dem Brauer die Verpflichtung, Zuckerstoffe, die nicht zur Bierbereitung bestimmt sind, nur in gewissen ein für allemal anzuzeigenden Räumen aufzubewahren, nur insoweit auferlegt ist, als dieselben nach dem Ermessen der Steuerbehörde den Bedarf des eigenen Haushaltes übersteigen, so kann doch der Brauer, bei dem Zuckerstoffe außerhalb des bestimmten Aufbewahrungsortes vorgefunden werden, sich darauf nur dann berufen, wenn er der Steuerbehörde davon, daß er den Zucker zum Bedarf seines Haushaltes vorrätig halten wolle, Anzeige gemacht und deren Entscheidung über die Höhe dieses Haushaltungsvorrates erwirkt hat.

(ObTribE. v. 8. Februar 1877.)

Anm. 9. Das Aufbewahren von Malzschrot in einer den Vorschriften des § 17 nicht entsprechenden Weise ist nur am Brauereiinhaber als der die Brauerei als Gewerbe treibenden Person, und nicht an demjenigen zu bestrafen, welcher das Malzschrot an den betreffenden Ort gebracht hat, selbst wenn dieser auch tatsächlich für den Brauereiinhaber den Brauereibetrieb ausübt.

(ObTribE. v. 23. April 1874.)

Anm. 10. Zusammentreffen mit anderen Vergehen.

Werden Zuckerstoffe unangemeldet durch den Brauer aufbewahrt, wird aber nachgewiesen, daß dieselben in der Absicht, die Brausteuer zu defraudieren, undeklariert zum Brauen verwendet worden sind, und ist deshalb schon die Defraudationsstrafe verhängt worden, so ist die unangemeldete Aufbewahrung an sich nicht ebenfalls mit der Defraudationsstrafe zu ahnden.

(RGE. v. 20. Dezember 1884, ZBl. 1885 S. 337.)

Strafe der Defraudation.

§ 41. Wer eine Biersteuerdefraudation[2]) begeht, hat eine Geldstrafe verwirkt, die dem vierfachen Betrage der vorenthaltenen oder zur Ungebühr beanspruchten Steuer oder Vergütung gleichkommt, mindestens aber fünfzig Mark beträgt.

Insoweit Abweichungen von der zulässigen Menge (§ 40 Ziffer 1, 2 und 3) den Tatbestand der Defraudation bilden, wird die Strafe nach dem Steuerbetrage von dem Gewichtsunterschiede bemessen. Im Falle des § 40 Ziffer 6 gilt als vorenthaltene Abgabe der Steuerbetrag von den ohne die vorgeschriebene Anmelduug oder Anschreibung zur Bierbereitung verwendeten Braustoffen.

Die Steuer ist von der Strafe unabhängig zu entrichten.

Anm. 1. Der Mindestbetrag der Brausteuerdefraudationsstrafe von 50 Mark ist für jeden selbständigen Defraudationsfall in Anwendung zu bringen.

(RGE. v. 27. Oktober 1879, FME. v. 3. Februar 1885 III 159.)

Anm. 2. Mehrere zu einer Untersuchung zusammengezogene Brausteuerdefraudationsfälle bilden nicht überall nur eine Straftat, sie können als verschiedene Straftaten in realer Konkurrenz bestraft werden.

Nach der Vorschrift des § 48 Abs. 2 soll im Falle mehrerer oder wiederholter Zuwiderhandlungen, welche nicht in Defraudationen bestehen, wenn die Zuwiderhandlungen derselben Art sind und gleichzeitig entdeckt werden, die Ordnungsstrafe gegen denselben Täter und Teilnehmer usw. zusammen nur in einmaligem Betrage festgesetzt werden.

Der Abs. 2 scheidet daher mehrere oder wiederholte Brausteuerdefrauden ausdrücklich aus. Für solche gelten die allgemeinen Grundsätze des RStGB. über das Zusammentreffen mehrerer strafbarer Handlungen (§§ 73 ff.). Es bleibt deshalb jedesmal der richterlichen Prüfung überlassen, ob die zeitlich getrennten Defraudationsfälle durch ein und dieselbe Handlung oder durch mehrere selbständige Handlungen begangen sind und daher eine oder mehrere Straftaten vorliegen.

(RGE. II Strafs. v. 30. September 1884 1939/84, ZBl. 1885 S. 230 ff.)

§ 42. Kann der Betrag der hinterzogenen Steuer nicht anders ermittelt werden, so ist er, falls sich die begangene Defraudation nicht bloß auf eine Nachmaischung oder die zusätzliche Verwendung von Zucker bezieht, danach zu bemessen, was an Malz und Zucker zu einem vollen Gebräu in der betreffenden Brauerei genommen zu werden pflegt. Läßt sich letzteres nicht feststellen oder ist die Defraudation nur in bezug auf eine Nachmaischung oder die Zusetzung von Zucker begangen, so tritt statt des vierfachen Betrags der hinterzogenen Steuer eine Geldstrafe von fünfzig bis fünfhundert Mark ein[2]).

Anm. 1. Auch die hier bestimmte Geldstrafe von 50 bis 500 Mark ist mehrmals verwirkt, wenn die

Defraudation durch mehrere selbständige Handlungen begangen ist.

(RGE. v. 30. September 1884.)

Anm. 2. Wird statt des vierfachen Betrages der hinterzogenen, jedoch ihrem Betrage nach nicht festzustellenden Steuer eine Geldstrafe (50 bis 500 Mark) festgesetzt, so ist durch diese Straffestsetzung zugleich der Gefällepunkt für erledigt zu erachten. Eine nachträgliche Einziehung der etwa nach dem festgesetzten Strafbetrage zu berechnenden Steuer findet nicht statt.

(FME. v. 19. Mai 1875 Nr. III 17434, ZBl. S. 131.)

§ 43. Kann der Angeschuldigte nachweisen, daß er eine Hinterziehung nicht habe verüben können, oder daß eine solche nicht beabsichtigt gewesen sei, so findet nur eine Ordnungsstrafe nach Vorschrift des § 46 statt.

S. Anm. 1 zu § 52.

Strafe des Rückfalls.

§ 44. Im Falle der Wiederholung der Defraudation nach vorhergegangener Bestrafung[1][2]) wird die Strafe auf den achtfachen Betrag der vorenthaltenen Steuer bestimmt. Diese Strafe soll jedoch in keinem Falle weniger als einhundert Mark betragen.

Jeder fernere Rückfall[1][2]) zieht Gefängnisstrafe bis zu zwei Jahren nach sich. Doch kann nach richterlichem Ermessen mit Berücksichtigung aller Umstände des Vergehens und der vorausgegangenen Fälle auf Haft oder auf Geldstrafe nicht unter dem Doppelten der für den ersten Rückfall bestimmten Geldstrafe erkannt werden.

Anm. 1. In Ansehung der Frage, ob Rückfall vorliegt, haben die Bestrafungen im Verwaltungswege gleiche Wirkung mit gerichtlichen Urteilen.

Anm. 2. Eine Reihe von Brausteuerdefraudationsdelikten kann zu einer Straftat, dem sogenannten fortgesetzten Vergehen, dann nicht zusammengefaßt werden, wenn einzelne in der Mitte der Reihe liegende Straffälle bereits früher bestraft sind. Gleichgültig ist es, ob die in der Mitte der Defraudationsakte liegenden Bestrafungen im Verwaltungswege durch ein Submissionsverfahren bzw. durch einen Strafbescheid oder durch ein gerichtliches Strafurteil erfolgten.

(RGE. v. 17. März 1890 Endsch. Bd. 20 S. 316, ZBl. 1891 S. 25.)

§ 45. Die Straferhöhung wegen Rückfalls ist verwirkt, auch wenn die früheren Strafen nur teilweise verbüßt oder ganz oder teilweise erlassen sind.

Sie ist ausgeschlossen, wenn seit der Verbüßung oder dem Erlasse der letzten Strafe bis zur Begehung der neuen Defraudation drei Jahre verflossen sind.

Teilnehmer einer Defraudation unterliegen der Straferhöhung wegen Rückfalls nur insoweit, als sie sich selbst eines Rückfalls schuldig gemacht haben.

Ordnungsstrafen.

§ 46. Die Übertretung der Vorschriften dieses Gesetzes sowie der dazu erlassenen Verwaltungsbestimmungen wird, sofern nicht die im § 37 angedrohte Strafe oder eine Defraudationsstrafe verwirkt ist, mit einer Ordnungsstrafe bis zu einhundertfünfzig Mark geahndet[1]).

Die Ordnungsstrafe soll jedoch in den nachgenannten Fällen nicht unter fünfzehn Mark und bei Wiederholungen nicht unter dreißig Mark betragen:

1. wenn, den Vorschriften in §§ 13 und 22 dieses Gesetzes entgegen, die Anzeige der Brauerei-Räume und -Gefäße oder die Einreichung der Erklärung unterblieben ist;
2. wenn Malz entgegen der Vorschrift im § 17 an einem anderen als dem dazu angezeigten Orte bei dem Brauer vorgefunden wird[2])[7]);
3. wenn zu einer anderen Tageszeit als der angemeldeten (§ 20) oder vor Ablauf der halben Stunde, die auf den Steuerbeamten gewartet werden muß (§ 24), eingemaischt worden ist[8]);
4. wenn die zu einem Gebräu gehörige Biermenge um mehr als 10 vom Hundert von dem angemeldeten Bierzuge (§ 20) abweicht[3])[4]);
5. wenn unbefugterweise Nachmaischungen (§ 25) vorgenommen worden sind, insoweit dadurch nicht etwa die Defraudationsstrafe nach § 39 verwirkt ist;
6. wenn jemand, dem die freie Bereitung des Haustrunks gestattet ist (§ 9), Bier an nicht zum Haushalte gehörige Personen gegen Entgelt abläßt;
7. wenn Brauer, welche die Brausteuer als Vermahlungssteuer entrichten, die ihnen in Ge-

mäßheit der §§ 26 bis 30 obliegenden Pflichten verletzen.

Die Übertretung einzelner für die Sicherung der Steuer besonders wichtiger Vorschriften kann in dem letztgedachten Falle (zu 7) mit Ordnungsstrafe bis zum Betrage von sechshundert Mark belegt werden.

Anm. 1. Nur dann, wenn durch die Uebertretung einer Vorschrift d. Ges. die Defraudationsstrafe verwirkt ist, soll die Uebertretung nicht außerdem noch mit einer Ordnungsstrafe belegt werden, wogegen in jedem anderen Falle die Nichtbefolgung der in dem BrStG. gegebenen Vorschriften durch eine Ordnungsstrafe gerügt werden kann und soll.

(RGE. v. 18. März 1877, Bd. 9 S. 186, ZBl. 1891 S. 26.)

Anm. 2. Wenn Malzschrot an einem nicht angemeldeten Orte aufbewahrt und derart unangezeigt zum Brauen verwendet wird, daß das Hinlagern nicht in unmittelbarem zeitlichen Zusammenhange mit der Einmaischung gestanden hat, so ist neben der Defraudationsstrafe auch eine Ordnungsstrafe verwirkt. Denn die Defraudationsstrafe ist durch die unangezeigte Verwendung zum Brauen und die Ordnungsstrafe durch die unangemeldete Aufbewahrung von Braustoffen verwirkt.

(ObTribE. v. 20. April 1876.)

Anm. 3. Die Abweichung der zu einem Gebräu gehörigen Biermenge um mehr als 10 % von dem deklarierten Bierzuge ist nicht nur dann, wenn sie in einem Mehr, sondern auch wenn sie in einem Weniger besteht, ohne daß es auf die Feststellung der Ursache dieser Abweichung ankommt, strafbar.

(ObTribE. v. 15. März 1876, ZBl. S. 234.)

Anm. 4. Für Verstöße gegen die zur Sicherung der Steuerentrichtung und zur Verhütung von Defraudationen gegebenen Vorschriften ist der Brauereibesitzer verantwortlich.

Anm. 5. Derjenige, welcher das Brauereigewerbe betreibt, haftet unmittelbar und selbständig für die in seiner Brauerei begangenen Defraudationen und Ordnungswidrigkeiten, wenn der, welcher die betreffende Handlung begangen hat, nicht ermittelt werden kann.

(ObTribE. v. 24. Mai 1865.)

Anm. 6. Für eine in der Brauerei verübte Ordnungswidrigkeit kann der „Brauer" auch dann, wenn der eigentliche Täter ermittelt ist, neben diesem selbständig zur Bestrafung gezogen werden, sofern ihm ein eigenes Verschulden bei der festgestellten Ordnungswidrigkeit zur Last fällt, z. B. wenn der Brauer durch eingehendere Beaufsichtigung des Betriebes, Zuwiderhandlungen seiner Leute zu hindern, unterlassen hat.

(RGE. IV Straff. v. 27. Oktober 1893, ZBl. 1894 S. 147, 149.)

Ein vorsätzliches Handeln ist kein Erfordernis des § 46 Abs. 1.

(RGE. wie vor, ZBl. S. 148.)

Anm. 7. Die strafrechtliche Verantwortlichkeit des Bierbrauers ist ausgeschlossen im Falle der durch ihn nicht verschuldeten Aufbewahrung von Braustoffen an einem der Behörde nicht angezeigten Orte.

Der Brauer soll danach zu verhindern verpflichtet sein, daß Malzschrot nicht an einem anderen als dem dazu angezeigten Orte aufbewahrt werden, wenn auch nur vorübergehend, da diese Gesetzesstelle auf das bloße Vorfinden entscheidendes Gewicht legt.

Dadurch, daß diese Pflicht dem Brauer allein auferlegt ist, ergibt sich, daß derselbe auch für sein Personal einzustehen hat, indem er verpflichtet ist, dasselbe zu überwachen und Zuwiderhandlungen zu verhindern. Der Beweis, dieser Verpflichtung nachgekommen zu sein, liegt zwar nach der Gestaltung unseres heutigen Prozesses nicht mehr dem Brauer ob. Um aber Strafe auszuschließen, wenn sich objektiv eine Zuwiderhandlung gegen das Gesetz durch Vorfinden eines Vorrats von Malzschrot an einem nicht angezeigten Orte ergibt, ist es erforderlich, daß das erkennende Gericht feststellt, daß ihn ein Verschulden nicht treffe. Im vorliegenden Falle ist festgestellt, daß der Brauer alle erforderlichen Anordnungen getroffen, auch die nötige Kontrolle über seine Bediensteten ausgeübt hat, so daß ihn keinerlei Verschulden trifft. Er war mithin den ihm vom Gesetz auferlegten Verpflichtungen nachgekommen und konnte ihn deshalb eine Strafe nicht treffen.

(RGE. III v. 12. Oktober 1896, ZBl. S. 45.)

Anm. 8. Die Ordnungsstrafe wegen Einmaischung zu einer anderen als der angezeigten Stunde trifft den Vorstand der Brauerei, auch wenn derselbe bei der Einmaischung nicht zugegen war. Die geschärfte Ordnungsstrafe des § 46 Ziff. 3 tritt nur dann ein, wenn statt um die angezeigte Vormittagsstunde während der Nachmittagsstunden, oder umgekehrt eingemaischt wird.

(ObTribE. v. 11. April 1878, ZBl. 1879 S. 140.)

Anm. 9. Hat ein Brauer wegen unangemeldeter Verwendung von Zuckerstoffen die Defraudationsstrafe verwirkt, so kann er noch daneben, wenn er die vorgeschriebene Erklärung über die beabsichtigte Verwendung der Zuckerstoffe (§ 22) unterlassen hat, in eine besondere Ordnungsstrafe verurteilt werden. (S. §§ 39, 40.)

Dagegen kann er wegen der der Verwendung vorhergegangenen unangemeldeten Aufbewahrung des Stoffes wenigstens dann nicht in eine besondere Ordnungsstrafe verurteilt werden, wenn die Aufbewahrung an sich schon nach § 40 als Defraudation angesehen wird.

(ObTrib. v. 20. April 1876.)

Anm. 10. Der „Vormund", welcher als Vertreter eines minderjährigen Brauereibesitzers die demselben gehörige Brauerei leitet, ist für den Betrieb der letzteren als „Brauer" im Sinne des Brausteuergesetzes verantwortlich.

(RGE. v. 27. Januar 1893.)

Anm. 11. Wenn in dem Brauregister (Einmaischungsbuch) eines der Abfindung unterworfenen Brauers die von ihm gemachten Eintragungen den wirklichen Einmaischungen nicht entsprechen, so genügt es zur Bestrafung des zur Registerführung verpflichteten, d. i. des Brauers, wenn er die unrichtigen Eintragungen durch Nachlässigkeit in der Verwaltung und Leitung der Brauerei verschuldete.

Eine weitergehende Verschuldung, insbesondere ein vorsätzliches Handeln ist kein Erfordernis der Anwendbarkeit der Strafvorschrift des § 46 Abs. 1, nur eine zufällige und unabwendbare Unmöglichkeit, das Register richtigzustellen, könnte den Brauer vor Strafe schützen.

(RGE. v. 27. Januar 1893.)

Anm. 12. Für die Beachtung der wegen der Aufbewahrung der Braustoffe gegebenen Ordnungsvorschriften ist es nicht von Erheblichkeit, ob diese Braustoffe zur Bierbereitung tauglich sind oder nicht.

(RGE. v. 8. Oktober 1891.)

Anm. 13. Ist die beabsichtigte Aenderung des deklarierten Bierzuges zwar angemeldet, wird aber die Anmeldung wegen des zu späten Eingangs nicht berücksichtigt, der Brauer vielmehr wegen Abweichung von dem ursprünglich deklarierten Bierzuge bestraft, so kann er nicht noch außerdem wegen nicht rechtzeitiger Anmeldung der Aenderung bestraft werden.

(RGE. v. 11. Juni 1876.)

Anm. 14. S. die Anm. zu § 20.

§ 47. Mit Ordnungsstrafe (§ 46 Abs. 1) wird außerdem belegt:

1. wer einem zur Wahrnehmung des Steuerinteresses verpflichteten Beamten oder dessen Angehörigen wegen einer auf die Erhebung oder Beaufsichtigung der Brausteuer bezüglichen Handlung oder Unterlassung einer solchen Geschenke oder andere Vorteile anbietet, verspricht oder gewährt, sofern nicht der Tatbestand der Bestechung (§ 333 des Strafgesetzbuchs) vorliegt[1]);
2. wer sich Handlungen oder Unterlassungen zuschulden kommen läßt[2]), durch die ein solcher Beamter an der rechtmäßigen Ausübung seines Amtes in bezug auf die Brausteuer verhindert wird, sofern nicht der Tatbestand der strafbaren Widersetzlichkeit (§ 113 des Strafgesetzbuchs)[1]) vorliegt.

Anm. 1. § 333 des Strafgesetzbuches lautet:

Wer einem Beamten oder einem Mitgliede der bewaffneten Macht Geschenke oder andere Vorteile anbietet, verspricht oder gewährt, um ihn zu einer Handlung, die eine Verletzung einer Amts- oder Dienstpflicht enthält, zu bestimmen, wird wegen Bestechung mit Gefängnis bestraft; auch kann auf Verlust der bürgerlichen Ehrenrechte erkannt werden.

Sind mildernde Umstände vorhanden, so kann auf Geldstrafe bis zu eintausendfünfhundert Mark erkannt werden.

§ 113 Abs. 1, 2 des Strafgesetzbuchs lautet:

Wer einem Beamten, welcher zur Vollstreckung von Gesetzen, von Befehlen und Anordnungen der Verwaltungsbehörden oder von Urteilen und Verfügungen der Gerichte berufen ist, in der rechtmäßigen Ausübung seines Amtes durch Gewalt oder durch Bedrohung mit Gewalt Widerstand leistet, oder wer einen solchen Beamten während der rechtmäßigen Ausübung seines Amtes tätlich angreift, wird mit Gefängnis von vierzehn Tagen bis zu zwei Jahren bestraft.

Sind mildernde Umstände vorhanden, so tritt Gefängnisstrafe bis zu einem Jahre oder Geldstrafe bis zu eintausend Mark ein.

Anm. 2. S. Anm. zu § 24.

Zusammentreffen mehrerer Zuwiderhandlungen gegen die Gesetze.

§ 48. Treffen mit einer Zuwiderhandlung gegen die Bestimmungen dieses Gesetzes andere strafbare Handlungen zusammen, oder ist mit der Defraudation zugleich eine Verletzung besonderer Vorschriften dieses Gesetzes verbunden, so finden die Vorschriften des Strafgesetzbuchs (§§ 74 bis 78)[1]) Anwendung.

Im Falle mehrerer oder wiederholter Zuwiderhandlungen gegen dieses Gesetz, die nicht in Defraudationen[3]) bestehen, soll, wenn die Zuwiderhandlungen derselben Art sind und gleichzeitig entdeckt werden, die Strafe gegen denselben Täter, sowie gegen mehrere Täter und Teilnehmer zusammen nur in einmaligem Betrage festgesetzt werden. (Vgl. Anm. 2 zu § 41 S. 120.)

Anm. 1. Die §§ 74 bis 78 des Strafgesetzbuchs lauten:

§ 74. Gegen denjenigen, welcher durch mehrere selbständige Handlungen mehrere Verbrechen oder Vergehen oder dasselbe Verbrechen oder Vergehen mehrmals begangen und dadurch mehrere zeitige Freiheitsstrafen verwirkt hat, ist auf eine Gesamtstrafe zu erkennen, welche in einer Erhöhung der verwirkten schwersten Strafe besteht.

Bei dem Zusammentreffen ungleichartiger Freiheitsstrafen tritt diese Erhöhung bei der ihrer Art nach schwersten Strafe ein.

Das Maß der Gesamtstrafe darf den Betrag der verwirkten Einzelstrafen nicht erreichen und fünfzehnjähriges Zuchthaus, zehnjähriges Gefängnis oder fünfzehnjährige Festungshaft nicht übersteigen.

§ 75. Trifft Festungshaft nur mit Gefängnis zusammen, so ist auf jede dieser Strafarten gesondert zu erkennen. Ist Festungshaft oder Gefängnis mehrfach verwirkt, so ist hinsichtlich der mehreren Strafen gleicher Art so zu verfahren, als wenn dieselben allein verwirkt wären.

Die Gesamtdauer der Strafen darf in diesen Fällen fünfzehn Jahre nicht übersteigen.

§ 76. Die Verurteilung zu einer Gesamtstrafe schließt die Aberkennung der bürgerlichen Ehrenrechte nicht aus, wenn diese auch nur neben einer der verwirkten Einzelstrafen zulässig oder geboten ist.

Ingleichen kann neben der Gesamtstrafe auf Zulässigkeit von Polizeiaufsicht erkannt werden, wenn dieses auch nur wegen einer der mehreren strafbaren Handlungen statthaft ist.

§ 77. Trifft Haft mit einer anderen Freiheitsstrafe zusammen, so ist auf die erstere gesondert zu erkennen.

Auf eine mehrfach verwirkte Haft ist ihrem Gesamtbetrage nach, jedoch nicht über die Dauer von drei Monaten, zu erkennen.

§ 78. Auf Geldstrafen, welche wegen mehrerer strafbarer Handlungen allein oder neben einer Freiheitsstrafe verwirkt sind, ist ihrem vollen Betrag nach zu erkennen.

Bei Umwandlung mehrerer Geldstrafen ist der Höchstbetrag der an die Stelle derselben tretenden Freiheitsstrafe zwei Jahre Gefängnis und, wenn die mehreren Geldstrafen nur wegen Uebertretungen erkannt worden sind, drei Monate Haft.

Anm. 2. Mehrere zu einer Untersuchung zusammengezogene Brausteuerdefraudationsfälle bilden nicht überall nur eine Straftat und können als verschiedene Straftaten in realer Konkurrenz bestraft werden. (S. S. 120.)

(RGE. v. 30. September 1884, ZBl. 1885 S. 230.)

Anm. 3. Unstatthaft ist es, strafbare Handlungen, welche vor und nach einer Bestrafung verübt sind, zwecks Bildung eines fortgesetzten Vergehens zusammen zu fassen. Es handelt sich im vorliegenden Falle um die Bestrafung eines im Wege des Strafverfahrens der Verwaltungsbehörde wegen einer am 30. November 1887 bzw. 14. April 1888 verübten Brausteuerdefraude unterm 31. Dezember 1887 bzw. 14. April 1888 bereits bestraften Angeklagten, welcher gegenwärtig wegen in der Zeit von Ende Juni 1886 bis Mitte Juli 1888 fortgesetzten Brausteuerdefrauden angeklagt ist. Diejenigen Defraudationsakte, welche zwischen der ersten Bestrafung vom 31. Dezember 1887 und der zweiten vom 11. Mai 1888 liegen, sind mit der Rückfallstrafe, diejenigen Akte aber, welche in die Zeit hinter den 11. Mai 1888 fallen, sind mit der Strafe des ferneren Rückfalls zu ahnden.

(RGE. v. 17. März 1890, ZBl. 1891 S. 25.)

Anm. 4. Siehe auch Anm. zu § 41.

Zwangsmaßregeln.

§ 49. Unbeschadet der verwirkten Ordnungsstrafen kann die Steuerbehörde die Beobachtung der Anordnungen, die auf Grund der Vorschriften dieses Gesetzes und der dazu erlassenen Verwaltungsbestimmungen getroffen worden sind, durch Androhung und Einziehung von Geldstrafen bis zu fünfhundert Mark erzwingen, auch, wenn eine vorgeschriebene Einrichtung nicht getroffen wird, diese auf Kosten der Pflichtigen herstellen lassen. Die Einziehung der hierdurch erwachsenen Auslagen erfolgt in dem Verfahren für die Beitreibung von Zollgefällen und mit dem Vorzugsrechte der letzteren.

Vertretungsverbindlichkeit für verwirkte Geldstrafen.

§ 50. I. Wer Brauerei als Gewerbe betreibt, haftet, was die auf Grund dieses Gesetzes verhängten Geldstrafen betrifft, mit seinem Vermögen für seine Verwalter, Gewerbsgehilfen sowie für diejenigen Hausgenossen, die in der Lage sind, auf den Gewerbebetrieb Einfluß zu üben[1])[2]), wenn:

1. diese Geldstrafen von dem eigentlich Schuldigen wegen Unvermögens nicht beigetrieben werden können, und zugleich

2. der Nachweis erbracht wird, daß der Brauereitreibende bei Auswahl und Anstellung der Verwalter und Gewerbsgehilfen oder bei Beaufsichtigung dieser oder der eingangs bezeichneten Hausgenossen fahrlässig, d. h. nicht mit der Sorgfalt eines ordentlichen Geschäftsmanns zu Werke gegangen ist.

Als solche Fahrlässigkeit gilt insbesondere die wissentliche Anstellung oder Beibehaltung eines wegen Brausteuerdefraudation bereits bestraften Verwalters oder Gewerbsgehilfen, falls nicht die oberste Finanzbehörde die Anstellung oder Beibehaltung genehmigt hat.

Ist ein Brauereitreibender, der nach den Vorschriften dieses Gesetzes subsidiarisch in Anspruch genommen wird, bereits wegen einer von ihm selbst in der nachgewiesenen Absicht[3]) der Steuerverkürzung begangenen Brausteuerdefraudation bestraft, so hat er die Vermutung fahrlässigen Verhaltens[3]) so lange gegen sich, als er nicht nachweist, daß er bei Anstellung und Beaufsichtigung seines eingangs bezeichneten Hilfspersonals die Sorgfalt eines ordentlichen Geschäftsmanns angewendet hat.

II. Hinsichtlich der infolge einer Zuwiderhandlung gegen die Vorschriften dieses Gesetzes vorenthaltenen Steuer haftet der Brauereitreibende für die unter I bezeichneten Personen mit seinem Vermögen, wenn die Steuer von dem eigentlich Schuldigen wegen Unvermögens nicht beigetrieben werden kann.

III. Zur Erlegung von Geldstrafen auf Grund der subsidiarischen Haftung in Gemäßheit der Vorschriften zu I kann der Brauereitreibende nur durch richterliches Erkenntnis verurteilt werden.

IV. Die Steuerverwaltung ist jedoch befugt, statt der Einziehung der Geldbuße von den subsidiarisch Verhafteten und unter Verzicht hierauf die im Unvermögensfalle an die Stelle der Geldbuße zu verhängende Freiheitsstrafe sogleich an dem eigentlich Schuldigen vollstrecken zu lassen.

Anm. 1. Der Brauereibesitzer haftet für die durch seine Gewerbegehilfen verwirkten Defraudationsstrafen auch dann, wenn er sich selbst an der Defraudation beteiligt hat und deshalb als Mittäter zu bestrafen ist.
(ObTribE. v. 23. September 1870.)

Anm. 2. Eine eigene Zuwiderhandlung des Angeklagten liegt zwar nicht vor, es könnte aber in Frage kommen, ob bezüglich dieser Zuwiderhandlung, deren eigentliche Täter ermittelt sind, der Angeklagte noch selbst zu bestrafen, oder nur aus § 38 — jetzt § 50 d. Ges. — subsidiarisch verantwortlich zu machen ist. Allein die subsidiäre Haftbarkeit, welche das Gesetz dem Brauer als Gewerbetreibenden auferlegt, hat mit der prinzipalen Verantwortlichkeit für eigene Verfehlungen nichts zu tun.

(RGE. IV Straff. v. 27. Oktober 1893, ZBl. 1894 S. 148.)

Anm. 3. In Auslegung dieser Vorschrift hat das Reichsgericht dahin entschieden, daß die fragliche Vermutung nicht schon dann Platz greife, wenn der Brauereitreibende überhaupt wegen Brausteuerdefraudation bestraft worden, vielmehr nur unter der weiteren Voraussetzung, daß die Defraudation in der von dem Gesetz ausdrücklich bezeichneten Weise begangen worden sei.

Es erscheint notwendig, um diejenigen, welche sich einer von ihnen in der bezeichneten Absicht begangenen Defraudation schuldig machen, für die in Zukunft etwa über ihre Gewerbsgehilfen usw. zu verhängenden Strafen dem Gesetze gemäß subsidiarisch haftbar machen zu können, in den dazu angetanen Fällen auf eine entsprechende tatsächliche Feststellung der nachgewiesenen Absicht der Steuerverkürzung hinzuwirken und dieselbe in die Gründe des Strafbescheids aufzunehmen.

Der Herr Justizminister hat auf Ersuchen die Beamten der Staatsanwaltschaft angewiesen, in gerichtlichen Untersuchungen der gedachten Art die Aufnahme der bezüglichen Feststellung in das Urteil ausdrücklich in Antrag zu bringen.

(FME. v. 30. September 1886 III 11655, ZBl. S. 227.)

Umwandelung der Geld- in Freiheitsstrafen.

§ 51. Die Umwandelung der nicht beizutreibenden Geldstrafen[2]) in Freiheitsstrafen erfolgt gemäß §§ 28 und 29 des Strafgesetzbuchs[1]), jedoch darf die Freiheitsstrafe

im ersten Falle der Defraudation sechs Monate,
im ersten Rückfall ein Jahr,
im ferneren Rückfalle zwei Jahre

nicht überschreiten.

Anm. 1. §§ 28 und 29 des Strafgesetzbuches lauten:

§ 28. Eine nicht beizutreibende Geldstrafe ist in Gefängnis und, wenn sie wegen einer Uebertretung erkannt worden ist, in Haft umzuwandeln.

Ist bei einem Vergehen Geldstrafe allein oder an erster Stelle oder wahlweise neben Haft angedroht, so kann die Geldstrafe in Haft umgewandelt werden, wenn die erkannte Strafe nicht den Betrag von sechshundert Mark und die an ihre Stelle tretende Freiheitsstrafe nicht die Dauer von sechs Wochen übersteigt.

War neben der Geldstrafe auf Zuchthaus erkannt, so ist die an deren Stelle tretende Gefängnisstrafe nach Maßgabe des § 21 in Zuchthausstrafe umzuwandeln.

Der Verurteilte kann sich durch Erlegung des Strafbetrages, soweit dieser durch die erstandene Freiheitsstrafe noch nicht getilgt ist, von der letzteren freimachen.

§ 29. Bei Umwandelung einer wegen eines Verbrechens oder Vergehens erkannten Geldstrafe ist der Betrag von drei bis zu fünfzehn Mark, bei Umwandelung einer wegen einer Uebertretung erkannten Geldstrafe der Betrag von einer bis zu fünfzehn Mark einer eintägigen Freiheitsstrafe gleich zu achten.

Der Mindestbetrag der an Stelle einer Geldstrafe tretenden Freiheitsstrafe ist ein Tag, ihr Höchstbetrag bei Haft sechs Wochen, bei Gefängnis ein Jahr. Wenn jedoch eine neben der Geldstrafe wahlweise angedrohte Freiheitsstrafe ihrer Dauer nach den vorgedachten Höchstbetrag nicht erreicht, so darf die an Stelle der Geldstrafe tretende Freiheitsstrafe den angedrohten Höchstbetrag jener Freiheitsstrafe nicht übersteigen.

Anm. 2. Unter den nach § 51 eventuell in Freiheitsstrafen umzuwandelnden „Geldstrafen" sind auch die Ordnungsstrafen einbegriffen.

(RGE. v. 25. Juni 1891, ZBl. S. 279.)

Verjährung.

§ 52. Die Strafverfolgung von Zuwiderhandlungen gegen die in den §§ 1 und 3 getroffenen Vorschriften (§ 37) und von Brausteuerdefraudationen §§ 38 bis 40) verjährt in drei Jahren, die Strafverfolgung von Zuwiderhandlungen gegen dieses Gesetz, die mit Ordnungsstrafen bedroht sind[1]), in einem Jahre, von dem Tage an gerechnet, an dem sie begangen sind.

Der Anspruch auf Nachzahlung hinterzogener Gefälle erlischt in drei Jahren.

Anm. 1. Die Verurteilung wegen Brausteuerdefraudation gemäß der §§ 27—31 Brausteuerges. — jetzt (§§ 38—42 d. Ges. v. 3. Juni 1906 — setzt die Feststellung einer Defraudations*absicht* *nicht* voraus. Das Gesetz läßt aber im § 32 — jetzt § 43 — dem Angeschuldigten den Nachweis nach, daß von ihm eine Defraudation *nicht* beabsichtigt gewesen sei, es scheidet also den Fall, daß objektiv zwar eine den Tatbestand der Defraude im Sinne der §§ 27—29 — jetzt §§ 38—40 — erfüllende Handlung vorliegt, diese aber ohne Hinterziehungs*absicht* begangen worden ist, von den in den angezogenen Paragraphen bezeichneten Fällen verübter Defraudation aus und weist ihn dem Gebiete der *lediglich mit einer Ordnungsstrafe* bedrohten Uebertretungen der Bestimmungen des Ges. zu. *Deshalb tritt in denjenigen Fällen der Brausteuerdefraude, welche gemäß § 32 — jetzt § 43 — mit Ordnungsstrafen zu ahnden sind, die Verjährung der Strafverfolgung in einem Jahre ein.*

(RGE., IV. Strafs., v. 4. März 1886 251/86, ZBl. S. 260.)

Strafverfahren.

§ 53. Für die Feststellung, Untersuchung und Entscheidung der Brausteuervergehen*) sowie für die Strafmilderung und den Erlaß der Strafe im Gnadenwege kommen die Vorschriften zur Anwendung, nach denen sich das Verfahren wegen Vergehen gegen die Zollgesetze bestimmt.

Die nach den Vorschriften dieses Gesetzes verwirkten Geldstrafen fallen dem Fiskus desjenigen Staates zu, von dessen Behörden die Strafentscheidung erlassen ist.

*) Anm. Das Strafverfahren ist im Geltungsbereiche des Brausteuergesetzes kein einheitliches, denn nach Artikel 36 der Reichsverfassung bleibt die Erhebung und Verwaltung der Zölle und der Verbrauchssteuern jedem Bundesstaate überlassen. Im Strafverfahren kommen demnach die entsprechenden Landesgesetze mit den durch die Reichsstrafprozeßordnung bestimmten Einschränkungen zur Anwendung.

Für das Königreich Preußen gilt das Verwaltungsstrafgesetz vom 26. Juli 1897 (Gesetz-Samml. S. 237 ff.).

§ 54. Jede von einer nach § 53 zuständigen Behörde wegen Brausteuervergehens einzuleitende Untersuchung und zu erlassende Strafentscheidung kann auch auf diejenigen Teilnehmer des Vergehens, die anderen Bundesstaaten angehören, ausgedehnt werden.

Die Strafvollstreckung ist nötigenfalls durch Ersuchen der zuständigen Behörden und Beamten desjenigen Staates zu bewirken, in dessen Gebiete die

Vollstreckungsmaßregel zur Ausführung kommen soll.

Die Behörden und Beamten der Bundesstaaten sollen sich gegenseitig tätig und ohne Verzug den verlangten Beistand in allen gesetzlichen Maßregeln leisten, die zur Entdeckung oder Bestrafung der Brausteuer-Hinterziehungen oder der Verfehlungen gegen die Vorschriften über die Bierbereitung dienlich sind.

Schlußvorschriften.

§ 55. Dieses Gesetz tritt mit dem 1. Juli 1906 in Kraft.

Hinsichtlich der Abgabenerhebung von Bier, Essig und Malz für Rechnung von Kommunen und Korporationen[1][2][3][4]) bleiben die Bestimmungen im Artikel 5 § 7 des Vertrags vom 8. Juli 1867, die Fortdauer des Deutschen Zoll- und Handelsvereins betreffend, in Kraft.

Anm. 1. Das Brausteuergesetz hat ausdrücklich die auch im letzten Zollvereinigungsvertrage vom 8. Juli 1867 enthaltenen Vorschriften über die Besteuerung des Bieres durch Kommunen oder Korporationen aufrecht erhalten. Danach ist es zwar zulässig, für Rechnung von Kommunen oder Korporationen entweder durch Zuschläge zu den Staatssteuern oder für sich bestehend, Abgaben von dem zur örtlichen Konsumtion bestimmten Biere zu erheben. Die Erhebung solcher Abgaben ist jedoch bezüglich ihrer Höhe[2]) beschränkt. Durch diese Bestimmungen wird verhütet, daß einerseits zum Nachteil der Industrie erhebliche Verschiedenheiten der Belastung des Bieres innerhalb des einzelnen Staates eintreten, anderseits ein für die Zwecke der Gesamtheit besonders geeignetes Steuerobjekt von geldbedürftigen Gemeinden übermäßig in Anspruch genommen wird.

(Kunckelsche Zeitschr. f. Z. u. R. 1904 S. 41.)

Anm. 2. Die Erhebung von Abgaben von Bier, Essig und Malz für Rechnung von Kommunen oder Korporationen ist beim Bier reichsgesetzlich dahin eingeschränkt, daß der Satz von 20 % des für die Staatssteuer zulässigen Maximalsatzes nicht überschritten werden darf.

Da der Höchstbetrag der Biersteuer nach den in dem Zollvereinigungsvertrage vom 6. Juli 1867 getroffenen Vereinbarungen nicht mehr als 1 Taler 15 Silbergroschen für 1 Ohm zu 120 Quart preußisch = 137,4 Liter, d. h. von 1 Hektoliter Bier nicht mehr als 3,275 Mark betragen soll, so dürfen Kommunen und Korporationen nicht mehr als 20 % dieses Betrages, d. i. rund 0,65 Mark für 1 Hektoliter Bier, erheben. (Ausnahmen hiervon sind nur insoweit zulässig, als einzelne Kommunen schon vor 1867 eine höhere Abgabe erhoben haben.)

Anm. 3. In der Kommission wurde regierungsseitig ausgeführt, daß in Art. 5 II § 2 Abs. 2 des Zollvereinsvertrages v. 8. Juli 1867 der Höchstsatz vertraglich festgelegt sei, bis zu welchem eine „staatliche Besteuerung des Bieres" stattfinden dürfe. Dieser Höchstsatz werde weder durch die jetzige Brausteuer noch durch die von der Kommission angenommenen Sätze erreicht. Im § 7 ebenda werde bestimmt, daß die Besteuerung des Bieres für Rechnung der Kommunen 20 % des verabredeten Höchstsatzes für die staatliche Besteuerung[4]) nicht überschreiten dürfe. Ausnahmen hiervon seien nach dem Zollvereinsvertrage nur insoweit zulässig, als einzelne Kommunen schon vor 1867 eine höhere Abgabe erhoben hätten. Es seien dies aber nur verhältnismäßig wenige. Die Aenderung des Brausteuergesetzes sei auf diese ver=

tragsmäßigen Bestimmungen über den Höchstsatz der kommunalen Biersteuer ohne Einfluß.

(KommBer. 1906 S. 46.)

Anm. 4. Einzelne Amtsstellen sollen der Berechnung des Gemeindezuschlags zur Brausteuer seit dem 1. Juli d. Js. die Steuersätze des neuen Brausteuergesetzes zugrunde legen. Die hierin zum Ausdruck kommende Rechtsansicht findet in dem Brausteuergesetze vom 3. Juni d. Js., das die Vorschriften über die kommunale Biersteuerung unberührt läßt, keine Stütze.

In den Steuerordnungen wird ausdrücklich der durch das Brausteuergesetz vom 31. Mai 1872 festgestellte Brausteuersatz als derjenige bezeichnet, nach dem der Gemeindezuschlag zu erheben ist. Ein Zuschlag von 50 vom Hundert dieses Satzes ergibt die höchste Belastung, die nach dem Zollvereinigungsvertrage vom 8. Juli 1867 dem Biere für Gemeindezwecke auferlegt werden darf. Bei Anwendung der höheren Sätze des neuen Brausteuerges. würde die Gemeindesteuer die in dem Vertrage festgesetzte Höchstgrenze überschreiten.

Wegen der Abstufung der Steuersätze ergäbe sich dabei ferner eine ungleichmäßige Belastung des in den einzelnen Brauereien hergestellten Bieres, und insbesondere auch eine Benachteiligung des im Gemeindebezirke gebrauten zugunsten des von auswärts eingeführten, der Einfuhrsteuer unterliegenden Bieres.

Die in Betracht kommenden Amtsstellen sollen daher darauf aufmerksam gemacht werden, daß der Gemeindezuschlag auch für die Zeit nach dem 1. Juli d. Js. nach dem früheren Brausteuersatze zu erheben ist. Der Berechnung sind die nach den Steuerbüchern, Mahlbüchern oder Einmaischungsbüchern verwendeten Braustoffmengen, soweit sie nach dem neuen Brausteuergesetze steuerpflichtig sind, zugrunde zu legen. Etwa überhobene Mehrbeträge sind zu erstatten.

(FME. 10. August 1906 III 12918, II 8132.)

Uebersicht

der

vorstehend bei den Gesetzesparagraphen abgedruckten Ausführungsbestimmungen.

						Seite
AusfBest.	§ 12	abgedruckt	bei	§ 8	des Gesetzes	35
"	§ 13	"	"	§ 8	" "	35
"	§ 14	"	"	§ 9	" "	36
"	§ 15	"	"	§ 9	" "	36
"	§ 16	"	"	§ 9	" "	37
"	§ 17	"	"	§ 9	" "	37
"	§ 18	"	"	§ 10	" "	41
"	§ 19	"	"	§ 11	" "	42
"	§ 20	"	"	§ 11	" "	43
"	§ 21	"	"	§ 11	" "	43
"	§ 22	"	"	§ 15	" "	48
"	§ 23	"	"	§ 15	" "	48
"	§ 24	"	"	§ 15	" "	49
"	§ 25	"	"	§ 15	" "	49
"	§ 26	"	"	§ 15	" "	50
"	§ 27	"	"	§ 15	" "	50
"	§ 28	"	"	§ 15	" "	50
"	§ 29	"	"	§ 15	" "	51
"	§ 30	"	"	§ 15	" "	51
"	§ 31	"	"	§ 15	" "	52
"	§ 32	"	"	§ 15	" "	52
"	§ 33	"	"	§ 15	" "	53
"	§ 34	"	"	§ 15	" "	54
"	§ 35	"	"	§ 15	" "	54
"	§ 36	"	"	§ 15	" "	54
"	§ 37	"	"	§ 15	" "	55
"	§ 38	"	"	§ 16	" "	58
"	§ 39	"	"	§ 17	" "	62

Ausführungsbestimmungen.

Vergütung der Verwaltungskosten.

§ 74. Für die Verwaltung und Erhebung der Brausteuer und der Übergangsabgabe von Bier werden jedem Bundesstaate 10 vom Hundert der in seinem Gebiete zur Verrechnung gekommenen Roh-Solleinnahme vergütet.

Statistik.

§ 75. (1) Die Hauptämter haben für jedes Rechnungsjahr eine Nachweisung über den Bestand der Brauereien, den Braustoffverbrauch, die Biererzeugung und den Ertrag der Bierabgaben nach Muster 19, ferner eine Nachweisung über den Braustoffverbrauch usw. der einzelnen Brauereiarten nach Muster 20 und endlich eine Zerlegung der Zahl der im Betriebe gewesenen Brauereien nach dem Malzverbrauche nach Muster 21 aufzustellen und mit einem Begleitberichte bis zum 1. August der Direktivbehörde einzureichen. Muster 19 Muster 20 Muster 21

(2) Die Direktivbehörde hat aus diesen Aufstellungen Hauptnachweisungen für das Gebiet des betreffenden Bundesstaats (in Preußen für den

Direktivbezirk) zusammenzustellen und diese mit einem erläuternden Begleitschreiben bis zum 1. September dem Kaiserlichen Statistischen Amte einzusenden.

§ 76. Die Begleitberichte der Hauptämter und Begleitschreiben der Direktivbehörden sind namentlich auf folgende Punkte zu erstrecken:

1. Ursachen der gegen das Vorjahr vermehrten oder verminderten Biererzeugung. Einfluß der Witterung, herrschender Krankheiten größerer Arbeitseinstellungen oder Arbeiterentlassungen, der Ernteergebnisse, der Marktpreise für Gerste, Weizen, Hopfen und Zuckerstoffe, des Wettbewerbes von Wein, Branntwein, bierähnlichen und sogenannten alkoholfreien Getränken usw. auf den Bierverbrauch.
2. Zu- oder Abnahme des Verbrauchs süddeutscher und ausländischer Biere und ihre Ursache.
3. Zustand der Bierbrauerei des Bezirkes im allgemeinen; Beschaffenheit und Güte des gewöhnlichen Bieres unter Angabe der aus einem Doppelzentner Malz durchschnittlich gezogenen Menge und des durchschnittlichen Alkoholgehalts für jede Biersorte. Herstellung edlerer oder besonderer, unter einem eigenen Namen bekannter Biere und Angabe des diesen etwa eigentümlichen besonderen Bereitungsverfahrens.

4. Wahrnehmungen über eine etwaige Verschiebung des Absatzes der kleinen und mittleren Brauereien einerseits und der Großbrauereien anderseits und deren Ursache.
5. Durchschnittspreise der verschiedenen Bierarten bei der Abgabe aus den Brauereien Veränderungen in den Ausschankpreisen der Wirte.
6. Einfluß des Verbrauchs von Zuckerstoffen bei der Bierbereitung auf den Malzverbrauch.
7. Bierausfuhr aus dem Brausteuergebiete.
8. Namentliche Angabe der wirtschaftlich zusammengehörigen Brauereien (§ 6 Abs. 2 des Brausteuergesetzes) und der von ihnen zusammen verbrauchten Malzmengen. (Diese Angaben sind nur von der Amtsstelle zu machen, in deren Bezirke die größte der zusammengehörigen Brauereien liegt — zu vgl. § 10 der Ausführungsbestimmungen.)

§ 77. Das Kaiserliche Statistische Amt hat aus den Nachweisungen und den Begleitschreiben Zusammenstellungen zu fertigen und zu veröffentlichen.

Der vorläufige Bedarf von Vordrucken nach dem durch die AusfBest. vorgeschriebenen Mustern wird den Hauptämtern vom Hauptstempelmagazin ohne Anforderung demnächst zugesandt werden. Der zukünftige Bedarf ist mittelst Bedarfsnachweisung beim Hauptstempelmagazin zu verschreiben.

(FME. v. 20. Juni 1906 III 9722.)

Grundsätze

für die Zulassung der Brauer zur Entrichtung der Brausteuer im Wege der Vermahlungssteuer.

(Anlage zu den Ausführungsbestimmungen des Brausteuergesetzes vom 31. Mai 1872.)
(Zu § 31 des Ges. v. 3. Juni 1906 und § 59 der AusfBest.)

---

§ 3. Die zur Vermahlung der Braustoffe dienenden Mühlenwerke müssen mit dem Fußboden in feste Verbindung gebracht, der Rumpf des Mahlgangs muß gefalzt, völlig sichernd verschließbar und in der Regel so groß sein, daß er diejenige Menge mit einmal faßt, welche den Bedarf für die Einmaischungen eines Tages, oder doch — wo mehrmals des Tages gebraut wird — den Bedarf zu einer Einmaischung bildet. Im übrigen muß die Mühle in allen Teilen so eingerichtet sein, daß ohne Anwendung erkennbarer Gewalt eine Öffnung des Rumpfes oder die Gewinnung sonstiger Zugänge zur Mühle zum Zwecke heimlicher Bereitung von Braustoffen nicht ausführbar ist.

Dem Antrage auf Zulassung zur Vermahlungssteuer ist eine Beschreibung der inneren Einrichtung der Mühle und der mit letzterer im Zusammenhange stehenden Räume nebst einer linearischen Zeichnung in zwei Exemplaren beizufügen, deren Richtigkeit der Bezirksoberkontrolleur zu prüfen und zu bescheinigen hat. Findet der Antrag demnächst Genehmigung, so ist das eine Exemplar bei der Hebestelle aufzubewahren, das andere an einem geeigneten Ort in dem Mühlenraume anzuheften.

Jede später beabsichtigte Änderung in der Einrichtung der Mühle bedarf der in gleicher Weise vorher einzuholenden Genehmigung der Direktivbehörde.

§ 4. Mit Eintritt der Vermahlungssteuer sind die Mühlenöffnungen und, soweit es nach dem Ermessen des Bezirksoberkontrolleurs für erforderlich gehalten wird, auch die Mahltriebwerke dauernd unter amtlichen Verschluß zu stellen. Der Verschluß erfolgt in der Regel durch Kunstschlösser. Die Kosten für Anschaffung und Reparaturen der letzteren, sowie für die zur Anlegung der Schlösser erforderlichen Einrichtungen an den Mühlenwerken hat der Brauer zu tragen, ohne deshalb Eigentumsansprüche an den Schlössern zu erwerben.

Ausnahmsweise kann der Verschluß einzelner Zugänge nach dem Ermessen des Oberkontrolleurs durch Anlegung amtlicher Siegel bewirkt werden, wozu der Brauereiinhaber das Material unentgeltlich herzugeben hat.

§ 5. Ein Brauer, welcher zur Vermahlungssteuer zugelassen ist, hat, sobald er Braustoffe auf seiner Mühle vermahlen lassen will, solches der Hebestelle vorher innerhalb der in § 17 (jetzt § 21) des Gesetzes vorgesehenen Frist schriftlich oder mündlich unter Angabe

1. der Art und Menge (Nettogewicht) der zu vermahlenden Stoffe,
2. des Tags und der Stunde der beabsichtigten Aufschüttung auf die Mühle,

anzuzeigen und gleichzeitig die Brausteuer davon zu entrichten. (Vgl. jetzt § 8 und AusfBest. dazu.)

Diese Anzeige ist von der Hebestelle in das nach Nr. 11 der Bestimmungen zur Ausführung des Gesetzes zuführende Anmeldungsregister*), die erhobene Steuer gleichzeitig in das Heberegister**) einzutragen und dem Anmeldenden ein Mahlerlaubnisschein Muster B nach dem Muster B zu erteilen, welcher zugleich als Quittung für die Steuerentrichtung dient.

Die Brauer können jedoch von den Direktivbehörden verpflichtet werden, statt der im Abs. 1 zugelassenen mündlichen oder schriftlichen Deklaration ausschließlich eine schriftliche Deklaration abzu-

*) Vgl. AusfBest. § 45, Abs. 1, S. 75. (Brausteuer-Gegenbuch.)

**) Vgl. AusfBest. § 46 (Brausteuer-Einnahmebuch.)

geben. Für diesen Fall bleibt es den Direktivbehörden zugleich vorbehalten, das Muster für die abzugebende schriftliche Deklaration vorzuschreiben, und kann ein solches Formular nicht allein mit dem Mühlenregister (Vermahlungssteuerbuch, § 9) in Verbindung gesetzt, sondern demselben auch eine solche Einrichtung gegeben werden, daß es den Mahlerlaubnisschein (Abs. 2) umfaßt.

Anm. 1. Da feststeht, daß die am 8. Mai d. Js. zur Vermahlung für den nächstfolgenden Tag deklarierten und versteuerten 28 Ztr. Braumalz nicht zur Vermahlung gelangt sind, so findet sich nichts dagegen zu erinnern, daß der genannten Brauereiverwaltung gestattet werde, auf Grund des ihr am 8. Mai als Steuerquittung erteilten Mahlerlaubnisscheins die Vermahlung von 28 Ztr. Braumalz ohne nochmalige Entrichtung der Steuer zu einer späteren Zeit vorzunehmen. Die Abänderung des bezüglichen Mahlerlaubnisscheins darf selbstredend nur durch die Hebestelle vorgenommen werden, welche denselben ausgefertigt hat. Zur Verlängerung der Gültigkeitsdauer von Mahlerlaubnisscheinen bedarf es der Genehmigung des FinMin. nicht.

(FME. v. 21. September 1873 III 13536 Pommern.)

§ 6. Die Aufschüttung von Braustoffen auf die Mühle darf nur innerhalb der in § 19 (jetzt § 23) des Gesetzes für die Einmaischungen bestimmten Zeit erfolgen. Auch für die Vermahlung selbst ist in der Regel die vorerwähnte Zeit inne zu halten; doch können bei nachgewiesenem Bedürfnis Ausnahmen hiervon seitens des Hauptamtes bewilligt werden.

§ 7. Zur angezeigten Stunde der Vermahlung hat der mit der Kontrolle der Brauerei beauftragte Beamte sich in dem Mühlenraum einzufinden, den ihm vorzulegenden Mahlerlaubnisschein zu prüfen und, falls hierbei nichts zu erinnern ist, den Verschluß von den Mühlenöffnungen, soweit für den Betrieb erforderlich, zu lösen, demnächst das deklarierte Mahlgut in seiner Gegenwart verwiegen und aufschütten zu lassen, den Zugang zum Mühlenrumpf aber sogleich nach beendigter Aufschüttung wieder zu verschließen.

Der Brauer ist verpflichtet, alsbald nach der Aufschüttung mit der Vermahlung zu beginnen und dieselbe ohne willkürliche Unterbrechung zu beenden[1])[2])

Der Bezirksoberkontrolleur ordnet für jede Mühle besonders an, ob und inwieweit noch sonstige Teile derselben nach Beendigung der einzelnen Vermahlungen amtlich zu verschließen sind.

Anm. 1. Die Provinzialsteuerdirektoren sind befugt, Brauereibesitzern, welche die Brausteuer im Wege der Vermahlungssteuer entrichten, unter Vorbehalt des Widerrufs zu gestatten, nach der Einwiegung des Malzes dessen Abschrotung je nach Bedürfnis des Betriebes aussetzen zu dürfen.

Es bleibt denselben überlassen, diese Erlaubnis an die Bedingung zu knüpfen, daß der Zeitpunkt der Abschrotung vorher im Deklarations- und Mühlenregister zu deklarieren sei.

(FME. v. 21. April 1875 III 4355.)

Anm. 2. Diejenige Unterbrechung der Vermahlung, welche bei Schrotmühlen, deren verschließbarer Rumpf aus mehreren Abteilungen besteht, von denen jede das Malz für ein Gebräu umfaßt, nach Abschrotung einer Rumpfabteilung dadurch entsteht, daß, bevor mit der Abschrotung des Malzes in der nächstfolgenden Rumpfabteilung begonnen werden kann, erst die Entleerung des Schrotkastens in den Maischbottich bewirkt sein muß, ist als eine willkürliche Unterbrechung im Sinne des § 7 nicht anzusehen.

(FMC. v. 19. Mai 1875 III 17434, ZBl. 1875 S. 131.)

§ 8. Der Aufsichtsbeamte hat das Ergebnis der Verwiegung auf dem Mahlerlaubnisschein zu vermerken und letzteren nach beendeter Verwiegung der Hebestelle zurückzugeben, welche, sofern sich ein den Steuerwert von $^1/_2$ Groschen*) erreichendes oder übersteigendes Mehrgewicht gegen die Anzeige (§ 5) ergeben hat, die Nachversteuerung bei der folgenden Deklaration, eventuell am Schlusse des laufenden Vierteljahrs zu veranlassen, den erledigten Mahlerlaubnisschein aber dem Anmeldungsregister**) als Belag beizufügen hat.

Übersteigt die zur Vermahlung gestellte Menge an Braustoffen die angezeigte und versteuerte Menge um mehr als 10 Prozent, so ist auf Grund des § 29 Ziffer 4 des Gesetzes (v. 31. Mai 1872) gegen den Brauer die Untersuchung wegen Defraudation einzuleiten.

§ 9. Über die jedesmalige Benutzung der Mühle, insbesondere den Tag und die Stunde der

*) 5 Pf.

**) Brausteuergegenbuch.

Rumpföffnung, die Aufschüttung des Mahlguts und den Wiederverschluß ist ein vom Brauer an einem passenden Orte im Mühlenraume aufzubewahrendes Mühlenregister*) nach dem anliegenden Muster C zu führen.

Muster C.

Die Eintragungen darin sind insoweit durch den Aufsichtsbeamten selbst zu bewirken, als die betreffende Handlung von ihm vorgenommen oder doch in seinem Beisein geschehen ist; im übrigen hat der Brauer oder der von ihm ein für allemal hierzu bestimmte Vertreter die bezüglichen Spalten des Registers dem Vordruck gemäß auszufüllen.

§ 10. Für den Ausnahmefall, daß der Aufsichtsbeamte verhindert sein sollte, die Benutzung des Mühlenwerks durch Abnahme des Verschlusses zur angezeigten Stunde (§ 7) freizugeben, auch eine anderweite Vertretung desselben rechtzeitig nicht sollte bewirkt werden können, hat die Hebestelle die Schlüssel zu dem Rumpfverschlusse dem Brauer mit der Ermächtigung zur Öffnung des Rumpfes und zur Aufschüttung der deklarierten Menge an Braustoffen aushändigen zu lassen.

Ist der Verschluß durch Anlegung amtlicher Siegel bewirkt, oder dem Brauer ein für allemal der Besitz eines unter amtlichem Siegelverschlusse liegenden Reserveschlüssels zu dem Kunstschlosse an-

*) S. Muster C, Vermahlungssteuerbuch.

vertraut worden, so können die Siegel nach Ablauf einer Stunde nach der zur Aufschüttung deklarierten Zeit vom Brauer unter Zuziehung eines unverdächtigen Zeugen gelöst und darf mit der Vermahlung alsdann begonnen werden. Das Geschehene ist im Mühlenregister*) unter Mitunterschrift des Zeugen zu vermerken.

In solchen Fällen ist, soweit möglich, dafür Sorge zu tragen, daß die vermahlenen Braustoffe vor ihrer Einmaischung amtlich nachverwogen werden; auch muß, wenn dem Brauer der Schlüssel zum Kunstschlosse ausgehändigt oder der Siegelverschluß des ihm anvertrauten Reserveschlüssels von ihm gelöst wurde, zu späteren Verschlußanlagen in der betreffenden Mühle ein anderes Kunstschloß verwendet werden.

§ 11. Jede absichtliche Verletzung des Mühlenverschlusses durch den Brauer oder seine Gewerbsgehilfen ist auf Grund der Schlußbestimmung im § 35 (jetzt § 46) des Gesetzes mit einer Ordnungsstrafe von 300 Mk. zu ahnden, welche in Wiederholungsfällen bis zu 600 Mk. erhöht werden kann.

Erfolgt eine Verletzung der Mühlenverschlüsse durch Zufall oder Versehen, so hat der Brauer sofort davon unter Angabe der näheren Umstände der Hebestelle schriftlich Anzeige zu machen. Unter-

*) Vermahlungssteuerbuch.

läßt er solches, so soll ihn die Strafe der absichtlichen Verschlußverletzung treffen, sofern er nicht nachträglich den vollständigen Gegenbeweis zu führen imstande ist.

§ 12. So lange die Brausteuer als Vermahlungssteuer erhoben wird, ist der Brauer für den Betrieb der Brauerei rücksichtlich derjenigen Stoffe, welche einer Verarbeitung auf Mühlenwerken unterliegen, von den Beschränkungen der §§ 13 Abs. 3, 16, 17, 19, 20 und 21 [jetzt §§ 17 Abs. 3, 20, 21, 23, 24 und 25] des Gesetzes bezüglich der Aufbewahrung der Vorräte an Malzschrot, der Anmeldung jeder einzelnen Einmaischung, der Zeit derselben usw. und des Nachmaischens befreit. Im übrigen finden auf den Brauereibetrieb alle Bestimmungen des Gesetzes, insbesondere über die Anzeige der Brauereiräume und Gefäße, den Aufstellungsort der Wage, die Aufbewahrung der Braustoffe, die Deklaration und Versteuerung der nicht über eine Mühle gehenden Surrogate und die Revisionsbefugnis der Steuerbeamten Anwendung. Außerdem ist der Brauer verpflichtet, über alle in der Brauerei vorkommenden Einmaischungen ein Notizregister *) zu führen, in welches vor Beginn jedes ersten Einmaischungsaktes die fortlaufende Nummer der Rebräude, Tag und Stunde der Einmaischung, die Menge der für letztere zu verwendenden Braustoffe nach Zentnern

*) Einmaischungsbuch.

und Pfunden*), sowie nach Beendigung des Brauaktes die Menge des daraus gezogenen Bieres nach ganzen und halben Hektolitern unter Angabe der Gefäße, auf welche letzteres gebracht ist, genau und vollständig einzutragen ist.

Den Aufsichtsbeamten ist dieses Register auf Verlangen bei ihrer Brauereirevision zur Einsicht vorzulegen; dieselben sind berechtigt, das zur Einmaischung bereit gehaltene Material einer Nachverwiegung zu unterwerfen und den weiteren Brauakt, sowie den Bierzug zu kontrollieren.

§ 13. Der Brauer, welcher die Brausteuer als Vermahlungssteuer entrichtet, darf:

1. die zur Verwendung in seiner Brauerei bestimmten Stoffe auf keinen anderen, als den hierzu deklarierten und genehmigten Mühlenwerken vermahlen lassen,
2. in seine Wohnungs-, Mühlen- oder Brauereiräume keine bereits anderweit vermahlene (geschrotete) Braustoffe aufnehmen,
3. keine anderen zum Vermahlen von Braustoffen geeigneten Mühlenwerke innerhalb der Grenzen des Brauereigrundstücks halten oder zulassen,

es sei denn, daß in diesen Fällen (zu 1—3) die Erlaubnis hierzu bei dem Hauptamte vorher schriftlich eingeholt sein sollte.

Die Genehmigung ist jedoch in allen genannten Fällen nur ausnahmsweise auf den Nachweis eines

*) Nach vollen und halben Kilogramm.

dringenden Bedürfnisses unter den nach Bewandtnis des einzelnen Falles alsdann besonders anzuordnenden Kontrollen und vorbehaltlich jederzeitigen Widerrufs zu erteilen.

Wenn der Brauer den unter 1—3 genannten Verboten zuwiderhandelt, so soll ihn, abgesehen von der nach § 29 Ziffer 4 [jetzt § 40 Ziffer 4] des Gesetzes etwa verwirkten Defraudationsstrafe, auf Grund des § 35 Ziffer 7 und der Schlußbestimmung daselbst [jetzt § 46 Ziffer 7 und Schlußbestimmung daselbst] eine Ordnungsstrafe von 300 Mk. treffen, welche im Wiederholungsfalle bis auf 600 Mk. erhöht werden kann.

§ 14. Der Brauer, welchem die Entrichtung der Brausteuer als Vermahlungssteuer zugestanden worden, hat sich den vorstehend in den §§ 1—13 gestellten allgemeinen sowie der ihm etwa besonders vorzuschreibenden Bedingungen protokollarisch zu unterwerfen; auch bleibt der Direktivbehörde überlassen, unter Berücksichtigung der durch die Örtlichkeit und die Mühleneinrichtungen bedingten besonderen Verhältnisse ein den Brauer verpflichtendes Spezialregulativ zu erlassen, von welchem ein Exemplar in der Brauerei auszulegen ist.

Die Zulassung zur Vermahlungssteuer erfolgt nur unter dem Vorbehalt des Widerrufs. Letzterer soll namentlich dann eintreten, wenn der Brauer sich erheblicher oder wiederholter Verletzungen der ihm auferlegten Verpflichtungen schuldig macht.

Muster B

(s. § 5 der alten Vermahlungssteuergrundsätze).

I. Als Steuerquittung.

(Vorderseite.)

Mahl-Erlaubnisschein.

Braussteuergegenbuch Nr. 6.

Brausteuereinnahmebuch Nr. 87.

Der Brauer Werner zu Grossdorf meldet zur Vermahlung auf seiner in der Brauerei daselbst belegenen Mühle an 1525 kg, in Buchstaben:

netto „Fünfzehnhundert fünfundzwanzig kg Gerstenmalz“

und hat dafür die Brausteuer mit:

Einundsechzig Mark

entrichtet.

Die Vermahlung soll beginnen am 13. Juli d. Js., vormittags acht Uhr.

Neustadt, den 12. Juli 1886.

Steueramt.
Müller,
Steuereinnehmer.

II. Als Registerbelag.

(Vorderseite.)

Mahl-Erlaubnisschein.

Brausteuergegenbuch Nr. 6.

Brausteuereinnahmebuch Nr. 87.

Der Brauer Werner zu Grossdorf meldet zur Vermahlung auf seiner in der Brauerei daselbst belegenen Mühle an 1525 kg, in Buchstaben:

netto „Fünfzehnhundert fünfundzwanzig kg Gerstenmalz"

und hat dafür die Brausteuer mit:

Einundsechzig Mark

entrichtet.

Die Vermahlung soll beginnen am 13. Juli d. Js., vormittags acht Uhr.

Neustadt, den 12. Juli 1886.

Steueramt.
Müller,
Steuereinnehmer.

Vermerk des Aufsichtsbeamten.

Das vorstehend deklarierte Mahlgut ist heute auf: brutto Fünfzehnhundert siebenundvierzig 50/100 kg in 15 Säcken nach Abzug des Gewichts der letzteren mit 23 kg auf:

netto Fünfzehnhundert vierundzwanzig 50/100 kg in meinem Beisein verwogen, um 7¾ Uhr vormittags auf den Mühlenrumpf geschüttet und letzterer sodann vorschriftsmäßig von mir verschlossen worden.

Grossdorf, den 13. Juli 1886.

Schulze,
Steueraufseher.

(Rückseite.)

Zu I.

1. Der Mehrbefund mit .... kg ist laut Brausteuereinnahmebuch Nr. .... mit .... Mk. nachversteuert worden.
2. Erledigt.

............................, den .... 19.......

(Rückseite.)

Zu II.

1. Der Mehrbefund mit .... kg ist laut Brausteuereinnahmebuch Nr. .... mit .... Mk. .... Pf. nachversteuert worden.
2. Erledigt.

............................, den .... 19.......

NB. 1 zu durchstreichen, wenn kein steuerpflichtiger Mehrbefund sich ergeben hat.

Steuerhebebezirk: **Nummer** ....
des Inventariums.

Vermahlungssteuerbuch*)

für die

Brauschrotmühle in der Brauerei

des .... in ....

für das .... Quartal des Etatsjahres 19.........

Dieses Buch ist im Vermahlungsraume neben der Wage im Schreibpulte aufzubewahren.

.... den ......ten.......................... 19......

Oberkontrolleur.

Enthält.................... Blätter, welche mit einer von dem Unterzeichneten angesiegelten Schnur durchzogen sind.

.... den ......ten.......................... 19......

Oberkontrolleur.

*) Für die Provinz Pommern eingeführt.

Anweisung für den Gebrauch.

1. Dieses Buch muß bei jeder Brauanmeldung sowie bei jeder Abänderung einer solchen der Hebestelle vorgelegt, während der übrigen Zeit aber stets in der Brauerei an dem dafür bestimmten Orte aufbewahrt und den Aufsichtsbeamten zugänglich gemacht werden.

2. Der Brauer bzw. sein Stellvertreter hat zu jeder Brauanzeige die betreffenden Spalten auf einer besonderen Linie dergestalt auszufüllen, daß zwischen je zwei Brauanzeigen genügend Raum für die amtlichen Vermerke in den Spalten 9—15 verbleibt. — Hierbei ist zu beachten:
   a) die zu mahlenden Braustoffe sind in der Spalte 3 einzeln aufzuführen, und zwar jeder Stoff mit seiner besonderen Benennung und in der Beschaffenheit, in welcher er zur Vermahlung gelangt, also z. B. „Gerstenmalz", nicht etwa nur „Getreide";
   b) das Gewicht muß stets netto, in Zentnern und vollen Pfunden deklariert werden;
   c) die Richtigkeit der Angaben in den Spalten 1—4 wird in Spalte 5 durch Namensunterschrift anerkannt, und zwar dergestalt, daß letztere in Spalte 5 den durch eine Klammer verbundenen drei-

(Fortsetzung siehe Seite 168).

I. Angabe des Steuerpflichtigen

Laufende Nummer	Tag der Anmeldung	Der zur Vermahlung bestimmten Braustoffe Gattung	Nettogewicht kg	1/100	a) Die Aufschüttung auf die Mühle soll erfolgen, b) die Vermahlung soll beginnen, c) die Vermahlung ist beendet: Tag	Stunde Vor-mittag	Stunde Nach-mittag	Nr. der Rumpf-Abteil.
1	2	3			4			

III. Revisionsvermerke der Aufsichtsbeamten

Der Rumpf-Eröffnung: Tag	Stunde vor-mittags	Stunde nach-mittags	Des eingeschütteten Mahlguts: Gattung	Der einzelnen Schaalen: Sack- resp. Kasten-zahl	Bruttogewicht kg	1/100	Tara (Gew. d. leer. Säcke usw.) kg
9			10				

Eigenhändige Unterschrift des Anmeldenden	II. Mahlerlaubnis und Steuererhebung Betrag der Brausteuer Mk.	Pf.	Die Mahlerlaubnis ist erteilt für (Tag und Stunde)	Nr. des Anmelde- und Heberegisters	Name des Hebebeamten, zugleich als Quittung
5	6		7		8

Gesamt-Nettogewicht kg	1/100	Stunde des Wiederverschlusses des Rumpfes	Sonstige Revisionsbemerkungen und Unterschrift des Revisionsbeamten	IV. Nachversteuerung Ermitteltes Mehrgewicht der Spalte 10 gegenüber der Spalte 8 kg	1/100	Betrag der Nachsteuer M	₰	Nummer des Hebe-Registers
		11	12	13		14		15

fachen Angaben (a, b, c) der Spalte 4 sich anschließt.

3. Die Spalte 13 ist von dem Aufsichtsbeamten unmittelbar nach Feststellung des Nettogewichts (Spalte 10) auszufüllen, Spalte 14 und 15 dagegen von dem Hebebeamten.

4. Am Schlusse des Monats ist dieses Buch von dem Brauer durch Aufrechnung des Nettogewichts in Spalte 3 und 10 abzuschließen und gegen Empfang eines neuen der Hebestelle unaufgefordert zurückzureichen.

Die Übergangsabgabe von Bier.

Da die Bestrebungen einzelner Staaten des Deutschen Zollvereins, die Besteuerung des Biers usw. innerhalb des ganzen Zollgebiets einheitlich bzw. gleichartig zu gestalten, scheiterten, einigten sich die Vertragstaaten im Jahre 1841 dahin, auch bei dem Übergange von Bier über die gegenseitigen Gebietsgrenzen Ausgleichungsabgaben zu erheben. Diese Abgaben, Übergangsabgaben genannt, sollten der Differenz zwischen der Besteuerung in dem Lande der Herkunft und derjenigen im Bestimmungslande entsprechen.

In den einzelnen Bundesstaaten, von denen sich mehrere zu Steuergemeinschaften zusammengeschlossen haben, findet auch jetzt noch eine verschiedenartige Besteuerung des Bieres statt. Denn die letztere steht nach der Reichsverfassung in Bayern, Württemberg und Baden nicht dem Reiche zu, ist vielmehr der Landesgesetzgebung vorbehalten. Auch in Elsaß-Lothringen besteht noch ein besonderes System der Bierbesteuerung, da die Steuersätze des gegenwärtigen Brausteuergesetzes den in Aussicht genommenen Beitritt Elsaß-Lothringens zur Norddeutschen Brausteuergemeinschaft vorläufig untunlich erscheinen ließen.

Gegenwärtig bestehen hinsichtlich des Bieres folgende Steuergemeinschaften:

1. Die Reichsbrausteuergemeinschaft, auch Norddeutsche Brausteuergemeinschaft genannt. Dieselbe umfaßt das innerhalb der Zolllinie gelegene Gebiet des Deutschen Reichs einschließlich des Großherzogtums Luxemburg, ausschließlich
   a) des Königreichs Bayern,
   b) des Königreichs Württemberg,
   c) des Großherzogtums Baden,
   d) der Reichslande Elsaß-Lothringen,
   e) des Großherzoglich sächsischen Vordergerichts Ostheim*),
   f) des Herzoglich sachsen-koburg-gothaischen Amtes Königsberg*);
2. die Bayerische Brausteuergruppe, umfassend
   a) das Königreich Bayern,
   b) das Großherzoglich sächsische Vordergericht Ostheim,

*) Diese Gebietsteile sind ihrer örtlichen Lage wegen (Enklaven) an die Steuergemeinschaft Bayern, die Gemeinden Jungholz und Mittelberg an das deutsche Zollgebiet durch Staatsverträge angeschlossen worden.

c) das Herzoglich sachsen-koburg-gothaische Amt Königsberg,
d) die österreichischen Gemeinden Jungholz*) und Mittelberg*);
3. das Königreich Württemberg,
4. das Großherzogtum Baden,
5. die Reichslande Elsaß-Lothringen.

Die Erträge aus der Bierbesteuerung in der Norddeutschen Brausteuergemeinschaft fließen in die Reichskasse, die in den übrigen Steuergemeinschaften in die Landeskassen.

Die letztgenannten Steuergemeinschaften sowie die Zollausschüsse haben zu den Einnahmen des Reichs aus der Bierbesteuerung durch Zahlung eines entsprechenden, nach der Kopfzahl der Bevölkerung festzusetzenden Aversums beizutragen; mit dem Großherzogtum Luxemburg dagegen finden besondere Abrechnungen statt.

Das Bier würde beim Übergange von einer Steuergemeinschaft in die andere in dem Bestimmungslande steuerfrei zum Konsum gelangen, weil die Biersteuer in den verschiedenen Steuergemeinschaften nirgends als Konsumsteuer, sondern teils als Material- teils als Fabrikationssteuer (Steuer von den zur Biererzeugung verwendeten Rohstoffen oder Steuer auf den Brauerbetrieb nach Maßgabe der Größe der Brauereivorrichtungen) zur

---

*) Vgl. Anm. S. 170.

Erhebung gelangt. Deshalb wird im Bestimmungslande (Land der Einfuhr) eine ihrem Betrage nach der Biersteuer des betreffenden Landes entsprechende Abgabe von dem eingeführten Bier, die gedachte Übergangsabgabe erhoben, während die betreffende Steuergemeinschaft, aus deren Gebiet das Bier stammt, die von ihr erhobene Inlandsteuer als Ausfuhrvergütung zurückerstattet. Auf diese Weise wird das Bier tatsächlich nur in derjenigen Steuergemeinschaft besteuert, in deren Gebiete es zum Konsum kommen soll.

Die Höhe der Übergangsabgabe richtet sich in den einzelnen Steuergemeinschaften nach der Höhe der zur Erhebung kommenden Steuer. Sie darf aber nach den in dem Zollvereinigungsvertrage v. 6. Juli 1867 getroffenen Vereinbarungen den Satz von 3,275 Mark (1 Taler 15 Silbergroschen für 1 Ohm zu 120 Quart preußisch) nicht übersteigen.

Die Übergangsabgabe für das in die Nord, deutsche Brausteuer gemeinschaftlich aus Bayern-Württemberg, Baden, Elsaß-Lothringen eingeführte Bier ist vorläufig und bis zur einheitlichen Regelung der Übergangssteuerfrage für sämtliche Brausteuergebiete mit der Wirkung vom 1. Juli 1906 ab auf **2,75 Mark für 1 hl** festgesetzt worden.

(Bundesratsbeschluß v. 23. Juni 1906, § 518 der Prot., FME. v. 14. Juli 1906 III 10 971.)

Eine Stundung der Übergangsabgabe

von Bier darf im Gebiete der Norddeutschen Brausteuergemeinschaft weder auf gemeinschaftliche noch auf private Rechnung zugelassen werden.

(Bundesratsbeschluß vom 20. Mai 1898, ZBl. S. 275, FME. vom 6. Juni 1898 III 7851.)

Bei der Versendung im Übergangsverkehr kann der Versender entweder die Ware beim Steueramte an der Grenze anmelden, oder auch mit einer amtlichen Bezettelung (Übergangsschein) vom Versendungsorte durch das Steueramt abfertigen lassen.

Die Erhebung der Übergangsabgabe erfolgt nach Wahl des Versenders beim Grenzamte oder im Innern am Bestimmungsorte.

Soll die Entrichtung bei einer Steuerstelle im Innern erfolgen, so muß der Warenführer entweder bei der Grenzhebestelle einen Übergangsschein vorweisen oder beantragen. Die Abfertigung erfolgt dann nach dem Bestimmungsorte.

Die Ausfertigung und Erledigung von Übergangsscheinen erfolgt in ähnlicher Weise wie bei den Begleitscheinen.

Die Hinterziehung der Übergangsabgaben wird nach dem Zollstrafgesetze v. 23. 1. 1838 (GS. S. 34) mit der Konfiskation der Gegenstände und zugleich mit einer dem vierfachen Betrage der vorenthaltenen Abgabe gleichkommenden Geldstrafe, mindestens jedoch mit 3 Mk. geahndet. Die Übergangsabgabe ist außerdem zu entrichten.

Das Strafverfahren richtet sich nach dem Verwaltungsstrafgesetz vom 26. Juli 1897.

In der Kommission (Nr. 7 der Drucks. des Reichstages) wurde damals beantragt, daß bei der Einfuhr von Bier aus anderen deutschen Bundesstaaten in das Geltungsbereich des jetzigen Gesetzes nach näherer Bestimmung des Bundesrats eine Übergangsabgabe erhoben werden solle, welche 2 Mk. für 1 hl Bier nicht überschreiten dürfe. Regierungsseitig wurde bemerkt, daß der Satz von 3,25 Mk. nur beispielsweise in den Entwurf eingestellt sei. Wenn die vorgeschlagene Steuer herabgesetzt werden solle, müsse das auch bei der Übergangsabgabe geschehen. In zweiter Lesung wurden ferner von einem Mitgliede Bedenken gegen den obigen Antrag erhoben. Die gesetzliche Festlegung eines Übergangsabgabensatzes sei an und für sich sehr unangenehm, weil dieselbe sich bei jeder wesentlichen Veränderung der Ausbeute verschieben müsse und dann jedesmal eine Gesetzesänderung notwendig sei. Darauf erklärte ein Vertreter des Reichsschatzamtes, es sei in Aussicht genommen, aus Anlaß der Regelung der Brausteuergesetzgebung eine Nachprüfung der bestehenden Übergangs- und Rückvergütungssätze herbeizuführen. Der Reichskanzler werde darüber wachen, daß die Vorschriften des Zollvereinsvertrages vom 8. Juli 1867 (Art. 5 II §§ 3d und 4a, b) sowie des Art. 33 Abs. 2 der

Reichsverfassung allenthalben genau Beachtung finden, daß insbesondere beim Übergange von Bier von einem Steuergebiet in das andere weder bei der **Ausfuhr** ein höherer Steuerbetrag, als der wirklich darauf ruhende erstattet, noch bei der **Einfuhr** ein höherer als der nach dem Gesetze sich ergebende Betrag der inneren Steuer erhoben werde und falls hierbei Mängel hervortreten sollten, deren Beseitigung auf dem in der Reichsverfassung vorgezeichneten Wege veranlassen. Die Kommission lehnte infolgedessen den obigen Antrag ab.

(KomBer. 1906 S. 44.)

Es wird beabsichtigt, die Übergangsabgabe von Bier für alle Brausteuergebiete nach einheitlichen Grundsätzen zu regeln.

(FME. vom 16. Juli 1906 III 10498.)

Einfuhrzoll.

Bier aller Art, auch weingeistfrei oder mit Zusatz von Heilmittelstoffen	7,20	Mk.	1 dz
Bierextrakt (siruparlig eingedicktes Bier)	60,00	„	1 „
—, in luftdicht verschlossenen Behältnissen	75,00	„	1 „
—, —, vertragsmäßig	60,00	„	1 „
Bierfarbe (Biercouleur, dextrinhaltiger Färbzucker [Zuckercouleur])	40,00	„	1 „
Bierhefe aller Art	65,00	„	1 „

Muster 1.
(AusfBest. § 10.)

Beispiele

für die Festsetzung zu viel erhobener und zurückzuzahlender Brausteuerbeträge bei wirtschaftlich zusammengehörigen Brauereien, die in verschiedenen Hebebezirken liegen.

Beispiel 1. Brauerei A im Hebebezirke X, Brauerei B im Hebebezirke Y und Brauerei C im Hebebezirke Z bilden ein wirtschaftlich zusammengehöriges Unternehmen und sind deshalb gemäß § 6 des Brausteuergesetzes als ein Brauereibetrieb anzusehen.

Nach den eingegangenen Zusammenstellungen (§ 10 Abs. 4 der Ausführungsbestimmungen) sind im Rechnungsjahr 1907 versteuert worden:

zum Satze	von Brauerei A	von Brauerei B	von Brauerei C
von 4 Mk. . .	83,33 dz	83,33 dz	83,33 dz
„ 4,5 „ . .	83,34 „	83,34 „	83,34 „
„ 5 „ . .	166,66 „	166,66 „	166,66 „
„ 5,5 „ . .	333,34 „	333,34 „	333,34 „
„ 6 „ . .	333,33 „	333,33 „	333,33 „
„ 6,5 „ . .	333,33 „	333,33 „	333,33 „
„ 7 „ . .	333,34 „	333,34 „	333,34 „
„ 8 „ . .	333,33 „	333,33 „	333,33 „
„ 9 „ . .	333,33 „	333,33 „	333,33 „
„ 10 „ . .	66,67 „	1400,67 „	4666,67 „
zusammen	von A 2400,00 dz	von B 3734,00 dz	von C 7000,00 dz

Wie die Quersummen ergeben, sind — abgesehen von den Abrundungen, für die ein Ausgleich nicht zu erfolgen hat*) — im ganzen zu den einzelnen Staffelsätzen genau die im § 6 des Gesetzes vorgeschriebenen Mengen versteuert worden. Ein Ausgleich hat also nicht stattzufinden.

Beispiel 2. Brauerei A im Hebebezirke X und Brauerei B im Hebebezirke Y bilden im Sinne des § 6 des Gesetzes einen Brauereibetrieb.

Nach den Zusammenstellungen sind im Rechnungsjahr 1907 versteuert worden:

zum Satze	von Brauerei A	von Brauerei B
von 4 Mk.	125 dz	125 dz
" 4,5 "	125 "	125 "
" 5 "	250 "	250 "
" 5,5 "	500 "	500 "
" 6 "	500 "	500 "
" 6,5 "	500 "	500 "
" 7 "	500 "	500 "
" 8 "	200 "	500 "
" 9 "	—	500 "
" 10 "	—	6 000 "
zusammen	von A 2 700 dz	von B 9 500 dz

*) In allen Fällen, in denen zum Jahresschlusse jede der zusammengehörigen Brauereien zum Satze von 10 Mk. gesteuert hat, ist kein Ausgleich erforderlich.

Wie die Quersummen ergeben, sind zu den Sätzen von 4 Mk., 4,5 Mk., 5 Mk., 5,5 Mk., 6 Mk., 6,5 Mk. und 7 Mk. die richtigen Mengen versteuert worden. Dagegen sind zum Satze von 8 Mk. nur 700 dz statt 1000 dz, also 300 dz zu wenig und zum Satze von 9 Mk. nur 500 dz statt 1000 dz, also 500 dz zu wenig und dafür zum Satze von 10 Mk. 300 + 500 = 800 dz zu viel versteuert worden, und zwar lediglich von der Brauerei B.*)

Die Brauerei B hat also zu wenig gezahlt

für 300 dz zum Satze von 8 Mk.	2400 Mk.,
„ 500 „ „ „ „ 9 „	4500 „
	// 6900 Mk.
Dagegen zu viel für 800 dz zum Satze von 10 Mk.	8000 „
Von der Hebestelle Y sind also an die Brauerei B herauszuzahlen bzw. von der Steuerschuld der Brauerei B abzusetzen	1100 Mk.

*) Daß hiermit die Steuererhebung richtig gestellt ist, ergibt die Zusammenstellung der endgültig versteuerten Mengen auf S. 178.

Es sind versteuert:

zum Satze	von Brauerei A	von Brauerei B	von A und B zusammen
von 4 Mk.	125 dz	125 dz	250 dz
„ 4,5 „	125 „	125 „	250 „
„ 5 „	250 „	250 „	500 „
„ 5,5 „	500 „	500 „	1000 „
„ 6 „	500 „	500 „	1000 „
„ 6,5 „	500 „	500 „	1000 „
„ 7 „	500 „	500 „	1000 „
„ 8 „	200 „	(500+300) = 800 „	1000 „
„ 9 „	—	(500+500) = 1000 „	1000 „
„ 10 „	—	(6000—800) = 5200 „	5200 „
zusammen	2700 dz von A	9500 dz von B	12200 dz von A und B zus.

Beispiel 3. Brauerei A im Hebebezirke X, Brauerei B im Hebebezirke Y und Brauerei C im Hebebezirke Z bilden im Sinne des § 6 des Gesetzes einen Brauereibetrieb. Brauerei A hat im Laufe des Rechnungsjahrs im ganzen verbraucht 1200 dz Malz, Brauerei B 2000 dz, Brauerei C 4000 dz. Dann müssen gemäß § 10 Abs. 3 der Ausführungsbestimmungen versteuert sein:

zum Satze	von Brauerei A	von Brauerei B	von Brauerei C
v. 4 Mk.	83,33 dz	83,33 dz	83,33 dz
„ 4,5 „	83,34 „	83,34 „	83,34 „
„ 5 „	166,66 „	166,66 „	166,66 „
„ 5,5 „	333,34 „	333,34 „	333,34 „
„ 6 „	333,33 „	333,33 „	333,33 „
„ 6,5 „	200,00 „	333,33 „	333,33 „
„ 7 „	—	333,34 „	333,34 „
„ 8 „	—	333,33 „	333,33 „
„ 9 „	—	—	333,33 „
„ 10 „	—	—	1666,67 „
zusammen	1200,00 dz von A	2000,00 dz von B	4000,00 dz von C

Wie die Quersummen ergeben, sind zu den Sätzen von 4 Mk., 4,5 Mk., 5 Mk., 5,5 Mk. und 6 Mk. die richtigen Mengen zur Versteuerung gekommen, und zwar hat jede der drei Brauereien zu diesen

Sätzen insgesamt 1000 dz versteuert. Zu den höheren Sätzen sind endgültig zu versteuern:

zum Satze	insgesamt	Davon von Brauerei A	Davon von Brauerei B	Davon von Brauerei C
von 6,5 Mk.	1000 dz	200 dz	400 dz	400 dz
„ 7 „	1000 „	—	500 „	500 „
„ 8 „	1000 „	—	100 „	900 „
„ 9 „	1000 „	—	—	1000 „
„ 10 „	200 „	—	—	200 „
zusammen		200 dz	1000 dz	3000 dz
Hierzu die zu den Sätzen von 4—6 Mark versteuerten Mengen		1000 „	1000 „	1000 „
Summe wie oben		1200 dz	2000 dz	4000 dz

Von Brauerei B sind hiernach zu wenig versteuert:

zum Satze von 6,5 Mk.	66,67 dz mit	433,35 Mk.,
„ „ „ 7 „	166,66 „ „	1166,60 „
	zusammen zu wenig	1599,95 Mk.
Dagegen zu viel		
zum Satze von 8 Mk.	233,33 dz mit	1866,60 „
Von der Hebestelle Y sind also an die Brauerei B herauszuzahlen oder von der Steuerschuld der Brauerei B abzusetzen		266,65 Mk.

Von Brauerei C sind zu wenig versteuert:

zum Satze von 6,5 Mk.	66,67 dz mit	433,35 Mk.,
„ „ „ 7 „	166,66 „ „	1166,60 „
„ „ „ 8 „	566,67 „ „	4533,35 „
„ „ „ 9 „	666,67 „ „	6000,00 „
	zusammen zu wenig	12133,30 Mk.
Dagegen zu viel		
zum Satze von 10 Mk.	1466,67 dz mit	14666,70 „
Die Hebestelle Z hat also an die Brauerei C herauszuzahlen oder von der Steuerschuld der Brauerei C abzusetzen		2533,40 Mk.

Muster 2.

(AusfBest. § 14.)

Steuerhebebezirk: Werder. **Ortschaft:** Langerwisch.

Anmeldung

zur

steuerfreien Bereitung des Haustrunkes.

Aufzubewahren von:

J. Schulz, Bauer, Langerwisch Nr. ....

Anleitung zum Gebrauch.

1. Die Bereitung von Bier als Haustrunk ist steuerfrei, wenn sie ohne besondere Brauanlagen lediglich zum eigenen Bedarf in einem Haushalte von nicht mehr als 10 Personen über 14 Jahre geschieht. Vorübergehend angenommene Arbeiter oder Dienstleute werden, wenn sie im Haushalte Kost und Wohnung erhalten, zum Haushalte gerechnet.

Bierverkäufer haben auf die Bewilligung des steuerfreien Haustrunkes keinen Anspruch.

2. Wer von der Bewilligung Gebrauch machen will, hat diese Anmeldung in doppelter Ausfertigung unter Ausfüllung der Spalten 1 bis 7 auf Seite 2, mit der Bescheinigung der Ortsbehörde auf Seite 4 versehen, der Hebestelle einzureichen. Die Anmeldung kann sämtliche zur steuerfreien Bereitung des Haustrunkes Berechtigte derselben Ortschaft umfassen, sofern die Bewilligung von allen für den gleichen Zeitraum nachgesucht wird.

3. Die steuerfreie Bereitung ist bewilligt, sobald die Hebestelle die Genehmigung auf Seite 4 erteilt und die eine Ausfertigung als Anmeldeschein dem Anmeldenden, im Falle einer gemeinsamen Anmeldung aber dem Vorstande der Ortschaft oder derjenigen auf der Anmeldung zu bezeichnenden Person, die zur Aufbewahrung bestimmt worden ist, ausgehändigt hat.

4. Der Anmeldende hat, wenn sein Haushalt sich während der Gültigkeit des Anmeldescheins auf mehr als 10 Personen über 14 Jahre vergrößert oder die gesetzliche Steuerfreiheit auf andere Weise (z. B. durch

Anschaffung von Brauanlagen, Eröffnung eines Bierhandels) ausgeschlossen wird, hiervon der Hebestelle sofort unter Einreichung des Anmeldescheins Anzeige zu machen. Die Berechtigung zur Steuerfreiheit erlischt alsdann mit dem Eintritte der Veränderung.

Jedes Ablassen von Bier an nicht zum Haushalte gehörige Personen gegen Entgelt ist untersagt. Die Verabreichung von Bier an vorübergehend angenommene Arbeiter oder Dienstleute, denen nur Kost und Lohn, aber keine Wohnung gewährt wird, ist zulässig.

5. Mit Ablauf der Gültigkeitsfrist ist der Anmeldeschein der Hebestelle zur Einziehung oder Verlängerung einzureichen.

(2. und 3. Seite des Formulars umseitig.)

Laufende Nummer	Des Anmeldenden		Der Haushalt des Anmeldenden zählt Personen über 14 Jahre			Zeitraum, für welchen die Erlaubnis nachgesucht wird
	Vor- und Zuname	Stand	Familienangehörige	Dienstleute	Zusammen	
1	2	3	4	5	6	7
1.	Johann Schulz	Bauer	5	3	8	1907

Amtliche Bemerkungen.

(Prüfungsbefund — Erlöschen oder Verlängerung der Gültigkeitsfrist.)

8

Der Anmeldung gemäſs.

N. N.
Steueraufseher.
12. 4. 07.

(4. Seite des Formulars umseitig.)

Bescheinigung der Ortsbehörde.

Die Richtigkeit der vorseitigen Angaben über die Haushaltsmitglieder (Spalte 4 bis 6), sowie daß zurzeit keine der in der Anmeldung benannten Personen eine besondere Brauanlage besitzt oder mit Bier handelt, wird bescheinigt.

Langerwisch, den 20. Dezember 1906.

(Stempel.) **Weber,**
Ortsvorsteher.

Vermerk der Steuerhebestelle.

Gültig als Anmeldeschein für die umseitig genannten Personen auf die in Spalte 7 bezeichnete Zeitdauer.

Werder, den 28. Dezember 1906.

.................................**amt.**

....

(Stempelabdruck.) (Unterschrift.)

Muster 3.
(AusfBest. § 22.)
Nr. 1 der Belege.

Steuerhebebezirk: Werder.
Nr. 7 der Brauereirolle.

Nachweisung

der

Räume und Gefäße usw. der Bierbrauerei des
Johann Walsleben zu Neuenkirchen.

Anleitung zum Gebrauche.

1. Der Brauer hat diese Nachweisung spätestens acht Tage vor dem Anfange des Betriebs einer neu errichteten Brauerei in doppelter Ausfertigung der Hebestelle einzureichen und darin nach Maßgabe des Vordrucks:
   a) auf den beiden äußeren Seiten die Räume

zur Aufstellung der Geräte und zum Betriebe der Brauerei einschließlich der Gärräume, ferner den Aufstellungsort der Wagen unter Angabe ihrer Tragfähigkeit und der Art und Zahl der Gewichte, zutreffendenfalls den Aufstellungsort der Malzsteuermühle und der selbsttätigen Verwiegungsvorrichtung, und endlich den Aufbewahrungsort für die Vorräte an Malzschrot,

b) auf der inneren Seite in den Spalten 1—3 alle Maisch-, Koch-, Kühl- und Gärgefäße, insbesondere die Biersammel- (sogenannte Stell- und dgl.) Bottiche, und zwar jedes Gefäß einzeln,

genau und vollständig anzugeben und

c) die Nachweisung am Schlusse mit Tagesangabe und seiner Namensunterschrift zu vollziehen.

2. Auf Erfordern der Steuerbehörde ist ein Grundriß aller Brauereiräume unter Einzeichnung der Gerätestellung doppelt einzureichen.

3. Der Ort für die Aufstellung der Wage, der Malzsteuermühle und der selbsttätigen Verwiegungsvorrichtung sowie für die Aufbewahrung des Malzschrots unterliegt der Genehmigung des Oberkontrolleurs.

4. Die Braupfanne und die Kessel einerseits und die übrigen Gefäße anderseits sind unter sich mit fortlaufenden Nummern zu bezeichnen.

5. Der Brauer erhält die eine Ausfertigung der Nachweisung, mit der amtlichen Bescheinigung versehen, zurück und hat sie an dem vom Oberkontrolleur bestimmten Orte aufzubewahren, den Beamten zugänglich zu halten und vor Beschmutzungen und Beschädigungen zu schützen.

6. Im Laufe des Betriebs kann die Einreichung einer neuen Nachweisung von der Steuerbehörde gefordert werden.

Der zur Brauerei gehörigen Gebäude		Bemerkungen
Benennung	Lage	
1. Ein Brauhaus	Linsenstr. Nr. 53, auf dem Hofe.	
2. Eine Mälzerei	Ebendaselbst.	
3. Ein Gärkeller	Vor dem neuen Tore, an der Strafse rechts	

Der Gefäße			Zu- und Abgang				Bemerkungen
			Zugang		Abgang		
Benennung	Nummer	Raumgehalt Liter	Tag	Bescheinigung der Richtigkeit seitens des Beamten	Tag	Bescheinigung der Richtigkeit seitens des Beamten	
1	2	3	4	5	6	7	8
~~Braupfanne~~	~~1~~	~~1 000~~			21. April 1907	Schulze, Steueraufseher	Es ist ein grösserer Braukessel angeschafft.
~~Desgleichen~~	~~2~~	~~1 015~~					
Maischbottich	1	3 010					
Desgleichen	2	3 000					
Seigerbottich	3	2 000					
Desgleichen	4	2 010					
~~Kühlschiff~~	~~5~~	~~3 600~~			10. März 1907	Schulze, Steueraufseher	Kühlschiff Nr. 5 ist abgeschafft, weil unbrauchbar geworden.
Desgleichen	6	3 650					
Gärbottich	7	2 000					
Desgleichen	8	2 040					
"	9	2 010					
"	10	2 000					

Desgleichen	11	2 000						
"	12	2 080						
"	13	2 005						
"	14	2 015						

Gesehen und unter Nr. 7 der Brauereirolle eingetragen.

Werder, den 16. Januar 1907.

Geprüft und richtig befunden (oder „wie geschehen, berichtigt").

Zur Vermessung des gewonnenen Bieres ist das Gefäß (Kühlschiff) Nr. 6 bestimmt.

.... amt
(Unterschrift)

Werder, den 18. Januar 1907.

N. N.
Obersteuerkontrolleur.

Nachtrag.

Braukessel	1	4 015	6. Mai 1907	Schulze, Steueraufseher.				

Der Gefäße			Zu- und Abgang				Bemerkungen
			Zugang		Abgang		
Benennung	Nummer	Raumgehalt Liter	Tag	Bescheinigung der Richtigkeit seitens des Beamten	Tag	Bescheinigung der Richtigkeit seitens des Beamten	
1	2	3	4	5	6	7	8

Der Wagen				Bemerkungen
Zahl und Benennung	Tragfähigkeit	zugehörige Gewichte nach Zahl und Art	Aufstellungsort	
Eine Brückenwage	1000 kg	1 à 5 kg 1 à 2 „ 4 à 1 „	Der Maischraum des Brauhauses	Besichtigt und genehmigt. Werder, den 19. Januar 1907 **N. N.** Obersteuerkontrolleur.

Aufbewahrungsort des Malzschrots	Bemerkungen
Der Maischraum des Brauhauses	Nach Besichtigung der Räumlichkeiten genehmigt. Werder, den 19. Januar 1907. **N. N.** Obersteuerkontrolleur.

Für die Richtigkeit vorstehender Nachweisung:

Neuenkirchen, den 15. Januar 1907.

Johann Walsleben,
Brauereibesitzer.

Muster 4.
(AusfBest. § 25.)

Steuerhebebezirk: Werder.
Nr. 7 der Brauereirolle.

Nr. ...... der Belege.

Änderungsanzeige.

Der Unterschriebene zeigt an, daß in seiner Brauerei

1. die Maischbottiche No. 5 und 7 aufser Gebrauch kommen,
2. ein neues Kühlschiff aufgestellt ist.

Neuenkirchen, den 4. April 1907.

Joh. Walsleben.

Die vorstehende Anzeige ist heute abgegeben worden.

Werder, den 4. April 1907.

..................................**amt.**

....

(Stempelabdruck.) (Unterschrift.)

(Noch 1. Seite des Formulars umseitig.)

Bemerkungen der Aufsichtsbeamten.

1. Die alten Maischbottiche Nr. 5 und 7 mit je 1200 Liter Raumgehalt sind aus der Brauerei entfernt worden.
2. Das neue eiserne Kühlschiff ist laut Anlage zu 4000 Liter Raumgehalt vermessen und erhält die Nummer 23.

Werder, den 8. April 1907.

Schulze,
Steueraufseher.

*) Die unterzeichnete Stelle bescheinigt die heute erfolgte Meldung der oben angegebenen Geräte zum Zugange.

.........................., den ....ten .... 19.....

---

*) Zur Benutzung bei Versendung von Geräten oder Gefäßen in einen anderen Hebebezirk.

(2. Seite des Formulars.)

Anleitung zum Gebrauche.

1. Der Brauer hat, wenn
   a) neben den bisher angemeldeten Gebäuden oder Räumlichkeiten oder statt solcher andere für die Brauerei bestimmt, oder
   b) Maisch-, Koch-, Kühl-, Gärgefäße sowie Bier-, Sammel- (sog. Stell- oder dgl.) Bottiche neu angeschafft oder die vorhandenen abgeschafft, geändert oder in einen anderen Raum gebracht werden,

   die Änderungsanzeige, in zwei Ausfertigungen ausgefüllt, innerhalb der nächsten drei Tage nach der Änderung der Hebestelle einzureichen.
2. Inhaber von Brauereien sowie Personen, die Braupfannen verfertigen oder Handel damit treiben, müssen, bevor sie die Pfannen aus ihren Händen geben, dies unter Angabe

des Namens, Standes und Wohnorts des Empfängers, der Hebestelle ihres Wohnorts mittelst dieser zweifach auszufertigenden Änderungsanzeige anzeigen.

3. Der Brauer kann die Änderungsanzeige auch zu der ihm obliegenden Anmeldung einer Änderung des Aufstellungsorts der Wage oder des für die Aufbewahrung der Vorräte an Malzschrot bestimmten Ortes benutzen. Er muß sie dann aber in doppelter Ausfertigung vor der bewirkten Änderung der Orte, die nur mit Genehmigung des Oberkontrolleurs erfolgen darf, einreichen.

4. Der Brauer erhält die eine Ausfertigung mit der Bescheinigung der Hebestelle versehen zurück und hat sie bei dem Brauereibelegheft aufzubewahren. Die Änderungen — des Aufstellungsorts der Wage und des Aufbewahrungsorts des Malzes nur, sofern der Oberkontrolleur sie genehmigt hat — werden von den Aufsichtsbeamten in die Nachweisung der Räume und Gefäße eingetragen.

Steuerhebebezirk: Werder.

Muster 5.
(AusfBest. § 28.)

Brauereirolle.

Anleitung zum Gebrauche.

1. Für jede Brauerei ist eine besondere Abteilung anzulegen. Die Abteilungen sind mit fortlaufenden Nummern, die Rolle ist mit einem nach der Buchstabenfolge geordneten Namensverzeichnisse zu versehen.

2. Sobald die Nachweisung der Räume und Gefäße einer neu errichteten Brauerei bei der Hebestelle eingeht, trägt diese in die sofort zu eröffnende Abteilung der Rolle den Namen der Brauerei und ihres Besitzers ein. Die Nummern, Benennungen und der Raumgehalt der Gefäße werden auf Grund der vom Oberkontrolleur bescheinigten Anmeldung und der zugehörigen Vermessungsverhandlungen nachgetragen.

(Fortsetzung umseitig.

3. Beim Wechsel im Besitz ist der Name des bisherigen Besitzers mit roter Tinte zu durchstreichen, der Name des neuen Besitzers daneben oder darüber zu schreiben und das Namensverzeichnis zu berichtigen.

4. Änderungen der Räume oder Gefäße werden auf Grund der bescheinigten Änderungsanzeigen und der Vermessungsverhandlungen nachgetragen; dabei sind abgemeldete oder geänderte Gefäße mit roter Tinte, und zwar so zu streichen, daß die ursprünglichen Eintragungen leserlich bleiben. Die geänderten und neu hinzutretenden Gefäße werden unter der letzten Eintragung nachgetragen.

5. In Spalte 7 sind kurze Vermerke einzutragen, namentlich

   a) über den Aufstellungsort der Wage, der Malzsteuermühle und der selbsttätigen Verwiegungsvorrichtung,

   b) über den Aufbewahrungsort der Vorräte an Malzschrot,

   c) ob Zucker verwendet wird, unter Angabe des Tages und der Belegnummer der darüber abgegebenen Erklärung,

   d) ob regelmäßig, und in wieviel Abteilungen und mit welcher Beschickung nachgemaischt wird,

e) über die etwaige Verpflichtung zur Vorauszahlung der Steuer,
f) über die Bestellung eines Vertreters,
g) über den Eintritt eines Besitzwechsels.

Nicht mehr gültige Vermerke in Spalte 7 sind mit roter Tinte zu durchstreichen.

6. Wird eine Brauerei gänzlich abgemeldet, so ist dies in der Brauereirolle zu vermerken; die zugehörige Abteilung ist mit roter Tinte zu durchkreuzen und das Namensverzeichnis zu berichtigen.

Bleiben zu Brauereizwecken geeignete Braupfannen zurück, so sind sie in einen Anhang der Brauereirolle zu übertragen.

(2. Seite des Formulars umseitig.

Abteilung 6

für die Bierbrauerei des Johann Walsleben zu Werder.

Vorhandene Braugefäße						
Bestand und Zugang				Abgang		Bemerkungen
Der Gefäße			Beleg-nummer	Tag	Beleg-nummer	
Nr.	Benennung	Raumgehalt Liter				
1	2	3	4	5	6	7
~~1~~	~~Braupfanne~~	~~1000~~	~~1~~	21. April 1907 (Nr. 1 und 2)	25	Die Wage ist im Maischraume des Brauhauses aufgestellt. Neben dem Gersten-Malzschrot wird Stärkezucker verwendet. Erklärung v. 28./12. 85 Beleg No. 26. Zur Aufbewahrung des Malzschrots dient der Maischraum des Brauhauses. Das gewonnene Bier wird im Gefäfse No. 6 vermessen.
~~2~~	~~Desgleichen~~	~~1815~~	~~1~~			
1	Maischbottich	3010	1			
2	Desgleichen	3000	1			
3	Seigerbottich	2000	1			
4	Desgleichen	2010	1			
~~5~~	~~Kühlschiff~~	~~3000~~	~~1/2~~	10. März 1907	20	
6	Desgleichen	3650	1/3			
7	Gärbottich	2000	1			
8	Desgleichen	2040	1			
9	Desgleichen	2010	1			
0	Desgleichen	2000	1			
11	Desgleichen	2000	1			
12	Desgleichen	2080	1			
13	Desgleichen	2005	1			
14	Desgleichen	2015	1			
1	Braukessel	4000	25			

Steuerhebebezirk: Werder.

Muster 6.
(AusfBest. § 31.)

Nachweisung

der in der Brauereirolle vermerkten Änderungen.

(3. Viertel des Rechnungsjahrs 1907.)

Anleitung zum Gebrauche.

1. Zu Anfang des Vierteljahrs ist eine Nachweisung nach dem vorliegenden Muster zu eröffnen und in der Brauereirolle aufzubewahren. Sobald eine Änderung in der Brauereirolle angeschrieben ist, wird sie sofort in diese Nachweisung eingetragen.
2. Mit Ablauf des Vierteljahrs wird die Nachweisung abgeschlossen, von der Hebestelle vollzogen und dem Oberkontrolleur bei dessen nächster Anwesenheit vorgelegt.
3. Der Oberkontrolleur hat zu prüfen, ob die Änderungen, die im Laufe des Vierteljahrs stattgefunden haben, vollzählig und richtig in die Nachweisung und in die Brauereirolle ein-

getragen und vorschriftlich belegt worden sind, und sodann die nötigenfalls zu berichtigende Nachweisung zu bescheinigen.

4. Die bescheinigte Nachweisung ist, auch wenn sie keine Eintragung enthält, dem Hauptamt einzureichen.

5. Die Nachweisungen sind beim Hauptamte für jeden Hebebezirk in einem besonderen Hefte zu vereinigen und mit fortlaufenden Nummern zu versehen.

(2. und 3. Seite des Formulars s. S. 209 und 210.)

Tag der Eintragung	Abteilung der Brauereirolle	Ort der Brauerei	Name des Brauereibesitzers	Benennung der Gefäße
1	2	3	4	5
18./10.	8	Werder	Jacob Werner	Braupfanne
30./10.	20	Neuenhagen	v. Lochow	Gärbottich
				Desgl.
				Desgl.
6./11.	4	Woltersdorf	Peter Schmidt	—
10./11.	4	Desgl.	Derselbe	Bärmfass
13./12.	8	Werder	Jacob Werner	—

Werder, den 1. Januar 1908.

Königliches Steueramt.
(Unterschrift.)

Änderung der Gefäße					Sonstige, nicht die Gefäße betreffende Änderungen
Ausgeschieden	Hinzugetreten		Im Raumgehalte geändert		
Nr.	Nr.	Raumgehalt Liter	Nr.	Jetziger Raumgehalt Liter	
6	7	8	9	10	11
—	—	—	1	3 236	
5	5	2 108			
7	7	2 200			
8	8	2 205			
—	—	—	—	—	Hat als Vertreter den Braumeister Friedrich Schulze vom 1. Okt d. Js. ab bestellt.
13					
—	—	—	—	—	Meldet die Verwendung v. Stärkezucker zum Brauen an.

Geprüft und richtig befunden.

Werder, den 4. Januar 1908.

Der Obersteuerkontrolleur.
(Name.)

Muster 7.
(AusfBest. § 34.)

A.

Nummer .... der Brauereirolle.	Nummer .... der Belege.

Verhandelt den $\frac{\text{ten}}{}$ 190
Angefangen mittags Uhr.

Heute wurde in der hier belegenen Brauerei de

die Vermessung des Geräts vorgenommen, in dem die Menge des gezogenen Bieres ermittelt werden soll, es ist dies welche die Nummer führen soll.

Die Vermessung geschieht, weil

Gegenwärtig waren unausgesetzt während des ganzen, nachstehend dargestellten und ununterbrochen zu Ende geführten Geschäfts:

1. von seiten der Steuerbehörde:
   a) der
   b) der
2. von seiten der Brauerei:

Zunächst überzeugten sich alle Anwesenden, daß das Gerät ganz leer und sein Boden so eingelassen ist, daß er unvorsätzlich nicht verschoben werden kann. Dann prüften sie die Beschaffenheit des Bodens, ob er eben oder bauchig, nach oben erhöht oder nach unten eingedrückt sei, oder andere Abweichungen von einer ebenen Fläche habe; es fand sich in dieser Hinsicht, daß

Die sonstige Beschaffenheit und Form des Geräts ist folgende:

Verhandlung über Vermessung der Geräte, in denen die Menge des gezogenen Bieres ermittelt werden soll. (Vermessung mit Wasser von unten nach oben.)

Die Stellung des Geräts bei der Vermessung ist folgende:

Bemerkung. Von den Beamten, welche die Vermessung ausführen, ist hierunter eine Handzeichnung des Geräts zu entwerfen und anzugeben, ob und nach welcher Seite das Gerät Neigung hat; bei Abweichung des Geräts von der wagerechten Stellung ist der höchst- und der niedrigstgelegene Punkt des Gefäßrandes zu bezeichnen.

Hierauf wurde zur trockenen Vermessung geschritten, wobei sich folgendes ergab:

1. der größte obere Durchmesser im Lichten beträgt	cm	mittlerer Durchmesser: cm
2. der kleinste obere Durchmesser im Lichten beträgt	„	
3. der größte untere Durchmesser im Lichten beträgt	„	
4. der kleinste untere Durchmesser im Lichten beträgt	„	
5. der äußere Umfang des Geräts oben beträgt	„	
6. der äußere Umfang des Geräts unten beträgt	„	mittlere Höhe: cm
7. die innere Höhe in der Mitte beträgt	„	
8. die innere Höhe an den Seitenwänden beträgt	„	
9. die äußere Höhe an den Seitenwänden beträgt	„	

[für Geräte, deren Seitenwände gerade Flächen bilden:]

1. die obere Länge an der einen Seite im Lichten beträgt . .	cm	mittlere Länge: cm
2. die obere Länge an der andern Seite im Lichten beträgt . .	„	
3. die untere Länge an der einen Seite im Lichten beträgt . .	„	
4. die untere Länge an der andern Seite im Lichten beträgt . .	„	

5. die obere Breite an der einen Seite im Lichten beträgt . .	cm	mittlere Breite: cm
6. die obere Breite an der andern Seite im Lichten beträgt . .	"	
7. die untere Breite an der einen Seite im Lichten beträgt . .	"	
8. die untere Breite an der andern Seite im Lichten beträgt . .	"	
9. die größte innere Höhe an den Seitenwänden beträgt . . .	"	mittlere Höhe: cm
10. die kleinste innere Höhe an den Seitenwänden beträgt . . .	"	

Hiernach wurde mit Zuhilfenahme der Conradischen Tabellen der Inhalt dieses Geräts ermittelt zu:

An den Stellen des Randes, wo die Höhen gemessen waren, wurde der Steuerstempel deutlich eingebrannt.

Sodann wurde zur Vermessung des Geräts mit Wasser von Zentimeter zu Zentimeter geschritten, soweit dies zur Ermittelung des gewonnenen Bieres notwendig schien. Hierzu wurde ein geeichtes wagerecht gestellt und mit kaltem Wasser bis zum Überlaufen gefüllt.

Dieses Wasser wurde sodann ohne Verlust in das Gerät übergegossen, mit Hinzugießen einzelner Liter und, soweit nötig, unter Wiederholung des Verfahrens, sowie mit Zuhilfenahme eines geeichten

Zentimeterstabs ermittelt, daß bei einem in dem Geräte vorhandenen, bei Punkt vorstehender Skizze gemessenen Wasserstande:

von	1 cm	Liter Wasser
„	2 „	„ „
„	3 „	„ „
„	4 „	„ „
„	5 „	„ „
„	6 „	„ „
	usw.	usw.

eingegossen waren.

Die Anwesenden haben sich jeder einzeln von der Richtigkeit dieser Vermessungen überzeugt.

Die gegenwärtige Verhandlung ist während des Vermessungsgeschäfts fortlaufend in zwei gleichlautenden Ausfertigungen aufgestellt worden. Nach Prüfung der Verhandlung durch die Hebestelle wird eine der beiden Ausfertigungen ungesäumt dem Brauereiinhaber ausgehändigt werden. Dieser ist verpflichtet, den durch die trockene Vermessung ermittelten Raumgehalt von Litern nebst der Nummer auf dem Gefäße spätestens binnen Tagen nach Empfang der Verhandlung vorschriftsmäßig verzeichnen, ferner innerhalb des gleichen Zeitraums einen Maßstock anfertigen und auf diesen die in der Vermessungsverhandlung festgestellte Skala in der Weise übertragen zu lassen, daß sowohl die ganzen und halben Zentimeter, als auch die den ganzen Zentimetern entsprechenden Litermengen deutlich ersehen werden können, endlich die Verhandlung selbst an dem für die Nachweisung der Räume und Gefäße bestimmten Platze, den Maßstock aber an dem Orte in gutem Zustand aufzubewahren, der von dem Oberkontrolleur hierfür bestimmt wird.

Um Uhr mittags ist das Vermessungsgeschäft geschlossen und sofort die Verhandlung in beiden Ausfertigungen nochmals vollständig durchgelesen, von allen Anwesenden genehmigt und eigenhändig unterschrieben worden.

Die Inhaltsberechnung gepruft und

den ten 190

amt.

Muster 8.
(AusfBest. § 34.)

B.

Nummer .... der Brauereirolle.	Nummer .... der Belege.

Verhandelt den ten 190
Angefangen mittags Uhr.

Heute wurde in der hier belegenen Brauerei de

die Vermessung des Geräts vorgenommen, in dem die Menge des gewonnenen Bieres ermittelt werden soll; es ist dies welche die Nummer führen soll.

Die Vermessung geschieht weil

Gegenwärtig waren unausgesetzt während des ganzen, nachstehend dargestellten und ununterbrochen zu Ende geführten Geschäfts:

1. von seiten der Steuerbehörde:
   a) der
   b) der
2. von seiten der Brauerei:

Zunächst überzeugten sich alle Anwesenden, daß das Gerät ganz leer und sein Boden so eingelassen ist, daß er unvorsätzlich nicht verschoben werden kann. Dann prüften sie die Beschaffenheit des Bodens, ob er eben oder bauchig, nach oben erhöht oder nach unten eingedrückt sei, oder andere Abweichungen von einer ebenen Fläche habe; es fand sich in dieser Hinsicht, daß

Die sonstige Beschaffenheit und Form des Geräts ist folgende:

Verhandlung über Vermessung der Geräte, in denen die Menge des gezogenen Bieres ermittelt werden soll. (Vermessung mit Wasser von oben nach unten.)

Die Stellung des Geräts bei der Vermessung ist folgende:

Bemerkung. Von den Beamten, welche die Vermessung ausführen, ist hierunter eine Handzeichnung des Geräts zu entwerfen und anzugeben, ob und nach welcher Seite das Gerät Neigung hat, bei Abweichung des Geräts von der wagerechten Stellung ist der höchst- und der niedrigstgelegene Punkt des Gefäßrandes zu bezeichnen.

Hierauf wurde zur trockenen Vermessung geschritten, wobei sich folgendes ergab:

1. der größte obere Durchmesser im Lichten beträgt	cm	mittlerer Durchmesser: cm
2. der kleinste obere Durchmesser im Lichten beträgt	"	
3. der größte untere Durchmesser im Lichten beträgt	"	
4. der kleinste untere Durchmesser im Lichten beträgt	"	
5. der äußere Umfang des Geräts oben beträgt	"	
6. der äußere Umfang des Geräts unten beträgt	"	
7. die innere Höhe in der Mitte beträgt	"	mittlere Höhe: cm
8. die innere Höhe an den Seitenwänden beträgt	"	
9. die äußere Höhe an den Seitenwänden beträgt	"	

[für Geräte, deren Seitenwände gerade Flächen bilden:]

1. die obere Länge an der einen Seite im Lichten beträgt . . .	cm	mittlere Länge: cm
2. die obere Länge an der andern Seite im Lichten beträgt . . .	"	
3. die untere Länge an der einen Seite im Lichten beträgt . . .	"	
4. die untere Länge an der andern Seite im Lichten beträgt . . .	"	

5. die obere Breite an der einen Seite im Lichten beträgt . . .	cm	mittlere Breite: cm
6. die obere Breite an der andern Seite im Lichten beträgt . . .	"	
7. die untere Breite an der einen Seite im Lichten beträgt . . .	"	
8. die untere Breite an der andern Seite im Lichten beträgt . . .	"	
9. die größte innere Höhe an den Seitenwänden beträgt . . .	"	mittlere Höhe: cm
10. die kleinste innere Höhe an den Seitenwänden beträgt . . .	"	

Hiernach wurde mit Zuhilfenahme der Conradischen Tabellen der Inhalt dieses Geräts ermittelt zu:

An den Stellen des Randes, wo die Höhen gemessen waren, wurde der Stempel deutlich eingebrannt.

Sodann wurde zur Vermessung des Geräts mit Wasser geschritten. Hierzu wurde das Gerät so weit mit kaltem Wasser angefüllt, daß letzteres an dem niedrigsten Punkte der Seitenwand überlief. Als Stelle, an der die Höhe des Wasserstandes und demnächst des gezogenen Bieres gemessen werden soll, wurde der in der vorstehenden Zeichnung mit bezeichnete, in einer ebenen Fläche gelegene Punkt bestimmt; dieser Punkt befindet sich:

Die Höhe des Wasserstandes bei Punkt wurde auf Zentimeter festgestellt.

Sodann wurde in ein

Nachdem diese Meßgefäß wieder völlig entleert war , wurde unter de Benutzung sowie unter Zuhilfenahme des Litermaßes und des Meterstabs das Wasser aus dem zu vermessenden Geräte von Zentimeter zu Zentimeter abgelassen.

Auf diese Weise wurde — die Wasserstandshöhe stets bei Punkt gemessen — ermittelt, daß:

vom ten bis ten cm Liter	das Gefäß enthält also bei einer Wasserstandshöhe:		
" " " "			
" " " "			
" " " "	von	Zentimeter	Liter
" " " "	"	"	"
" " " "	"	"	"
" " " "	"	"	"

abgelassen waren.

Die Anwesenden haben sich, jeder einzeln, von der Richtigkeit dieser Vermessung überzeugt.

Die gegenwärtige Verhandlung ist während des Vermessungsgeschäfts fortlaufend in zwei gleichlautenden Ausfertigungen aufgestellt worden. Nach Prüfung der Verhandlung durch die Hebestelle wird eine der beiden Ausfertigungen ungesäumt dem Brauereiinhaber ausgehändigt werden. Dieser ist verpflichtet, den durch die Vermessung ermittelten Raumgehalt von Litern nebst der Nummer auf dem Gefäße spätestens binnen Tagen nach Empfang der Verhandlung vorschriftsmäßig verzeichnen, ferner innerhalb des gleichen Zeitraums einen Maßstock anfertigen und auf diesen die in der Vermessungsverhandlung festgestellte Skala in der Weise übertragen zu lassen, daß sowohl die ganzen und halben Zentimeter, als auch die den ganzen Zentimetern entsprechenden Litermengen deutlich ersehen werden können, endlich die Verhandlung selbst an dem für die Nachweisung der Räume und Gefäße bestimmten Platze, den Maßstock aber an dem Orte in gutem Zustand aufzubewahren, der von dem Oberkontrolleur hierfür bestimmt wird.

Um Uhr mittags ist das Vermessungsgeschäft geschlossen und sofort die Verhandlung in beiden Ausfertigungen nochmals vollständig durchgelesen, von allen Anwesenden genehmigt und eigenhändig unterschrieben worden.

Die Inhaltsberechnung geprüft und

den ten 190

amt.

Muster 9.
(AusfBest. § 42.)

Zuckerverwendungsbuch

der

.... Brauerei des .... zu ....

für das Rechnungsjahr 19......

Anleitung zum Gebrauche.

1. Das Zuckerverwendungsbuch ist vom Brauer selbst oder von seinem der Hebestelle hierfür ein für allemal zu bezeichnenden Vertreter zu führen.

2. Unten auf der Außenseite ist die Art der Zuckerstoffe anzugeben, die zur Bierbereitung vorrätig gehalten werden. Werden verschiedene Arten Zucker zur Bierbereitung verwendet, so ist für jede eine besondere Abteilung im Buche anzulegen und auf der

Außenseite die betreffenden Seiten des Buches zu vermerken.

3. Unter „Zugang" ist jede Post Zuckerstoffe sofort bei der Einbringung einzutragen, und zwar nach dem Reingewicht in ganzen und halben Kilogrammen.

4. Der „Abgang" ist, und zwar gleichfalls nach Reingewicht in ganzen und halben Kilogrammen, zu buchen, sobald die Entnahme aus dem Lager, sei es zur Verwendung bei der Bierbereitung, sei es zu anderen Zwecken, stattfindet.

5. Neben der Stunde des Abganges oder Zuganges ist durch Beifügung des Buchstabens „V" oder „N" kenntlich zu machen, ob es sich um Vormittags- oder Nachmittagszeit handelt.

6. Dem Oberkontrolleur steht, unter Zuziehung des Brauers oder dessen Stellvertreters, jederzeit die Ermittelung des Soll- und des Istbestandes zu.

7. Das Zuckerverwendungsbuch ist nach näherer Bestimmung des Oberkontrolleurs aufzubewahren und den Aufsichtsbeamten stets zugänglich zu halten.

8. Am Schlusse des Monats März ist das Buch durch Aufrechnung der Spalte 6 des Zuganges und der Spalten 4 und 8 des Ab-

ganges abzuschließen, der Bestand durch Absetzung des Gesamtabganges (Spalte 4 + 8) von der Schlußsumme der Spalte 6 des Zuganges zu bilden und dieser Bestand im Zuckerverwendungsbuche für das nächste Rechnungsjahr vorzutragen. Das abgeschlossene Buch ist der Hebestelle einzureichen.

Inhaltsverzeichnis.

Warengattung	Seite	Warengattung	Seite
Rübenzucker			
Stärkezucker			
Zuckercouleur			

Seite ....

Zugang

Laufende Nummer	Der Einbringung in das Brauereigrundstück		Der aufgenommenen Packstücke		Der Zuckerstoffe Reingewicht		Der Verkäufer		Bemerkungen
	Tag	Stunde	Zahl und Art	Bezeich- nung	kg	$^1/_{100}$	Name (Firma)	Wohn- ort	
1	2	3	4	5	6		7	8	9
	Bestand am Schlusse des vorigen Rechnungsjahrs								
1									

Seite ....

Abgang

Laufende Nummer	Entnahme zur Bierbereitung					Entnahme zu anderen Zwecken				Bemerkungen des Brauers	Prüfungsvermerke
	Tag	Stunde	Entnommenes Reingewicht		Der Zucker wird verwendet zu dem Gebräu, das im Steuerbuch - Einmaischungsbuch - eingetragen ist unter Nr.	Tag	Stunde	Entnommenes Reingewicht			
			kg	1/100				kg	1/100		
1	2	3	4		5	6	7	8		9	10
1											

Muster 10.

Steuerhebebezirk: Werder. (AusfBest. § 44.)

Nr. 7 der Brauereirolle.

Steuerbuch

für die Bierbrauerei des Joh. Walsleben
zu Neuenkirchen

für das 4. Viertel des Rechnungsjahrs 1906.

Dieses Buch enthält zwanzig Blätter, die mit einer angesiegelten Schnur durchzogen sind.

Werder, den 27. Dezember 1906.

(Siegel.) **Wollenteit,**
Obersteuerkontrolleur.

Anleitung zum Gebrauche.

1. Dieses Steuerbuch muß bei jeder Brauanmeldung der Hebestelle vorgelegt, während der übrigen Zeit aber stets in der Brauerei an dem hierfür bestimmten Orte aufbewahrt und den Aufsichtsbeamten zugänglich gehalten werden.

2. Zu jeder Brauanzeige hat der Brauer die Spalten 1 bis 9 auf einer besonderen Linie dergestalt auszufüllen, daß zwischen je zwei Brauanzeigen genügend Raum für die amtlichen Vermerke in den Spalten 13 bis 18 bleibt. Hierbei ist zu beachten:

   a) die zu verwendenden Malzsorten sind in Spalte 5 mit ihrer besonderen Bezeichnung einzeln aufzuführen, z. B. „Gerstenmalzschrot“, „Weizenmalzschrot“;

b) in Spalte 6 ist das Reingewicht des Malzschrots in ganzen und halben Kilogrammen anzugeben;

c) in Spalte 7 ist die ortsübliche Bezeichnung des zu ziehenden Bieres anzugeben sowie zu vermerken, ob ober- oder untergäriges Bier gezogen werden soll;

d) in Spalte 8 ist die Menge des zu ziehenden Bieres einzutragen, wobei diejenige Flüssigkeit nicht einzurechnen ist, die ohne erneuten Zusatz von steuerpflichtigen Braustoffen durch Aufgießen von kaltem oder heißem Wasser auf die bereits ausgezogenen Treber gewonnen und nicht auf der Pfanne gekocht, sondern als Nachbier (Kofent u. dgl.) verbraucht wird;

e) durch die Namensschrift in Spalte 9 ist die Richtigkeit der Angaben in den Spalten 2 bis 8 zu versichern.

3. Änderungen des einmal angemeldeten Betriebs müssen besonders mündlich oder schriftlich angezeigt werden und zwar unter Vorlegung des Steuerbuchs.

4. Am Schlusse des Vierteljahrs ist dieses Buch gegen Empfang eines neuen der Hebestelle binnen drei Tagen unaufgefordert zurückzugeben.

I. Brauanzeige.												II. Steuerberechnung.			
Laufende Nr.	Tag der Anmeldung	Zeit der Einmaischung			Des zu verwendenden Malzes			Des zu ziehenden Bieres (oder Essigs)			Eigenhändige Namensschrift des Anmeldenden	B etag der Brausteuer		Nr. des Brausteuergegenbuchs	Namensschrift des Buchführers
		Tag	Stunde		Gattung	Reingewicht		Bezeichnung (ober- oder untergärig)	Menge Hektoliter						
			Vormittag	Nachmittag		kg	1/100		ganze	halbe		Mk.	Pf.		
1	2	3	4		5	6		7	8		9	10		11	12
1	2./1.	3./1.	6	—	Gerstenmalzschrot	400	—	Braunbier, obergärig	30	—	Joh. Walsleben	25	—	1	Schulz
					Weizenmalzschrot	100	—								

2	3./1.	4./1.	6	—	Gersten-malz-schrot	600	—	Malz-bier, ober-gärig	35	—	Joh. Walsleben	31	—	2	Schulz
3	6./1.	7./1.	6	—	desgl.	500	—	Braun-bier, ober-gärig	30	—	Joh. Walsleben	27	50	4	Schulz
4	nachträglich versteuert (siehe Nr. 2)				desgl.	2	50	—	—	—	—	—	10	3	Schulz
											zusammen für Januar	790	—		

Siebenhundertneunzig Mark, eingezahlt am 2. Februar 1907 und nachgewiesen im Einnahmebuch unter Nr 12.

Kühne, Steuereinnehmer.

III. Prüfung.								IV. Nachversteuerung			
Tag	Stunde		Des vorgefundenen Malzes			Sonstiger Befund und Bemerkungen, Art der Gewichtsermittelung — Verschlußanlagen —, Tarierungen	Name und Diensteigenschaft des Beamten	Gattung	Menge		Nummer des Gegenbuchs
	Vormittag	Nachmittag	Gattung	Reingewicht kg	$^1/_{100}$				kg	$^1/_{100}$	
13	14		15	16		17	18	19	20		21
3/1.	6	—	Gersten-malz-schrot Weizen-malz-schrot	400 100	— —	Verwogen sind: Gerstenmalzschrot 8 Säcke roh . . . . 408 kg Weizenmalzschrot 2 Säcke roh . . . 102 „ zusammen 510 kg leere Säcke verw. 10 „ bleiben rein 500 kg Der kochenden Würze wurden vorm. 10 Uhr 10 kg Stärkezucker zugeschüttet.					

						Dem Brauverfahren bis vormittag 10½ Uhr beigewohnt, als die Würze im Kessel 3 mit Hopfen kochte.	Müller, Steueraufseher				
4./1.	6	—	Gerstenmalzschrot	602	50	Verwogen sind: Gerstenmalzschrot 12 Säcke roh . . . . 614,50 kg leere Säcke verw. 12 „ bleiben rein 602,50 kg		Gerstenmalzschrot	2	50	3
						Der kochenden Würze wurden vorm. 10 Uhr 10 kg Stärkezucker zugeschüttet.					
						Dem Brauverfahren beigewohnt bis vorm. 11 Uhr, als die Würze im Kessel 3 mit Hopfen kochte.	Müller, Steueraufseher				
7./1.	—	6	—	—	—	Das heute gezogene Bier wurde auf dem Kühlschiffe Nr. 3 zu 31 hl vermessen.	Müller, Steueraufseher				

Steuerhebebezirk: Werder.

Muster 11.
(AusfBest. § 45.)

Brausteuer-Gegenbuch.

4. Viertel des Rechnungsjahrs 1906.

Dieses Buch enthält zwanzig Blätter, die mit einer angesiegelten Schnur durchzogen sind.

Werder, den 12. Dezember 1906.

(Siegel.) **Wollenteit,** Obersteuerkontrolleur.

Geführt von
Schulz,
Steuerassistent.

Laufende Nummer	Tag der Eintragung	Nach dem Steuer- oder Mahlbuche sind zu versteuern		Von der in Sp. 4 angegebenen Malzmenge unterliegen		Zu dem in Spalte 5 angegebenen Satze sind	
		Nr. des Buches	Malz kg	dem Satze von Mk.	kg	früher versteuert kg	überhaupt versteuert (Spalte 6 und 7) kg
1	2	3	4	5	6	7	8
	Abschnitt A.						
	Auf Brauanzeige steuernde Brauereien.						
	1. Brauerei des Johann Walsleben in Neuenkirchen.						
	Übertragen aus dem 3. Vierteljahr 1906			5	—	—	49 100
	1907.						
1.	2. Jan.	1	500	5	500	49 100	49 600
2.	3. Jan.	2	600	5	400	49 600	50 000
				5,50	200	—	200
3.	6. Jan.	4	2,50	5,50	2,50	200	202,50
4.	6. Jan.	3	500	5,50	500	202,50	702,50
				usw.			
					Zusammen für Januar 1907		

Anleitung zum Gebrauche.

1. In dem Buche sind zwei Abschnitte zu bilden, der erste für die auf Brauanzeige steuernden, der zweite für die Vermahlungssteuer entrichtenden Brauereien.
2. Für jede Brauerei ist eine besondere Abteilung mit besonderen Ziffern anzulegen.
3. Die Spalten 1 bis 9 und 11 sind nach dem Steuerbuche bei jeder einzelnen Anmeldung, die Spalten 1 bis 9 nach dem Mahlbuche monatlich auszufüllen.
4. Das Buch ist den Aufsichtsbeamten jederzeit zur Einsicht vorzulegen.

Die Brausteuer von der in Spalte 6 angegebenen Malzmenge beträgt Mk.	Pf.	ist nachgewiesen im Einnahmebuche unter Nr.	Tag und Stunde der Braueinmaischung	Name und Diensteigenschaft des Beamten, der von der Braueinmaischung Kenntnis genommen hat, und Tag der Kenntnisnahme	Die Anmeldung der Braueinmaischung ist geändert und neueingetragen unter Nr.
9		10	11	12	13
25	—		3. Jan. V. 6	**Müller,** Str.Aufs. 2. 1 07	
20	—		4. Jan. V. 6	**Müller,** Str.Aufs. 3. 1. 07	
11	—				
—	10				
27	50		7. Jan. V. 6	**Müller,** Str.Aufs. 6. 1. 07	
790	—	12			

Laufende Nummer	Tag der Eintragung	Nach dem Steuer- oder Mahlbuche sind zu versteuern		Von der in Spalte 4 angegebenen Malzmenge unterliegen		Zu dem in Spalte 7 angegebenen Satze sind	
		Nr. des Buches	Malz kg	dem Satze von Mk.	kg	früher versteuert kg	überhaupt versteuert (Spalte 6 und 7) kg
1	2	3	4	5	6	7	8
	Abschnitt B. Vermahlungssteuer entrichtende Brauereien.						
	1. Brauerei des Johann Scholz in Eisenberg.						
	Übertragen aus dem 3. Vierteljahr 1906			9	—	—	100
	1907.						
1.	2. Jan.	84/126 3. Viertelj. 1906	80 500	9	80 500	100	80 600
2.	3. Febr.	1/39 4. Viertelj. 1906	97 800	9	19 400	80 600	100 000
				10	78 400	—	78 400
3.	1. März	40/83 4. Viertelj. 1906	93 000	10	93 000	78 400	171 400

Die Brausteuer von der in Spalte 6 angegebenen Malzmenge			Tag und Stunde der Brau-einmaischung	Name und Dienst-eigenschaft des Beamten, der von der Braueinmaischung Kenntnis genommen hat, und Tag der Kenntnisnahme	Die Anmeldung der Brau-einmaischung ist geändert und neu-eingetragen unter Nr.
beträgt		ist nach-gewiesen im Einnahme-buche unter Nr.			
Mk.	Pf.				
9		10	11	12	13
7 245	—	2			
1 746	—	14			
7 840	—				
9 300	—	a20			

Muster 12.
(AusfBest. § 46.)

Brausteuer-Einnahmebuch

des

Steueramts zu Werder

für das 4. Viertel des Rechnungsjahrs 1906.

Enthält zwanzig Blätter, die mit einer angesiegelten Schnur durchzogen sind.

Geführt von

....

Potsdam, den 20. Dezember 1906.

(Siegel.) **Schäfer,**

Hauptamtskontrolleur.

Laufende Nummer	Tag der Erhebung	Des Steuerzahlenden		Des Vorbuchs		Betrag der erhobenen Brausteuer		Davon (Sp. 6) sind				Die gestundeten Beträge sind angeschrieben im Kreditmanual	
								eingezahlt		gestundet			
		Name	Wohnort	Bezeichnung	Abteilung, Nr.	Mk.	Pf.	Mk.	Pf.	Mk.	Pf.	Seite	Nr.
1	2	3	4	5		6		7		8		9	
1	**1907.** 2. Jan.	Joh. Walsleben	Neuenkirchen	Gegenbuch 3. Viertelj. 1906	A 1. 49 75	763	—	—	—	763	—	5	9
2	„ „	Joh. Scholz	Eisenberg	Gegenbuch 4. Viertelj. 1906	B 1. 1	7 245	—	—	—	7 245	—	7	10
3	„ „	Lorenz	Werder	Abfindungs-Nachweisung	A 1	500	—	500	—	—	—	—	—
4	„ „	Joh. Walsleben	Neuenkirchen	Strafsache Nr. 106 für 1906	—	1	70	1	70	—	—	—	—

Steuerhebebezirk: Fischhausen.

Muster 13.
(AusfBest. § 57.)

Mahlbuch

der

Brauerei des Friedrich Kunze zu Camstigall

für den Monat August 1906.

Enthält vier Blätter, die mit einer angesiegelten Schnur durchzogen sind.

Fischhausen, den 20. Juli 1906.

(Siegel.)

Till,
Obersteuerkontrolleur.

Das Mahlbuch ist in dem im Mühlenraum angebrachten Kasten aufzubewahren.

Fischhausen, den 20. Juli 1906.

Till,
Obersteuerkontrolleur.

Anleitung zum Gebrauche.

1. Die Eintragungen in den Spalten 1, 2, 3 und 5 sind von dem Brauer unmittelbar vor Beginn der Vermahlung, die Eintragungen in den Spalten 4 und 6 bis 9 unmittelbar nach Beendigung der Vermahlung zu bewirken.

2. In Spalte 7 ist, solange die Malzsteuermühle und die selbsttätige Verwiegungsvorrichtung richtig arbeiten und keine Verschlußverletzung vorliegt, der Unterschied zwischen den Anzeigen des Zählwerkes (Spalte 6 vermindert um Spalte 5) einzutragen. Tritt eine Störung im Gange der selbsttätigen Verwiegungsvorrichtung ein, oder ist der Verschluß verletzt worden, so ist sofort Anzeige an die Steuerhebestelle zu erstatten und darf die Vermahlung nur im Beisein eines nicht zur Familie des Brauers gehörigen und nicht zu ihm im Arbeits- oder Dienstverhältnisse stehenden Zeugen

fortgesetzt werden. Die Menge des geschroteten Malzes ist in diesem Falle durch besondere Verwiegung zu ermitteln und die so ermittelte Menge in Spalte 7 unter Mitbeurkundung durch den zugezogenen Zeugen einzutragen.

3. Am Schlusse des Monats ist das Mahlbuch von dem Brauer durch Aufrechnung der Spalte 7 abzuschließen, der Stand des Zählwerkes am Schlusse des Monats (letzte Eintragung in Spalte 6) nach Spalte 6 des Mahlbuchs für den folgenden Monat zu übertragen, die Übertragung in beiden Mahlbüchern zu bescheinigen und das abgeschlossene Mahlbuch für den abgelaufenen Monat unaufgefordert der Steuerhebestelle spätestens bis zum dritten Tage des neuen Monats einzureichen.

I. Angaben des Brauereibesitzers.

Laufende Nummer der Eintragungen	Ein Vermahlen von Malz hat stattgefunden am (Tag)	von (Stunde) (V = Vormittags) (N = Nachmittags)	bis (Stunde)	Stand des Zählwerkes der selbsttätigen Verwiegungsvorrichtung beim Beginne der Vermahlung	nach Beendigung der Vermahlung	Menge d. vermahlenen Malzes (nach den Sp. 5 u. 6, bei unrichtiger Anzeige des Zählwerkes nach dem Ergebnisse der besonder. Verwiegung) kg	Bemerkungen des Brauereibesitzers über Unregelmäßigkeiten oder Störungen der Malzsteuermühle usw., Zuziehung von Zeugen, Erstattung von Anzeigen an die Steuerstelle wegen Unregelmäßigkeiten usw.	Die Richtigkeit der Angaben in den Spalten 1 bis 8 bescheinigt (Unterschrift d. Brauereibesitzers und des etwa zugezogenen Zeugen)
1	2	3	4	5	6	7	8	9
Übertrag aus dem Mahlbuche für Juli 1906					21215			Kunze
1	2.	6 V	6⁴⁵ V	21215	22485	1270		Kunze
2	4.	5³⁰ V	6¹⁵ V	22485	23755	1270		Kunze
3	6.	7³⁰ N	8 N	23755	25025	1270		Kunze
4	8.	7³⁰ N	8 N	25025	26295	1270		Kunze

5	10.	6 V	8 V	26 295	26 340	1 270	Das Zählwerk rückt nur in der Einerstelle weiter. Das Schroten ist deshalb 6 Uhr 10 Minuten abgebrochen und Anzeige an das Steueramt Fischhausen erstattet. Nach Zuziehung des Herrn Gemeindevorstehers Müller ist das Schroten um 7 Uhr 30 Minuten wieder aufgenommen. Die gesamte geschrotete Malzmenge ist auf der Dezimalwage zu 1270 kg netto verwogen.	Kunze, Brauereibes. Müller, Gem.-Vorst.
6	11.	6 V	6^{45} V	26 480	27 760	1 280		Kunze
—	—	—	—	—	—	—		—
—	—	—	—	—	—	—		—
—	—	—	—	—	—	—		—
18	31.	7 N	7^{30} N	43 560	44 830	1 270		Kunze
						24 850		

Abgeschlossen Camstigall, d. 31. Aug. 1906.

Der Stand des Zählwerkes am Schlusse des Monats August ist in das Mahlbuch für September übertragen worden.

Kunze.

II. Prüfungsbefund.

(Stand des Zählwerkes; Zustand der Malzsteuermühle, der selbsttätigen Verwiegungsvorrichtung, der amtlichen Verschlüsse; Menge des etwa vorhandenen Malzschrots — ob geschätzt oder verwogen —; sonstige Bemerkungen; Tag und Stunde der Prüfung; Unterschrift der Aufsichtsbeamten.)

10

Stand des Zählwerkes 23755, Zustand der Malzsteuermühle und der amtlichen Verschlüsse gut.

4. August 1906, nachmittags $1^1/_2$ Uhr.

Fischer, reitender Steueraufseher.

Beginn der Prüfung 10. August 1906, vormittags 11 Uhr.

Stand des Zählwerkes 26340. Verschlüsse gut und abgenommen. Die selbsttätige Verwiegungsvorrichtung wurde im Beisein des Unterzeichneten durch den gleichzeitig eingetroffenen Vertreter der Henneffer Maschinenfabrik, Herrn Ingenieur Werner aus Königsberg, untersucht und festgestellt, dass die in das Zähnerzählrad eingreifende Nase des Einerzählrads abgebrochen war. Durch Einsetzen eines neuen Einerzählrads wurde der Fehler beseitigt. Probeverwiegungen durch Aufschütten von Malz auf die Verwiegungsvorrichtung und Abfangen und Verwiegen desselben vor Eintritt in die Schrotmühle ergaben, dass die Verwiegungsvorrichtung wieder richtig anzeigt. Nach Wiederauflegung des Umschlussgehäuses und Wiederanlegung der amtlichen Verschlüsse wurde die Nachschau um 2[30] Uhr nachmittags beendet und dem Brauereibesitzer die weitere Benutzung der Malzsteuermühle freigegeben. Stand des Zählwerks 26480.

Till, Obersteuerkontrolleur.

Der Vermahlung vom Beginne bis zum Schlusse beigewohnt. Malzschrotmenge zu 1280 kg verwogen. Stand des Zählwerkes bei Beginn 26480, am Schlusse 27760. Malzsteuermühle und Verschlüsse gut.

11. August 1906, vormittags 7 Uhr.

Fischer, reitender Steueraufseher.

Steuerhebebezirk: Fischhausen. **Muster 14.**
(AusfBest. § 57.)

Einmaischungsbuch

der

der ~~Vermahlungssteuer unterliegenden~~ / Abfindung unterworfenen Brauerei des
Gottlieb Schulze zu Fischhausen

für das 2. Viertel des Rechnungsjahrs 1906.

Enthält zwanzig Blätter, die mit einer angesiegelten Schnur durchzogen sind.

Fischhausen, den 26. Juni 1906.

(Siegel.) **Till,**
Obersteuerkontrolleur.

Das Einmaischungsbuch ist im Sudraum in dem kleinen Schranke rechts an der Tür aufzubewahren.

Fischhausen, den 26. Juni 1906.

Till,
Obersteuerkontrolleur.

Anleitung zum Gebrauche.

A. Für der Abfindung unterworfene Brauereien.

1. Der Brauer hat spätestens drei Stunden vor Beginn der Einmaischung jedes einzelne Gebräu unter einer fortlaufenden Nummer in der Art einzutragen, daß zwischen je zwei Eintragungen genügend leerer Raum für die übersichtliche Eintragung der Bemerkungen in Spalte 11 bleibt. Gleichzeitig hat er einen ausgefüllten Anmeldezettel an die Steuerhebestelle abzusenden.

Die steuerpflichtigen Malzstoffe sind einzeln in Spalte 6/7 aufzuführen, und zwar jeder Stoff mit seinem besonderen Namen und unter Bezeichnung der Beschaffenheit, in der er zur Verwendung gelangt; also: Gerstenmalzschrot, nicht etwa Gerstenmalz oder nur Malz.

Die Menge des Malzschrots ist nach dem Reingewichte bis auf halbe Kilogramm in Zahlen und Buchstaben anzugeben.

Etwaige Abweichungen von der Erklärung über die Verwendung von Zucker (§ 22 des Brausteuergesetzes) sind gleichfalls spätestens drei Stunden vor der Einmaischung in Spalte 11 dieses Buches einzutragen.

2. Die Änderung oder Streichung der Ein-

tragungen ist bis drei Stunden vor der eingeschriebenen Einmaischungszeit ohne weiteres, später aber nur unter der Voraussetzung statthaft, daß alsdann erst eingetretene unvermutete Umstände die Ausführung des Brauens überhaupt oder in der eingetrageuen Art gehindert haben und daß ein unverdächtiger, namentlich nicht mit dem Brauereibesitzer in einem Lohn- oder Familienverhältnisse stehender Zeuge zugezogen wird, um die Änderung usw. und deren Ursache im Einmaischungsbuche mit zu bescheinigen. Die Steuerhebestelle ist von den Änderungen sofort zu benachrichtigen.

Hierbei ist zu beachten:

a) Sollen andere Malzstoffe oder andere Mengen verwendet werden, oder soll das Gebräu ganz ausfallen, so ist die erste Eintragung unter Erhaltung der Lesbarkeit zu durchstreichen und in Spalte 11 die nötige Erläuterung zu geben. Im ersteren Falle ist das Gebräu von neuem unter der folgenden Nummer einzutragen;

b) wird nur der Zeitpunkt der Einmaischung oder die Menge des zu ziehenden Bieres geändert, so bleibt die Eintragung bestehen, es ist aber in Spalte 11 ein begründender Vermerk, gegebenenfalls unter

Mitbeurkundung durch einen Zeugen, zu machen.

3. Der Brauereibesitzer haftet für die Richtigkeit aller Eintragungen.

4. Das Einmaischungsbuch ist in der Brauerei nach der Anordnung des Oberkontrolleurs aufzubewahren und den Aufsichtsbeamten stets zugänglich zu halten. Nach Schluß des Vierteljahrs ist es vom Brauer abzuschließen und innerhalb einer Frist von drei Tagen unaufgefordert der Hebestelle vorzulegen.

B. Für Brauereien, die der Vermahlungssteuer unterliegen.

1. Die unter A 1 vorgeschriebenen Eintragungen brauchen erst unmittelbar vor Beginn der Einmaischungen zu erfolgen. Die Absendung von Anmeldezetteln an die Steuerhebestelle ist nicht erforderlich.

2. Änderungen und Streichungen der Eintragungen, hinsichtlich deren Form und Begründung in Spalte 11 im übrigen die unter A 2 gegebenen Vorschriften zu beachten sind, sind bis zum Beginne der Einmaischung ohne weiteres und ohne Zuziehung von Zeugen zulässig; auch bedarf es keiner Benachrichtigung der Hebestelle über die Änderungen.

3. und 4. Wie unter A.

Laufende Nummer der Gebräue	Der Eintragung			Der Einmaischung			Des zu verwendenden Malzschrots			Des zu ziehenden Bieres		
	Tag	Stunde		Tag	Stunde		Benennung	Reingewicht		Benennung (ober- oder untergärig)	Hektoliter	
		Vormittags	Nachmittags		Vormittags	Nachmittags		kg	1/100		1/1	1/2
1	2	3		4	5		6	7		8	9	
1.	1. Juli	.	8	2. Juli	6	.	Gerstenmalzschrot	270	. Zweihundertsiebzig	Braunbier obergärig	14	—
—	—	—	—	—	—	—	—	—	—	—	—	—
—	—	—	—	—	—	—	—	—	—	—	—	—
—	—	—	—	—	—	—	—	—	—	—	—	—
22.	2. August	5	.	2. August	8	.	Gerstenmalzschrot	270	. Zweihundertsiebzig	Braunbier obergärig	14	—
23.	4. August	5	.	4. August	8	.	Gerstenmalzschrot	270	. Zweihundertsiebzig	desgl.	14	—

—	—	—	—	—	—	—	—	—	—	—	—	—
26.	9. August	.	7	10. August	7	.	Gerstenmalzschrot Zweihundertsiebzig	270	.	Braunbier obergärig	14	—
~~27.~~	~~11. August~~	—	~~6~~	~~12. August~~	~~8~~	.	~~Gerstenmalzschrot Zweihundertfünfzig~~	~~250~~	.	~~Braunbier obergärig~~	~~13~~	—
28.	12. August	5	.	12. August	8	.	Gerstenmalzschrot Zweihundertachtzig	280	.	Malzbier obergärig	12	—
—	—	—	—	—	—	—	—	—	—	—	—	—
—	—	—	—	—	—	—	—	—	—	—	—	—
							zusammen .	15750	.			

Abgeschlossen
am 30. September 1906.
Schulze.

Abfindungsnachweisung
Abschnitt A Nr. 4
Bodin,
Steuereinnehmer.

Die Richtigkeit der Angaben in Spalten 1—9 bescheinigt (Name des Brauers)	Bemerkungen des Brauers	Prüfungsvermerke der Beamten
10	11	12
Schulze	Die Schrotmühle versagt, weil der Transmissionsriemen gerissen ist. Die Einmaischung kann deshalb erst um 9 Uhr stattfinden. 2. 7. 06. Vorm. $5^1/_2$ Uhr. **Schulze.** Die Richtigkeit vorstehender Angabe bescheinigt. 2. 7. 06. Vorm. $5^1/_2$ Uhr. **Meier,** Schuhmachermstr. u. Stadtverordn.	
—		
—		
—		
Schulze		
Schulze		Das gezogene Bier auf dem Kühlschiffe zu $14^1/_2$ hl vermessen. 4. 8. 06. $4^1/_2$ Uhr nachm. **Fischer,** reitender Steueraufseher.

— Schulze		Würze kocht im Kessel. Um $10^3/_4$ Uhr wurden der kochenden Würze 50 kg Stärkezucker zugesetzt. 10. 8. 06. Vorm. 11 Uhr. **Fischer,** reitender Steueraufseher.
~~Schulze~~	Der nach der Erklärung über die Verwendung von Zucker der kochenden Würze zuzusetzende Stärkezucker ist aus Königsberg nicht eingetroffen. Es werden deshalb 280 kg Malz allein eingemaischt und daraus 12 hl Malzbier gezogen. **Schulze.**	
Schulze	Zu 28. Siehe die Bemerkung zu 27. **Schulze.**	Zucker in der Brauerei nicht vorhanden. Das vorgefundene Malzschrot wurde zu 280 kg verwogen und eingemaischt. 12. 8. 06. Vorm. $8^1/_2$ Uhr. **Till,** Obersteuerkontrolleur.
—		
—		

Muster 15.
(AusfBest. § 57.)

Rechnungsbuch

der

Bierbrauerei des .... zu ....

über

Zu- und Abgang an Braustoffen und daraus gezogenem Biere.

Laufende Nummer	Der An- oder Abschreibung Tag	Der zu verwendenden Braustoffe Gattung und Menge (Reingewicht)																Bemerkungen
		Zugang								Abgang								
		(Gerstenmalz)		(Weizenmalz)		(Stärkezucker)				(Gerstenmalz)		(Weizenmalz)		(Stärkezucker)				
		kg	1/100	kg	1/100	kg	1/100	kg	1/100	kg	1/100	kg	1/100	kg	1/100	kg	1/100	
	1907.																	
6.	5. Jan.	1000	—	—	—	—	—	—	—	500	—	—	—	—	—	—	—	
7.	6. „	—	—	—	—	—	—	—	—	500	—	—	—	—	—	—	—	
8.	7. „	2000	—	—	—	—	—	—	—	500	—	—	—	—	—	—	—	

Laufende Nummer	Der An- oder Abschreibung Tag	Des zu ziehenden Bieres Art und Menge									Bemerkungen
		Zugang				Abgang					
		ober- gäriges Bier		unter- gäriges Bier		ober- gäriges Bier		unter- gäriges Bier		Art des Abganges (Ausschank, Verkauf ohne Ausschank, Verbrauch der Arbeiter in der Brauerei oder sonstiger Abgang)	
		hl	l	hl	l	hl	l	hl	l		
	1907.										
7.	6. Jan.	—	—	100	—	—	—	46 5	–	Verkauf Ausschank	
8.	7. „	—	—	100	—	—	—	40 4	—	wie vor	Rev. 8./1. 07.
9.	8. „	—	—	100	—	—	—	80 8	—	wie vor	N. N. Obersteuer- kontrolleur
10.	8. „	—	—	—	—	—	—	4	—	Verbrauch der Arbeiter vom 1./8. Januar	

Muster 16.
(AusfBest. § 64.)

Anmeldezettel.

Unterzeichneter meldet dem Königlichen Steueramte zu Fischhausen an, daß in seiner zu Fischhausen .... Straße Nr. .... gelegenen Brauerei

(Tag und Stunde der Einmaischung) heute am 4. August, vormittags 8 Uhr,

(Art und Reingewicht des zur Einmaischung kommenden Malzschrots) 270 kg Gerstenmalzschrot

eingemaischt werden und daraus 14 Hektoliter obergäriges Braunbier gezogen werden sollen.

Fischhausen, den 4. August 1806,
vormittags 5 Uhr.

Gottlieb Schulze,
Brauereibesitzer.

Anmerkung: Die Verwendung von Postkarten zu Anmeldezetteln ist zulässig.

Steuerhebebezirk .... **Muster 17.**
(AusfBest. § 70.)

Abfindungsnachweisung.

Rechnungsjahr 1907.

Dieses Buch enthält zwanzig Blätter, die mit einer angesiegelten Schnur durchzogen sind.

........................, den ten März 1907.

(Siegel.) ....

Hauptamtskontrolleur.

Anleitung zum Gebrauche.

1. Die Abfindungsnachweisung ist in zwei Abschnitten zu führen:
   A. für Brauer, welche die Abfindungssumme in monatlichen,
   B. für Brauer, die sie in vierteljährlichen Teilbeträgen entrichten.

2. Jedem der unter A und B fallenden Brauer ist eine besondere Abteilung zu eröffnen.
3. Änderungen der Abfindungszeit und der Abfindungssumme sind in den Spalten 4 und 5 zu vermerken.
4. Die Spalte 9 ist vierteljährlich nach den Einmaischungsbüchern auszufüllen.
5. Am Schlusse der Abfindungszeit ist in Spalte 10 der Steuerbetrag zu berechnen, der für das während der Abfindungszeit nach den Einmaischungsbüchern verwendete Malz zu entrichten ist, und mit den gezahlten oder gestundeten Abfindungsbeträgen zu vergleichen. Ein hiernach zu wenig erhobener Betrag ist innerhalb einer Woche nach Mitteilung der Berechnung an den Brauer von diesem bar einzuzahlen; ein zu viel erhobener Betrag an den Brauer herauszuzahlen.

Laufende Nummer	Name des Brauers	Ort der Brauerei	Der Abfindung: Zeitraum	Der Abfindung: Betrag M	Es sind eingezahlt: am	Es sind eingezahlt: M	Es sind eingezahlt: Pf
1	2	3	4	5	6	7	
	Abschnitt A.						
1.	Lorenz	Werder	Rechnungsjahr 1907	6000	2. Mai	500	.
					1. Juni	500	.
					3. Juli	500	.
					2. August	500	.
					3. September	500	.
					1. Oktober	500	.

					1. November	500	.
					2. Dezember	500	.
					3. Januar	500	.
					1. Februar	500	.
					3. März	500	.
					3. April	500	.
			Zusammen im Rechnungsjahr 1907 . . .			6000	.

Der Betrag (Sp. 7) ist nachgewiesen im Einnahmebuch unter Nr.	Während der Abfindungszeit sind in der Brauerei nach den Einmaischungsbüchern an Malz verwendet worden kg	Endgültige Abrechnung am Schlusse der Abfindungszeit
8	9	10
15		Die Steuer für die verwendeten 124220 kg Malz beträgt: für die ersten 25000 kg zu 4 M. für 1 dz 1000,00 M. „ „ folgenden 25000 „ „ 4,5 „ „ 1 „ 1125,00 „ „ „ „ 50000 „ „ 5 „ „ 1 „ 2500,00 „ „ „ „ 24220 „ „ 5,5 „ „ 1 „ 1332,10 „ für die Gesamtmenge von 124220 kg . . . . 5957,10 M. Eingezahlt sind nach Sp. 7 . . . . 6000,00 „ mithin zu viel . . 42,90 M. die an den Brauer herausgezahlt und im Brausteuereinnahmebuche für das 4. Vierteljahr 1907 unter Nr. 58 von der Einnahme an Brausteuer abgesetzt worden sind.
33		
4	1. Viertel 1907 31120	
17		
36		
2	2. Viertel 1907 34000	

11	
37	
3	3. Viertel 1907 28500
13	
27	
38	4. Viertel 1907 30600
	124220

Steuerhebebezirk: ....

Muster 18.
(AusfBest. § 72.)

Aufsichtsbuch

für die

Bierbrauerei des .... in ....

Anleitung zum Gebrauche.

1. Das Aufsichtsbuch ist in einer für mehrere Jahre ausreichenden Stärke von der Hebestelle anzulegen und mit einem festen Deckel zu versehen. Der Oberkontrolleur hat über die erforderlich werdende Auslegung eines neuen Aufsichtsbuchs zu bestimmen.
2. Das Aufsichtsbuch ist in dem zur Aufbewahrung des Brauereibeleghefts bestimmten Behältnis auszulegen, sowie sauber und unbeschädigt zu erhalten.

Laufende Nummer	Der Prüfung Tag und Stunde	Angaben über			Das Zählwerk der selbsttätigen Verwiegungsvorrichtung zeigt an kg	Bemerkungen. Name der Beamten
		das Vorhandensein von Malzschrot	den Zustand der Brauereigefäße	die Anlegung, Abnahme und den Befund der amtlichen Verschlüsse		
1	2	3	4	5	6	7
1	**1907.** 2./4. 10 1/2 Vorm.	**am angemeldeten Orte** ein **Sack** mit 23 **kg Malz**schrot	**sämtliche** Gefässe leer	**Verschluss der Braukesselfeuerung gut**	—	**Schulz,** Steueraufseher

Muster 19.
(AusfBest. §. 75.)

Bundesstaat: ....

Verwaltungsbezirk (für Preußen): .... **Hauptamtsbezirk:** ....
Einsendungsfrist 1. August.

Bestand der Brauereien, Braustoffverbrauch, Biererzeugung und Ertrag der Bierabgaben

im Rechnungsjahr 19............

Anleitung.

1. Als nicht gewerbliche Bierbrauereien gelten nur diejenigen steuerpflichtigen Bierbrauereien, die ausschließlich für den Bedarf des eigenen Haushalts des Besitzers ohne besondere Brauanlage Bier bereiten. Alle übrigen steuerpflichtigen Bierbrauereien werden zu den gewerblichen gerechnet.
2. Geht eine Bierbrauerei im Laufe des Jahres aus einer der Klassen Spalte 6—8, 10 und 11 in eine andere über, so ist sie bei der Klasse einzurechnen, der sie während des

größeren Teiles des Jahres angehört oder in der sie den größeren Teil der Jahressteuer entrichtet hat. Unter „Bemerkungen" ist das Tatsächliche erläuternd anzuführen.

3. Die Angaben in den Spalten 18—32 sind den Steuerbüchern, den Brausteuergegenbüchern, den Einmaischungsbüchern und den Zuckerverwendungsbüchern zu entnehmen. Für die in § 69 der Brausteuer-Ausführungsbestimmungen bezeichneten kleinen Abfindungsbrauereien ist die verwendete Malzmenge aus der gezahlten Abfindungssumme zu berechnen. Die von diesen Brauereien verwendete Zuckermenge und die gezogene Biermenge ist, soweit nötig nach Befragung der Brauer, zu schätzen.

4. Mehrere in einer Hand befindliche Brauereien, die hinsichtlich der Steuerstaffelung gemäß § 6 Abs. 2 des Brausteuergesetzes als ein Brauereibetrieb angesehen werden, sind in dieser Nachweisung als verschiedene Betriebe zu zählen.

5. Die von der Direktivbehörde zu fertigende Zusammenstellung hat nach Hauptamtsbezirken zu erfolgen.

Laufende Nummer	Hebebezirk	Gesamtzahl der am Schlusse des Jahres vorhandenen Bierbrauereien			Im Laufe des Jahres sind im Betriebe gewesen							
					gewerbliche				nicht gewerbliche			Summe sämtlicher im Betriebe gewesener Bierbrauereien (Spalte 9 und 12)
		in den Städten	auf dem Lande	zusammen	Vermahlungssteuer entrichtende	der Abfindung unterworfene	auf Brauanzeige steuernde	zusammen (Spalte 6—8)	der Abfindung unterworfene	auf Brauanzeige steuernde	zusammen (Spalte 10 und 11)	
1	2	3	4	5	6	7	8	9	10	11	12	13
Zusammen im Hauptamtsbezirke												
Im Vorjahre . . .												
Also 19 . . . . mehr . . . / weniger												

Abzuschneiden.

Von den in Spalte 13 aufgeführten Bierbrauereien haben vorwiegeud bereitet				Menge des verwendeten Malzes	Davon (Spalte 18) wurden versteuert zum Steuersatze von									
obergäriges Bier		untergäriges Bier			4 Mark	4,5 Mark	5 Mark	5,5 Mark	6 Mark	6,5 Mark	7 Mark	8 Mark	9 Mark	10 Mark
gewerbliche	nicht gewerbliche	gewerbliche	nicht gewerbliche	dz	dz	dz	dz	dz	dz	dz	dz	dz	dz	dz
14	15	16	17	18	19	20	21	22	23	24	25	26	27	28

Außerdem wurden Zuckerstoffe verwendet	Menge des gewonnenen Bieres			Betrag der Brausteuer			Es treten hinzu		Gesamteinnahme vom Bier
	obergäriges	untergäriges	zusammen	Roh-Solleinnahme (einschließlich der Nacherhebungen und abzüglich der Erstattungen für unrichtige Erhebungen	Ab: Steuervergütungen für ausgeführtes Bier	Bleiben	Übergangsabgabe vom Bier	Eingangszoll vom Bier	
dz	hl	hl	hl	ℳ | ₰	ℳ | ₰	ℳ | ₰	ℳ | ₰	ℳ | ₰	ℳ | ₰
29	30	31	32	33	34	35	36	37	38

Zahl der Haushaltungen, in denen die Bereitung von steuerfreiem Haustrunke stattfindet	Besteuerte Essigbrauereien			Bemerkungen
	Zahl	Steuerentrichtung		
		ℳ	₰	
39	40	41		42

Muster 20.
(AusfBest. § 75.)

Bundesstaat: ....
Verwaltungsbezirk (für Preußen): ....
Hauptamtsbezirk: ....
Einsendungsfrist 1. August.

Braustoffverbrauch, Bier- und Essigerzeugung sowie Steuerzahlung der einzelnen Brauereiarten

im Rechnungsjahr 19.......

Anleitung.

1. Die von den Hauptämtern aufzustellende Nachweisung hat den ganzen Hauptamtsbezirk, die von der Direktivbehörde aufzustellende den ganzen Direktivbezirk (Bundesstaat) zu umfassen.
2. Die Ziffern 1 bis 4 der Anleitung auf Muster 19 finden entsprechende Anwendung.

3. In Spalte 16 sind die Beträge einzutragen, die für alles aus den in Spalte 1 und 2 nachgewiesenen Brauereien stammende und ausgeführte Bier vergütet worden sind, also einschließlich der an Nichtbrauer des eigenen oder eines anderen Bezirkes gezahlten Vergütungen. Die Beträge sind den „endgültigen Berechnungen der Brausteuervergütungen (§ 18 der Brausteuer-Vergütungsordnung)“ zu entnehmen.

Der innerhalb des Rechnungsjahrs im Betriebe gewesenen Brauereien			Verbrauch von Malz und Zuckerstoffen						
Art	Zahl	Darunter (Spalte 2) Brauereien, die Zuckerstoffe verwendeten	Malz			Zuckerstoffe			
			Geschrotetes Gerstenmalz dz	Geschrotetes Weizenmalz dz	Anderes Malz dz	Rohr- oder Rübenzucker dz	Stärkezucker dz	Zuckercouleur dz	Sonstige Zuckerstoffe dz
1	2	3	4	5	6	7	8	9	10
I. **Gewerbliche Bierbrauereien,**									
a) **die vorwiegend obergäriges Bier herstellten** und									
1. Vermahlungssteuer entrichteten									
2. der Abfindung unterworfen waren									
3. auf Brauanzeige steuerten									
zusammen I a . . .									

b) die vorwiegend untergäriges Bier herstellten und 1. Vermahlungssteuer entrichteten . . . . 2. der Abfindung unterworfen waren . . . . 3. auf Brauanzeige steuerten									
zusammen **I b** . . .									
zusammen **I** . . .									
II. Nichtgewerbliche Bierbrauereien, a) die vorwiegend obergäriges Bier herstellten . . . . b) die vorwiegend untergäriges Bier herstellten									
zusammen **II** . . .									
Bierbrauereien überhaupt . . .									
III. Essigbrauereien: 1. Vermahlungssteuer zahlende 2. der Abfindung unterworfene 3. auf Brauanzeige steuernde . .									
zusammen **III** . . .									

Biererzeugung			Essigerzeugung	Gezahlte Brausteuer		Für ausgeführtes Bier, das aus den in Spalte 1 und 2 aufgeführten Brauereien stammte, sind an Ausfuhrvergütung gezahlt worden		Bemerkungen
Obergäriges Bier	Untergäriges Bier	Zusammen (Spalte 11 u. 12)						
hl	hl	hl	hl	ℳ	₰	ℳ	₰	
11	12	13	14	15		16		17

Muster 21.
(AusfBest. § 75.)

Bundesstaat: ....

Verwaltungsbezirk: .... (für Preußen).

Hauptamtsbezirk: ....

Einsendungsfrist 1. August.

Die im Betriebe gewesenen Brauereien nach dem Malzverbrauch

im Rechnungsjahr 19..........

Anleitung.

Diejenige Brauerei, die innerhalb des Bezirkes die größte Malzmenge verbraucht hat, und alle Brauereien mit 50000 dz Malzverbrauch und darüber sind in Spalte 19 namentlich mit Hinzufügung des Malzverbrauchs und der Sorte des hergestellten Bieres anzugeben.

Verbrauchte Malzmenge	Zahl der								
	I. Gewerbliche Bierbrauereien, die vorwiegend herstellen:							II. Nicht ge= die vor=	
	obergäriges Bier			untergäriges Bier			Zusammen Spalten 2 bis 7	obergär. Bier	
	Vermahlungssteuer entrichtende	Der Abfindung unterworfene	Auf Brauanzeige steuernde	Vermahlungssteuer entrichtende	Der Abfindung unterworfene	Auf Brauanzeige steuernde		Der Abfindung unterworfene	Auf Brauanzeige steuernde
1	2	3	4	5	6	7	8	9	10
Bis 5 dz									
Über 5 bis 15 "									
" 15 " 30 "									
" 30 " 75 "									
" 75 " 150 "									
" 150 " 250 "									
" 250 " 500 "									
" 500 " 750 "									
" 750 " 1000 "									
" 1000 " 1500 "									
" 1500 " 2000 "									
" 2000 " 3000 "									
" 3000 " 4000 "									
usw. in Stufen von 1000 zu 1000 dz.									

Brauereien								
…werbl. Bierbrauereien, …wiegend herstellen:			Summe aller Bierbrauereien (Spalte 8 und 13)	III. Essigbrauereien				Bemerkungen
…untergär. Bier		Zusammen Spalten 9 bis 12		Vermahlungssteuer entrichtende	Der Abfindung unterworfene	Auf Brauanzeige steuernde	Zusammen Spalten 15 bis 17	
Der Abfindung unterworfene	Auf Brauanzeige steuernde							
11	12	13	14	15	16	17	18	19

Anlage I.

Brausteuervergütungsordnung.

Allgemeine Bestimmungen.

§ 1. Für das unter steuerlicher Überwachung über die Zollgrenze oder nach den nicht zum norddeutschen Brausteuergebiete gehörigen deutschen Staaten und Gebietsteilen ausgeführte, innerhalb des Brausteuergebiets hergestellte Bier wird eine Vergütung der Brausteuer dann gewährt, wenn der zu vergütende Betrag für eine auf einmal zur Abfertigung kommende Biersendung sich nach dem vorläufigen Vergütungssatze (§ 4) auf mindestens 1 Mk. berechnet.

§ 2. (1) Auf die Brausteuervergütung kann unter nachstehenden Bedingungen Anspruch erhoben werden:

a) Mindestens 14 Tage vor der ersten Abfertigung von Bier zur Ausfuhr ist der Steuerhebestelle, in deren Bezirke das Geschäft des Versenders (Brauerei, Bierniederlage usw.) liegt, die Absicht, innerhalb des Rechnungsjahrs Bier unter Inanspruchnahme der Steuervergütung auszuführen, schriftlich anzuzeigen. Hierbei sind die Brauerei, die das zur Ausfuhr bestimmte Bier braut, die Sorte des auszuführenden Bieres (z. B. Versandbier der Aktienbrauerei Schultheiß in Berlin, Bockbier der Schloßbrauerei zu Schöneberg bei Berlin) und die Keller, in denen das Bier gelagert werden soll, näher zu bezeichnen.

Jede Änderung der Bezugsquelle oder der Sorte des auszuführenden Bieres oder der Lagerräume ist gleichfalls der Steuerhebestelle anzuzeigen.

b) Die Versender müssen über die Herstellung oder den Bezug und über den Absatz des Bieres ordnungsmäßige Bücher führen, die auf Verlangen den Oberbeamten der Steuerverwaltung zur Einsicht vorzulegen sind.

c) Die Steuerbeamten sind berechtigt, die Lagerkeller zu betreten und eine Prüfung des Biervorrats vorzunehmen.

d) Brauer dürfen gegen Steuervergütung nur Bier ausführen, das in ihrer eigenen Brauerei gebraut worden ist.

e) Nichtbrauer können Steuervergütung nur

für solches Bier beanspruchen, auf dessen Umschließungen die Brauerei, aus der das Bier stammt, und die Biersorte angegeben sind.

f) Zur Bierausfuhr mit dem Anspruch auf Brausteuervergütung dürfen nur amtlich geeichte Fässer, auf denen der Eichstempel, das Jahr der Eichung und der Raumgehalt deutlich eingebrannt sind, oder Flaschen verwendet werden.

In das einzelne Packstück dürfen nur Flaschen von gleicher Größe verpackt werden.

Fässer müssen spundvoll, Flaschen bis in den Hals hinein gefüllt sein.

(2) Der Anspruch auf Brausteuervergütung wird begründet durch die amtliche Bescheinigung des Ausganges der Biersendung über die Zollgrenze oder ihres Einganges in einem nicht zur norddeutschen Brausteuergemeinschaft gehörigen deutschen Staate oder Gebietsteile.

§ 3. Die Hebestelle hat die Anzeige (§ 2a) dem Hauptamt einzureichen, das, sofern die Brauerei, in der das zur Ausfuhr bestimmte Bier gebraut werden soll, in seinem Bezirke liegt, den vorläufigen Vergütungssatz für die auszuführende Biersorte (§ 4) festsetzt, andernfalls das zuständige Hauptamt um diese Festsetzung ersucht und den festgesetzten vorläufigen Vergütungssatz der Hebestelle und dem Anmeldenden mitteilt.

Höhe der Steuervergütung.

a) Vorläufiger Vergütungssatz.

§ 4. (1) Für jede Brauerei, deren Bier unter Inanspruchnahme der Brausteuervergütung ausgeführt werden soll, und, falls in einer solchen Brauerei Biere mit wesentlich verschiedenem Gehalt an Alkohol und Extraktivstoffen gebraut werden (z. B. wenn in einer Brauerei untergäriges Lagerbier und untergäriges Dünn- oder Einfachbier oder untergäriges Bier und obergäriges Bier hergestellt werden), für jede dieser Biersorten hat das Hauptamt aus dem zu ermittelnden Durchschnittsverbrauche steuerpflichtiger Braustoffe zu einem Hektoliter der betreffenden Biersorte während der letzten vier Vierteljahre zu berechnen, welcher Betrag an Brausteuer bei Zugrundelegung eines Brausteuersatzes von 6 Mk. für einen Doppelzentner Malz auf ein Hektoliter der Biersorte in verkaufsfertigem Zustand entfallen sein würde. Das auf volle 10 Pfg. nach unten abgerundete Ergebnis dieser Berechnung bildet den vorläufigen Vergütungssatz, der bei der Ausfuhr der betreffenden Biersorte zu gewähren ist.

(2) Über die Höhe dieses Satzes ist jedem Hauptamt, aus dessen Bezirke solches Bier ausgeführt werden soll (§ 3), eine Bescheinigung zu erteilen.

(3) Das Hauptamt, in dessen Bezirke die Brauerei liegt, hat über die von ihm festgesetzten vorläufigen Vergütungssätze (Abs. 1) und erteilten Bescheinigungen (Abs. 2) ein Verzeichnis nach Muster A zu führen, das am Jahresschlusse mit den Berechnungen der endgültigen Vergütungen (§§. 5 und 18) der Direktivbehörde einzureichen ist.

Muster A.

b) Endgültige Vergütungen.

§ 5. (1) Die nach dem vorläufigen Vergütungssatze (§ 4) berechnete Vergütung wird erhöht:

um vier Sechstel, insoweit von der Brauerei im Laufe des Rechnungsjahrs die Brausteuer zum Satze von 10 Mk. entrichtet worden ist;

um drei Sechstel, insoweit die Brausteuer zum Satze von 9 Mk. entrichtet worden ist;

um zwei Sechstel, insoweit die Brausteuer zum Satze von 8 Mk. entrichtet worden ist;

um ein Sechstel, insoweit die Brausteuer

zum Satze von 7 Mk. entrichtet worden ist;

um ein Zwölftel, insoweit die Brausteuer zum Satze von 6,50 Mk. entrichtet worden ist.

(2) Die nach dem vorläufigen Vergütungssatze berechnete Vergütung wird ermäßigt:

um ein Zwölftel, insoweit die Brausteuer zum Satze von 5,50 Mk. gezahlt worden ist;

um zwei Zwölftel, insoweit die Brausteuer zum Satze von 5 Mk. gezahlt worden ist;

um drei Zwölftel, insoweit die Brausteuer zum Satze von 4,50 Mk. gezahlt worden ist;

um vier Zwölftel, insoweit die Brausteuer zum Satze von 4 Mk. gezahlt worden ist.

(3) In allen Fällen wird die Vergütung zunächst nach dem vorläufigen Vergütungssatze gewährt. Erst am Schlusse des Rechnungsjahrs wird die endgültige Vergütung berechnet und festgestellt, ob eine Nachzahlung oder Rückerhebung zu erfolgen hat.

(4) Sämtliche Vergütungsbeträge werden auf volle 5 Pfg. nach unten abgerundet.

Ausfuhranmeldung.

Muster B.

§ 6. (1) Wer Bier mit dem Anspruch auf Steuervergütung ausführen will, hat der Steuerhebestelle, in deren Bezirke sein Geschäft liegt und der die Anzeige gemäß § 2a erstattet worden ist, eine Ausfuhranmeldung nach Muster B in doppelter Ausfertigung einzureichen.

(2) Einer gleichzeitigen Vorführung des auszuführenden Bieres bedarf es nicht.

Muster C.

§ 7. (1) Die Hebestelle führt über die Ausfuhranmeldungen ein Bierausfuhr-Anmeldebuch nach Muster C, das am Schlusse des Monats April des nächstfolgenden Rechnungsjahrs mit den zweiten Ausfertigungen der bis dahin erledigten Ausfuhranmeldungen dem Hauptamte zur Vorlegung an die Direktivbehörde einzureichen ist.

(2) Die Ende April noch unerledigten Eintragungen sind in das Anmeldebuch für das folgende Jahr zu übertragen.

(3) Die erste Ausfertigung der Ausfuhranmeldung gibt die Hebestelle, insofern die Abfertigung der Biersendung nicht von ihr selbst vorzunehmen ist, nach Abgabe des Buchungsvermerkes auf Seite 1 dem Anmelder zurück.

Abfertigung.

§ 8. Der Anmelder hat das zur Ausfuhr bestimmte Bier mit der ihm zurückgegebenen einen Ausfertigung der Ausfuhranmeldung, welche die Sendung begleiten muß, dem zur weiteren Abfertigung gewählten Amte vorzuführen.

§ 9. Zu diesen Abfertigungen sind sämtliche Hauptämter und die von den obersten Landesfinanzbehörden zur Vornahme von Bierabfertigungen ermächtigten Amtsstellen befugt.

§ 10. (1) Die Abfertigung besteht in allen Fällen in der Feststellung des Literinhalts der Fässer und Flaschen. Außerdem hat sich das abfertigende Amt davon zu überzeugen, daß die Umschließungen unverdorbenes Bier von der angemeldeten Sorte enthalten und nach Vorschrift (§ 2f) befüllt sind.

(2) Ist auf den Fässern die nach § 2f erforderliche eichamtliche Raumgehaltsbezeichnung nicht erkennbar oder bestehen sonst gegen die Richtigkeit des angegebenen Faßinhalts Bedenken, oder sind Gebinde etwa infolge von Leckage nicht spundvoll und läßt sich die fehlende Menge nicht bei einiger Sicherheit schätzen, so hat eine amtliche Vermessung des Fasses mittelst des Längen- und Höhenmessers und des geeichten Maßstabs und eine

Berechnung des Inhalts nach den Vorschriften der Conradischen Anleitung zur Bestimmung der Brennerei- und Brauereigeräte einzutreten.

(3) Bei der Abfertigung von Bier in Flaschen zur Ausfuhr ist die Größe der Flaschen, ihre Zahl, die Gesamtmenge und Beschaffenheit des Bieres durch probeweise Prüfung festzustellen.

(4) Die Prüfung des Raumgehalts der Flaschen kann unterbleiben, wenn die Brauerei, aus der die Flaschen stammen, bei dem Abfertigungsamte Proben der von ihr benutzten Flaschen unter Angabe ihres vom Abfertigungsamte nachzuprüfenden Raumgehalts hinterlegt und sich verpflichtet, andere Flaschen als solche von der Art der hinterlegten Proben für die Bierausfuhr nicht zu benutzen. In diesem Falle kann die Abfertigung auf die Feststellung, daß die auszuführenden Flaschen den hinterlegten Proben entsprechen, beschränkt und der angegebene Inhalt als richtig angenommen werden, wenn er mit dem der entsprechenden Probeflaschen übereinstimmt.

§ 11. (1) Die abgefertigten Biersendungen sind, soweit das Abfertigungsamt nicht selbst ihren Ausgang überwachen läßt, unter amtlichen Verschluß zu setzen und dem vom Versender gewählten Ausgangsamt — insoweit eine Ausfuhr nach den nicht zur Brausteuergemeinschaft gehörigen deutschen Staaten und Gebietsteilen in Frage kommt, dem gewählten Eingangsamt — unter Gewährung einer angemessenen Gestellungsfrist zu überweisen.

(2) Das Ergebnis der Abfertigung, die Anlegung der Verschlüsse, die Gestellungsfrist usw. sind in die Ausfuhranmeldung einzutragen.

(3) Wenn neben der Ausfuhranmeldung über das zu versendende Bier ein Übergangsschein ausgefertigt werden muß, so ist in jeder dieser Bezettelungen auf die andere Bezug zu nehmen.

(4) Über die Abfertigungen der zur Ausfuhr bestimmten Biersendungen führt das Abfertigungsamt ein Bier-Abfertigungsbuch nach Muster D. Muster D

Ausgangs-(Eingangs-)bescheinigung.

§ 12. Der Versender hat das abgefertigte Bier mit der hinsichtlich der erfolgten Abfertigung bescheinigten Ausfuhranmeldung und unter Erhaltung der angelegten Verschlüsse innerhalb der von dem Abfertigungsamte gewährten Gestellungsfrist dem gewählten Ausgangs- oder Eingangsamte vorzuführen.

§ 13. (1) Das Ausgangsamt kann sich, soweit nicht nach seinem Ermessen oder nach den Umständen, z. B. im Falle einer während der Versendung stattgehabten Leckage, eine weitere Prüfung erforderlich ist, auf die Vergleichung der Zahl und Zeichen der Gebinde und Packstücke und auf die Abnahme des Verschlusses beschränken. Die demnächst erfolgte Ausfuhr über die Zollgrenze hat das Ausgangsamt auf Grund der eigenen Wahrnehmungen oder auf Grund der Angaben der Begleitungs- oder Überwachungsbeamten auf der Ausfuhranmeldung zu bescheinigen.

(2) Das Ausgangsamt hat über die ausgegangenen Biersendungen ein Bier-Ausgangsbuch nach Muster E zu führen.

Muster E.

§ 14. (1) Zur Erteilung der Ausgangsbescheinigung sind sämtliche Hauptämter und Nebenzollämter I. Klasse an den Grenzen gegen das Zollausland befugt. Anderen Amtsstellen wird nach Bedürfnis die Ermächtigung zur Bescheinigung des Ausganges von der obersten Landesfinanzbehörde erteilt.

(2) Die Eingangsbescheinigung bei Sendungen nach den nicht zur Brausteuergemeinschaft gehörigen deutschen Staaten und Gebietsteilen

ist nach der Wahl des Warenführers entweder von der Amtsstelle des Bestimmungsorts oder von der an der Grenze gegen das Brausteuergebiet gelegenen Übergangsabfertigungsstelle, über die der Eingang erfolgt, zu erteilen.

(3) Die Ausfuhranmeldungen sind nach Abgabe der Ausgangs- oder Eingangsbescheinigung von der bescheinigenden Behörde ohne Zeitverlust der auf Seite 1 der Ausfuhranmeldung angegebenen Hebestelle zurückzusenden.

Besondere Vergünstigung bei der Ausfuhr von Bier nach Bayern, Württemberg, Baden und Elsaß-Lothringen, wenn die Versendung nicht mit der Eisenbahn erfolgt.

§ 15. Im Falle eines örtlichen Bedürfnisses kann auf Grund besonderer, von der Direktivbehörde zu erteilender Ermächtigung bei der Ausfuhr von Bier nach Bayern, Württemberg, Baden und Elsaß-Lothringen, sofern die Versendung nicht mit der Eisenbahn stattfindet, von der Vorführung des Bieres zur Ausgangsabfertigung und Verschlußanlegung unter nachstehenden Bedingungen ganz abgesehen werden:

a) Die Einreichung der Ausfuhranmeldung bei der Steuerhebestelle (§ 6) hat mindestens einen halben Tag vor der Absendung des Bieres zu erfolgen. Die dem Versender von der Hebestelle zurückgegebene, mit dem Eintragungsvermerke versehene Ausfertigung der

Ausfuhranmeldung muß die Sendung begleiten.

b) Den Steuerbeamten steht jederzeit das Recht zu, die Übereinstimmung der Ausfuhranmeldung mit der Biersendung und die Erfüllung der für die Gewährung der Steuervergütung vorgeschriebenen Bedingungen einer Prüfung zu unterziehen.

c) Neben der von der Amtsstelle des Bestimmungsorts oder der Übergangsabfertigungsstelle auf der Ausfuhranmeldung abzugebenden Eingangsbescheinigung ist zur Begründung des Anspruchs auf Steuervergütung die Beibringung einer Empfangsbescheinigung über die von dem ausgeführten Biere im Bestimmungsland entrichtete Übergangsabgabe erforderlich. Die Beibringung dieser Empfangsbescheinigung liegt dem Versender ob.

d) Der Berechnung der Steuervergütung wird nur die Biermenge zugrunde gelegt, von der die Übergangsabgabe erhoben worden ist, falls aber diese Menge größer ist als die in der Ausfuhranmeldung angemeldete, nur die letztere.

Vorläufige Berechnung und Zahlung der Vergütungen.

§ 16. Auf Grund der mit Ausgangs-(Eingangs-)bescheinigung wieder eingegangenen Ausfuhranmeldungen hat die Steuerhebestelle die für die ausgeführten Biermengen nach dem vorläufigen Vergütungssatze zu gewährenden Vergütungen zu berechnen und im Bierausfuhr-Anmeldebuche zu vermerken. Dabei ist, wenn bei der Abfertigung oder beim Ausgang eine größere als die angemeldete Litermenge ermittelt worden ist, nur letztere für die Berechnung der Vergütung maßgebend.

§ 17. (1) Am Schlusse des Vierteljahrs beantragt die Hebestelle mittelst einer nach Muster F aufzustellenden Nachweisung, die Muster F mit den erledigten Ausfuhranmeldungen zu belegen ist und sämtliche im Laufe des Vierteljahrs eingegangene Ausgangs-(Eingangs-) bescheinigungen zu umfassen hat, bei dem vorgesetzten Hauptamte die Auszahlung der Vergütungen.

(2) Das Hauptamt hat die vorläufig zu vergütenden Beträge in der Nachweisung festzusetzen und mit Beginn des zweiten auf das Vierteljahr, in dem die Ausfuhr stattgefunden hat, folgenden Viertelsjahrs an den Versender vorschußweise zu zahlen oder zahlen zu lassen.

(3) Insoweit hierbei Vergütungen für Bier in Frage kommen, das nicht im Bezirke des die Vergütung zahlenden Hauptamts gebraut worden ist, ist dem Hauptamt, in dessen Bezirke die Brauerei liegt, sofort nach erfolgter

Festsetzung der Vergütung ein bescheinigter Auszug aus der Nachweisung zu übersenden.

Endgültige Festsetzung und Zahlung der Vergütungen.

§ 18. (1) Die Gewährung der endgültigen Vergütungen und deren Abstufung nach der von den Brauereien zu den einzelnen Staffelsätzen gezahlten Brausteuer (§ 5) erfolgt nach dem Grundsatze, daß von einer Brauerei nur so viel Braustoffe versteuert werden sollen, als sie zur Herstellung des innerhalb des Brausteuergebiets verbrauchten Bieres verwendet hat. Die Vergütung wird daher zunächst unter Zugrundelegung des höchsten Staffelsteuersatzes, den die Brauerei innerhalb des Rechnungsjahrs entrichtet hat, berechnet und nach dem so berechneten Betrag auch geleistet, sofern die von der Brauerei zu dem betreffenden höchsten Staffelsteuersatze gezahlte Brausteuer den berechneten Vergütungsbetrag erreicht (Beilage G); insoweit dies nicht der Fall ist, wird der überschießende Teil der berechneten Vergütung im Verhältnisse des in Frage kommenden höheren zum nächst niederen Staffelsteuersatze (also im Verhältnisse von 10 zu 9 oder von 9 zu 8 oder von 8 zu 7 usw.) gemindert. Übersteigt der so geminderte Teil der berechneten Vergütung wiederum den zu dem betreffenden niederen Staffelsatze gezahlten Brausteuerbetrag, so ist der Mehrbetrag in gleicher Weise weiter zu kürzen und so weiter, bis sich ein Mehrbetrag nicht mehr ergibt.

(2) Die Bierausfuhren der Nichtbrauer werden der Brauerei zugeschlagen, die das Bier gebraut hat; der auf diese Bierausfuhren entfallende Teil der erhöhten Vergütungen wird dem Nichtbrauer zugewiesen.

§ 19. (1) Am Schlusse des Rechnungsjahrs hat das Hauptamt, in dessen Bezirke die Brauerei liegt, auf Grund der festgesetzten Nachweisungen über die aus seinem Bezirk ausgeführten Biermengen (§ 17 Abs. 1 und 2) und der ihm zugegangenen Auszüge aus den Nachweisungen über die aus anderen Hauptamtsbezirken ausgeführten Biermengen (§ 17 Abs. 3) für sämtliches aus einer Brauerei stammende und zur Ausfuhr gekommene Bier die endgültige Vergütung zu berechnen.

(2) Die Berechnungen, für deren Aufstellung die in den Beilagen G, H und J dargestellten Beispiele als Anleitung zu dienen haben, sind der vorgesetzten Direktivbehörde in doppelter Ausfertigung mit den Nachweisungen über die ausgeführten Biermengen und den Auszügen aus solchen (§ 17) nebst Belegen und

Muste. G, H,

dem Verzeichnisse der festgesetzten vorläufigen Vergütungssätze (§ 4) einzureichen.

§ 20. (1) Die Direktivbehörde stellt die zu vergütenden Brausteuerbeträge fest und erteilt hierüber an die unterstellten Hauptämter, insoweit die Empfangsberechtigten oder zur Rückzahlung Verpflichteten in deren Bezirken wohnen, Anweisung zur Zahlung oder Rückerhebung unter Zufertigung je einer Ausfertigung oder beglaubigten Abschrift der geprüften und bescheinigten Berechnungen (§ 19) zum Rechnungsbelege.

(2) Insoweit die Empfangsberechtigten oder zur Rückzahlung Verpflichteten im Bezirk einer anderen Direktivbehörde wohnen, ist dieser eine Ausfertigung oder beglaubigte Abschrift der geprüften und bescheinigten Berechnung zuzustellen und die Anweisung zur Zahlung oder Rückerhebung zu überlassen.

Übergangsbestimmungen.

§ 21. Die Brausteuervergütungen nach Maßgabe dieser Ordnung werden für das vom 1. Oktober 1906 ab ausgeführte Bier geleistet. Für Bier, das bis zum 30. September 1906 ausgeführt wird, wird die Ausfuhrvergütung nach den bisherigen „Vorschriften, betreffend die Rückvergütung der Brausteuer bei der Ausfuhr von Bier“ gewährt.

Haupt-Steueramt:
Königsberg II.

Muster A.
(Braust.Vergütungsordn
§ 4.)

Verzeichnis

der

festgesetzten vorläufigen Vergütungssätze für die
Ausfuhr von Bier

im Rechnungsjahr 1906.

Laufende Nummer der Festsetzungen	Die auszuführende Biersorte wird gebraut in der Brauerei des (Name des Besitzers)	zu (Ort)	Bezeichnung der Biersorte	Von der in Spalte 4 bezeichneten Biersorte sind in dem Zeitraume von — bis	hergestellt (verkaufsfertiges Bier) hl	Hierzu (Sp. 6) sind an steuerpflichtigen Braustoffen verbraucht dz	kg	Auf 1 hl der Biersorte entfällt daher an Brausteuer zum Satze von 6 Mk. für 1 dz Mk.	Pf.
1	2	3	4	5	6	7		8	
1	Friedr Kunze	Camstigall	Doppelbier (obergärig)	1. Juli 1905 bis 30 Juni 1906	2120	485	77	1	37
2									

Der vorläufige Vergütungssatz für 1 hl der in Spalte 4 bezeichneten Biersorte wird hiernach festgesetzt auf		Nichtbrauer, welche die in den Spalten 2 bis 4 bezeichnete Biersorte unter Inanspruchnahme der Brausteuervergütung auszuführen beabsichtigen,			Der vorläufige Vergütungssatz (Spalte 9) ist dem Hauptamte (Spalte 12) mitgeteilt am	Bemerkungen
Mk.	Pf.	Name	Ort des Geschäfts	Hauptamtsbezirk		
9		10	11	12	13	14
1	30	Fritz Kempka	Königsberg i. Pr.	Königsberg II	—	
		Adolf Pruss	Danzig	Danzig	10. 9. 06	

Muster B.

(BraustVergütungsordn. § 6.)

Direktivbezirk: Königsberg.

Steuerhebestelle: Steueramt Fischhausen.

Eingetragen in das Bierausfuhr-Anmeldebuch für das Rechnungsjahr 1906 unter Nr. 3.

Der vorläufige Vergütungssatz ist festgestellt auf 1,30 Mk.

N. N.
Steuereinnehmer.

Anmeldung

zur

Ausfuhr von Doppelbier aus der Brauerei des Friedrich Kunze zu Camstigall, Hauptamtsbezirk Königsberg II, mit dem Anspruch auf Brausteuervergütung.

Versender	des Bieres	Friedrich Kunze zu Camstigall.
Empfänger		Knut Ericksen zu Stockholm.

Die Abfertigung soll stattfinden bei dem Nebenzollamt I in Pillau.

Die Ausfuhr über die Zollgrenze ~~Der Eingang in einen nicht zur Brausteuergemeinschaft gehörigen deutschen Staat oder Gebietsteil~~	soll stattfinden über das Nebenzollamt I in Pillau.

Anleitung zum Gebrauche.

1. Auf der Außenseite ist vom Anmelder die Biersorte, die zur Ausfuhr kommen soll, und die Brauerei, aus der sie stammt, ferner Name und Wohnort des Versenders und Empfängers, das Amt, bei dem die Abfertigung der Biersendung stattfinden soll (Abfertigungsamt), und das Amt, über das der Ausgang über die Zollgrenze (Ausgangsamt) — bei Sendungen nach Bayern, Württemberg, Baden und Elsaß-Lothringen: der Eingang in diese Staaten oder Gebietsteile (Eingangsamt) — erfolgen soll, anzugeben.
2. Zu Spalte 4 auf Seite 2. Sämtliche Flaschen eines Packstücks müssen von gleicher Größe sein.
3. Der Anmelder hat die Anmeldung auf Seite 2 unter Beifügung von Ort und Tag der Anmeldung durch Namensunterschrift zu vollziehen. Er übernimmt damit die Verantwortung für die Richtigkeit sämtlicher in der Anmeldung enthaltenen Angaben.

Angaben des Versenders						
Menge des auszuführenden Bieres						Bemerkungen des Versenders
in Fässern		in Flaschen			Gesamtmenge des auszuführenden Bieres (Sp. 2 u. Sp. 5) in Ziffern und Buchstaben	
Anzahl, Zeichen und Nummer der Fässer	Inhalt der einzelnen Fässer Liter	Zahl, Zeichen und Nummer der Packstücke (Kisten)	Zahl und Literinhalt der Flaschen in jedem Packstücke	Gesamtmenge des Bieres in Flaschen i. jedem Packstücke Liter	Liter	
1	2	3	4	5	6	7
5 Fässer		3 Kisten				Zur Verladung
F K 435	45	F K 31	50 Flaschen zu 0,4 l	20		und Ausfuhr mit Dampfer „Frederic“.
„ 436	40	„ 32	30 „ „ 0,4 l	12		
„ 437	50	„ 33	40 „ „ 0,4 l	16		
„ 438	35		//	48		
„ 439	25				243	

Zweihundert-dreiundvierzig Liter	
195	

Camstigall, den 15. Oktober 1906.

Friedrich Kunze.

Befund und Abfertigung

Nummer des Bierabfertigungsbuchs	Nähere Bezeichnung des zur Abfertigung vorgeführten Bieres	Inhalt der in Spalte 1 bezeichneten Fässer nach dem Eichstempel Liter	Zahl der in den einzelnen Packstücken (Sp. 3) befindlichen Flaschen von gleicher Größe	Inhalt im einzelnen der in den einzelnen Packstücken (Sp. 3) befindlichen Flaschen von gleicher Größe Liter	Gesamtmenge des in den Flaschen jedes Packstücks befindlichen Bieres Liter	Gesamtmenge des abgefertigten Bieres Liter	Bemerkungen über a) Ermittelung des Inhalts und Vermessung der Fässer; b) probeweise Ermittelung des Inhalts der Flaschen; c) Anlegung amtlicher Verschlüsse; d) Ausfertigung eines Uebergangsscheins.
8	9	10	11	12	13	14	15
2	Doppel-	45	50	0,4	20		a) Fass F K 437 trocken nachgemessen, da Eichstempel nicht deutlich. Raumgehalt zu 50,1 l ermittelt. Inhalt geprüft.
	bier aus der	40	30	0,4	12		b) 1 Flasche aus Kiste F K 32 und 1 Flasche aus Kiste F K 33 nachgemessen und den Inhalt geprüft.
	Brauerei zu Cam-	50	40	0,4	16		
	stigall	35		//	48		
		25					
	//	195				243	

						Zweihundertdreiundvierzig Liter

Pillau, den 17. Oktober 1906.

Die Abfertigungsbeamten

Linke,
Zollsekretär.

Pörsch,
Revisionsaufseher.

Ausgangsbescheinigungen.

A. a) Umseitig bezeichnete Fässer und Kisten sind in den Dampfer „Frederic" verladen worden, der unter besonderer amtlicher Bewachung steht.

Pillau, den 17. Oktober 1906.

Linke, Zollsekretär. **Pörsch,** Revisionsaufseher.

b) Dampfer „Frederic" unter meinen Augen $2^1/_2$ Uhr nachmittags über die Seegrenze ausgegangen.

Pillau, den 18. Oktober 1906.

Schaudinn, Grenzaufseher.

c) Die Ausfuhr des umseitig bezeichneten Bieres wird auf Grund der vorstehenden Bescheinigungen hiermit bestätigt.

Bier-Ausgangsbuch Nr. 4.

Pillau, den 19. Oktober 1906.

Königliches Nebenzollamt I.

(Stempel.) (Unterschriften.)

~~B. a)~~ Umseitig bezeichnete Fässer und Kisten sind in den Güterwagen Nr. .... der .... Eisenbahn verladen, der heute .... mittag .... Uhr mit .... Schlössern (Serie ....) verschlossen, der Eisenbahnverwaltung zur Vorführung binnen .... Tagen bei dem .... amte zu .... übergeben ist.

.................., den ....ten.................. 19....

(Stempel.) (Firma.) (Unterschriften.)

Die Vordrucke f. d. Ausgangsbescheinigungen können nach den

örtl. Verhältnissen abgeänd. werden.

b) Der vorbezeichnete Güterwagen ist am .... ten .... mittags .... Uhr hier eingetroffen und nach Abnahme des unverletzten Verschlusses sofort über die Grenze ausgegangen.

Bier-Ausgangsbuch Nr. ....

........................, den .... ten .... 19....

(Stempel.)

(Firma.)
(Unterschriften.)

c. Umseitig bezeichnete Fässer und Kisten sind heute .... mittag .... Uhr unter Belassung des nach Spalte 15 angelegten Verschlusses von hier abgelassen und nunmehr binnen .... Tagen dem .... amte zu .... behufs Bescheinigung des Ausgangs / Eingangs zu gestellen.

........................, den .... ten .... 19....

(Stempel.)

(Firma.)
(Unterschriften.)

Eingangsbescheinigung

(für Sendungen nach den betreffenden Vereinsländern).

Daß die umseitig bezeichneten .... Fässer mit Bier und .... Packstücke mit Bier in Flaschen hier unter unverletztem Verschluß eingegangen sind, wird hiermit bescheinigt.

........................, den .... ten .... 19....

(Stempel.)

(Firma.)
(Unterschriften.)

Die betreffende Amtsstelle wird ersucht, nach Abgabe der Ausgangs- bzw. Eingangsbescheinigung diese Anmeldung unmittelbar der auf Seite 1 bezeichneten Steuerhebestelle unter „Zollvereinssache" zurückzusenden.

Muster C.
(Braust.-Vergütungsordn. § 7.)

Steuerhebestelle: ....

Bierausfuhr-Anmeldebuch

für

das Rechnungsjahr 19..........

Das Buch enthält .... Blätter die mit einer angesiegelten Schnur durchzogen sind.

.............., den ....ten............ 19....

(Siegel.) ....

Bei Einreichung der Ausfuhranmeldung auszufüllen

Laufende Nummer	Tag der Anmeldung	Des Versenders		Des zur Ausfuhr angemeldeten Bieres		Der Brauerei			Vorläufiger Vergütungssatz für 1 hl		Die Abfertigung des Bieres soll stattfinden bei dem Amte zu	Der Ausgang (der Eingang) des Bieres soll stattfinden über das Amt zu
		Name und Stand	Wohnort	Menge Liter	nähere Bezeichnung (Sorte)	Bezeichnung (Name des Besitzers)	Ort	Hauptamtsbezirk	Mk.	Pf.		
1	2	3	4	5	6	7	8	9	10		11	12

Nach dem Wiedereingange der hinsichtlich des Ausganges (Einganges) des Bieres bescheinigten Anmeldung auszufüllen

Tag des Wiedereinganges der Anmeldung	Tag der Ausgangs- (Eingangs-) bescheinigung	Die ausgeführte Biermenge ist amtlich ermittelt a) bei der Abfertigung, b) beim Ausgange, c) bei der Erhebung der Uebergangsabgabe zu	Die Steuervergütung ist zu gewähren für Liter (kleinste der in Spalte 5 oder Spalte 15 eingetragenen Menge)	Die Steuervergütung nach dem vorläufigen Vergütungssatze (Spalte 10) für die ausgeführte Menge (Spalte 16) beträgt		ist beantragt in der Nachweisung		Bemerkungen
		Liter		Mk.	Pf.	für das Vierteljahr	unter Nr.	
13	14	15	16	17		18		19

Steuerstelle: .... **Muster D.**
(**Braust.Vergütungsordn.** § 11).

Bier-Abfertigungsbuch

für

das Rechnungsjahr 19 ....

Laufende Nummer	Die Anmeldung ist eingetragen im Bierausfuhr-Anmeldebuche		Des Versenders		Zur Ausfuhr angemeldete Biermenge nach Angaben des Versenders der Anmeldung	Abfertigung		Die Anmeldung ist zur Erteilung der Ausgangs-(Eingangs)bescheinigung überwiesen	
	des Amtes zu	unter Nr.	Name und Stand	Wohnort	Liter	Tag	Bei der Abfertigung ermittelte Biermenge Liter	dem Amte zu	am
1	2	3	4	5	6	7	8	9	10

Steuerstelle: .... **Muster E.**
(Braust.Vergütungsordn. § 13.)

Bier-Ausgangsbuch

für

das Rechnungsjahr 19.......

Laufende Nummer	Die Anmeldung ist eingetragen im Bierausfuhr-Anmeldebuche		Des Versenders		Zur Ausfuhr angemeldete Biermenge nach den Angaben des Versenders in der Anmeldung	Die Abfertigung des Bieres hat stattgefunden		Bei der Abfertigung ermittelte Biermenge	Der Ausgang ist erfolgt am	Die Anmeldung ist mit Ausgangsbescheinigung dem in Sp. 2 bezeichneten Amte zurückgesandt am
	des Amtes zu	unter Nr.	Name und Stand	Wohnort	Liter	bei dem Amte zu	unter Nr. des Abfertigungsbuchs	Liter		
1	2	3	4	5	6	7	8	9	10	11

Muster F.

(Braust.Vergütungsordn. § 17.)

Direktivbezirk: ....

Steuerhebestelle: ....

Nachweisung

der

mit dem Anspruch auf Brausteuervergütung aus dem Bezirke des ....amts zu .... versandten und im

.....ten **Vierteljahre des Rechnungsjahrs 19**..........

ausgeführten Biermengen nebst Berechnung der nach den vorläufigen Vergütungssätzen zu gewährenden Brausteuervergütungen.

Anleitung.

1. Alle Ausfuhrsendungen derselben Biersorte und desselben Versenders sind unter einer Nummer in die Nachweisung einzutragen.
2. Die Nachweisung ist sofort nach Ablauf des Vierteljahrs aufzustellen und mit sämtlichen im Laufe des Vierteljahrs erledigten Ausfuhranmeldungen (Spalte 10) belegt dem Hauptamte spätestens bis zum 10. Tage des ersten Monats des folgenden Vierteljahrs einzureichen.

Laufende Nummer	Des Versenders		Menge des ausgeführten Bieres (Sp. 16 des Bierausfuhranmeldebuchs)	Sorte des ausgeführten Bieres	Das Bier entstammt der Brauerei		
	Name und Stand	Wohnort	Liter		des (Bezeichnung, Name des Besitzers)	zu (Ort der Brauerei)	im Hauptamtsbezirke
1	2	3	4	5	6	7	8
1	H. Preuss, Bierverleger	Eydtkuhnen	200	Lagerbier	Akt.-Brauerei Ponarth	Ponarth	Königsberg II
	"	"	580		desgleichen		
	"	"	200		desgleichen		
	"	"	2000		desgleichen		
2	"	"	200	Grätzerbier	F. Kantorowitz	Posen	Posen
	"	"	200		desgleichen		
	"	"	200		desgleichen		

Die Ausfuhr ist nachgewiesen durch Ausgangs- (Eingangs-)bescheinigung des Amts zu	vom	Nummer der beigefügten Ausfuhranmeldung	Der vorläufige Vergütungssatz für 1 Hektoliter der ausgeführten Biersorte (Sp. 5 bis 8) ist festgestellt auf Mk.	Pf.	Die Brausteuervergütung nach dem vorläufigen Vergütungssatze (Spalte 11) berechnet sich für die einzelne Sendung (Spalte 4) auf Mk.	Pf.	für alle Ausfuhren derselben Biersorte durch denselben Versender auf Mk.	Pf.	Bemerkungen
9		10	11		12		13		14
Eydtkuhnen	15. 10. 06	3	1	50	3	—			
"	10. 11. 06	5	"	"	8	70			
Schirwindt	12. 11. 06	6	"	"	3	—			
Eydtkuhnen	20. 12. 06	7	"	"	30	—			
						=	44	70	
"	2. 10. 06	1	—	90	1	80			
"	4. 10. 06	2		"	1	80			
"	20. 10. 06	4		"	1	80			
						=	4	60	

Beilage G.

(Braust.Vergütungsordn. § 19.)

1. Beispiel für die endgültige Berechnung der Brausteuervergütung, wenn für sämtliches Bier aus einer Brauerei nur ein vorläufiger Vergütungssatz festgestellt war und die Brauerei zum höchsten Staffelsteuersatz einen höheren Betrag an Brausteuer gezahlt hatte, als der höchste Vergütungsbetrag ausmacht.

Haupt-Steueramt II Königsberg.

Endgültige Berechnung

der Brausteuervergütung für das aus der Aktienbrauerei Ponarth zu Ponarth stammende, im Rechnungsjahr 1907 ausgeführte Bier.

Die Brausteuervergütung für Lagerbier aus der Brauerei Ponarth zum vorläufigen Vergütungssatze von 1,50 Mark für 1 Hektoliter (Verzeichnis der festgesetzten vorläufigen Vergütungssätze Nr. 2) beträgt für die Ausfuhr:	Mk.	Pf.	Gemäß Nachweisung (Auszug aus der Nachweisung) der ausgeführten Biermengen: des Amtes zu	Nr.	Direktivbezirk
a) der Brauerei selbst:					
im I. Viertel 1907 . . .	5400	—	Königsberg	2	Königsberg
„ II. „ 1907 . . .	6280	—	„	2	„
„ III. „ 1907 . . .	4268	80	„	3	„
„ IV. „ 1907 . . .	7132	40	„	1	„
//	23081	20			

b) des Bierverlegers H. Preuß in Eydtkuhnen:					
im I. Viertel 1907 . . .	90	—	Eydtkuhnen	1	Königsberg
„ II. „ 1907 . . .	44	70	„	1	„
„ III. „ 1907 . . .	—	—	—	—	—
„ IV. „ 1907 . . .	80	30	„	1	„
//	215	—			
c) des Agenten Adolf Pruß in Danzig:					
im I. Viertel 1907 . . .	1200	—	Danzig	5	Danzig
„ II. „ 1907 . . .	—	—	—	—	—
„ III. „ 1907 . . .	3110	80	„	2	„
„ IV. „ 1907 . . .	—	—	—	—	—
//	4310	80			
Gesamtvergütung zum vorläufigen Vergütungssatze	27607	—			

An Brausteuer sind im Laufe des Rechnungsjahrs 1907 von der Brauerei Ponarth gezahlt worden:

zum	Satze	v. 4	Mk.	für	1	Doppelzentner	1000	Mk.
„	„	„ 4,5	„	„	1	„	1125	„
„	„	„ 5	„	„	1	„	2500	„
„	„	„ 5,5	„	„	1	„	5500	„
„	„	„ 6	„	„	1	„	6000	„
„	„	„ 6,5	„	„	1	„	6500	„
„	„	„ 7	„	„	1	„	7000	„
„	„	„ 8	„	„	1	„	8000	„
„	„	„ 9	„	„	1	„	9000	„
„	„	„ 10	„	„	1	„	370000	„
						zusammen . . .	416625	Mk.

Entsprechend dem höchsten von der Brauerei gezahlten Staffelsteuersatze von 10 Mk. ist zunächst die Gesamtvergütung nach dem vorläufigen Vergütungssatze von 27607 Mk. um vier Sechstel auf 46011,67 Mk. zu erhöhen. Da der zum Steuersatze von 10 Mk. gezahlte Brausteuerbetrag höher ist, so beträgt die endgültige Gesamtvergütung 46011,65 Mk.

Hiervon entfallen nach dem Verhältnisse der Bierausfuhr, das mit dem Verhältnisse der vorläufigen Vergütungen gleich ist, auf

a) die Brauerei Ponarth, Hauptamtsbezirk Königsberg II

$$\frac{46011{,}65 \cdot 23081{,}20}{27607} \ldots = 38468{,}65 \text{ Mk.}$$

b) den Bierverleger H. Preuß in Eydtkuhnen, Hauptamtsbezirk Eydtkuhnen

$$\frac{46011{,}65 \cdot 215}{27607} \ldots\ldots\ldots = \quad 358{,}30 \text{ Mk.}$$

c) den Agenten Adolf Pruß in Danzig, Direktivbezirk Danzig

$$\frac{46011{,}65 \cdot 4310{,}80}{27607} \ldots\ldots = \quad 7184{,}65 \text{ "}$$

Der Minderbetrag von 5 Pf. beruht auf der vorgeschriebenen Abrundung.

Königsberg, den 15. Mai 1908.

Königliches Haupt-Steueramt II.

N. N.,	N. N.,	N. N.,
Obersteuerinspektor.	Rendant.	Hauptamtskontrolleur.

Beilage H.
(Braust.Vergütungsordn. § 19.)

2. **Beispiel für die endgültige Berechnung der Brausteuervergütung, wenn für sämtliches Bier aus einer Brauerei nur ein vorläufiger Vergütungssatz festgestellt war, die von der Brauerei zum höchsten Staffelsatze gezahlte Brausteuer aber hinter dem entsprechenden Vergütungsbetrage zurückbleibt.**

Haupt-Steueramt II Königsberg.

Endgültige Berechnung

der Brausteuervergütung für das aus der Brauerei des Friedrich Kunze in Camstigall stammende, im Rechnungsjahr 1907 ausgeführte Bier.

Die Brausteuervergütung für obergäriges Doppelbier aus der Brauerei des Friedrich Kunze in Camstigall zum vorläufigen Vergütungssatze von 1,30 Mk. für 1 Hektoliter (Verzeichnis der festgesetzten vorläufigen Vergütungssätze Nr. 1) beträgt für die Ausfuhr:	Mk.	Pf.	Gemäß Nachweisung (Auszug aus der Nachweisung) der ausgeführten Biermengen: des Amtes zu	Nr.	Direktivbezirk
a) der Brauerei selbst:					
im I. Viertel 1907 . . .	1200	—	Fischhausen	1	Königsberg
„ II. „ 1907 . . .	1200	—	„	1	„
„ III. „ 1907 . . .	300	—	„	1	„
„ IV. „ 1907 . . .	—	—	—	—	—
//	2620	—			

b) des Bierverlegers Fritz Kempka in Königsberg:					
im I. Viertel 1907 . . .	1 100	—	Königsberg	4	Königsberg
„ II. „ 1907 . . .	2 320	—	„	5	„
„ III. „ 1907 . . .	—	—	—	—	—
„ IV. „ 1907 . . .	420	—	„	2	„
//	3 840	—			
c) des Agenten Adolf Prutz in Danzig:					
im I. Viertel 1907 . . .	500	—	Danzig	8	Danzig
„ II. „ 1907 . . .	110	—	„	1	„
„ III. „ 1907 . . .	—	—	—	—	—
„ IV. „ 1907 . . .	—	—	—	—	—
//	610	—			
Gesamtvergütung zum vorläufigen Vergütungssatze	7 070	—			

An Brausteuer sind im Laufe des Rechnungsjahrs 1907 von der Brauerei des Friedrich Kunze in Camstigall entrichtet worden:

zum Satze v.	4	Mk. für	1	Doppelzentner	1 000	Mk.
„ „ „	4,5	„ „	1	„	1 125	„
„ „ „	5	„ „	1	„	2 500	„
„ „ „	5,5	„ „	1	„	5 500	„
„ „ „	6	„ „	1	„	6 000	„
„ „ „	6,5	„ „	1	„	6 500	„
„ „ „	7	„ „	1	„	7 000	„
„ „ „	8	„ „	1	„	540	„
				zusammen . . .	30165	Mk.

Entsprechend dem höchsten von der Brauerei gezahlten Staffelsteuersatze von 8 Mk. ist zunächst die Gesamtvergütung nach dem vorläufigen Vergütungssatze von 7070 Mk. um zwei Sechstel auf 9426,67 Mk. zu erhöhen. Da jedoch die Brauerei zum Satze von 8 Mk. nur 540 Mk. Steuer gezahlt hat, so kann die dem Satze von 8 Mk. entsprechende erhöhte Vergütung auch nur bis zum Betrage von . . . . 540,00 Mk.

geleistet werden. Der Rest 9426,67 — 540 = 8886,67 Mk. ist nach dem Verhältnisse des höchsten gezahlten Staffelsatzes zum nächst niederen, also im Verhältnisse von 8 zu 7 oder um 1/8 zu mindern. Statt 8886,67 Mk. wer-

Seite . . . 540,00 Mk.

Übertrag . . . 540,00 Mk.

den also der weiteren Rechnung nur 7775,84 Mk. zugrunde gelegt.

Zum Satze von 7 Mk. sind nur . 7000,00 „ Steuer gezahlt; es kann also die dem Satze von 7 Mk. entsprechende Vergütung auch nur bis zu diesem Betrage geleistet werden. Der Rest von 775,84 Mk. ist wiederum im Verhältnisse zum nächst niederen Steuersatze, also im Verhältnisse von 7 zu 6,5 oder um $^1/_{14}$ zu mindern. Statt 775,84 Mk. kommen also nur 720,42 Mk. in Rechnung. Da zum Satze von 6,5 Mk. mehr Steuer als 720,42 Mk. gezahlt worden sind, beträgt die dem Satze von 6,5 Mk. entsprechende Vergütung abgerundet . . . . 720,40 „

Die endgültige Gesamtvergütung beträgt also . . . . 8260,40 Mk.

Hiervon entfallen nach dem Verhältnisse der Bierausfuhr, das mit dem Verhältnisse der vorläufigen Vergütungen gleich ist, auf

a) Friedrich Kunze in Camstigall, Hauptamtsbezirk Königsberg II

$$\frac{8260{,}40 \cdot 2620}{7070} \; . \; . \; . \; . \; . \; . \; . = 3061{,}10 \text{ Mk.}$$

b) **Fritz Kempka in Königsberg, Hauptamtsbezirk Königsberg** II

$$\frac{8\,260{,}40 \cdot 3\,840}{7\,070} \,\ldots\ldots\ldots = 4\,486{,}55 \text{ Mk.}$$

c) **Adolf Pruß in Danzig, Direktivbezirk Danzig**

$$\frac{8\,260{,}40 \cdot 610}{7\,070} \,\ldots\ldots\ldots = 712{,}70 \text{ „}$$

Der Minderbetrag von 5 Pfennig beruht auf der vorgeschriebenen Abrundung.

Königsberg, den 15. Mai 1908.

Königliches Haupt-Steueramt II.

N. N.,	N. N.,	N. N.,
Obersteuerinspektor.	Rendant.	Hauptamtskontrolleur.

Beilage J.

(Brauſt.Vergütungsordn. § 19.)

3. **Beiſpiel für die endgültige Berechnung der Brauſteuervergütung für den Fall, daß in der Brauerei zwei verſchiedene Sorten Bier, für die verſchiedene vorläufige Vergütungsſätze feſtgeſtellt ſind, gebraut werden und beide Sorten zur Ausfuhr kommen.**

Hauptsteueramt Posen.

Endgültige Berechnung

der Brausteuervergütung für das aus der Brauerei des J. Kantorowitz in Posen stammende, im Rechnungsjahr 1907 ausgeführte Bier.

I. Die Brausteuervergütung für Lagerbier aus der Brauerei des J. Kantorowitz zu Posen zum vorläufigen Vergütungssatze von 1,40 Mark für 1 Hektoliter (Verzeichnis der festgesetzten vorläufigen Vergütungssätze Nr. 5) beträgt für die Ausfuhr:	Mk.	Pf.	Gemäß Nachweisung (Auszug aus der Nachweisung der ausgeführten Biermengen des Amtes zu	Nr.	Direktivbezirk
a) der Brauerei selbst:					
im I. Viertel 1907 . . .	400	—	Posen	2	Posen
„ II. „ 1907 . . .	230	—	„	1	„
„ III. „ 1907 . . .	540	80	„	2	„
„ IV. „ 1907 . . .	120	40	„	1	„
//	1 291	20			

b) des Schiffsmaklers Isidor Berkowitz in Thorn:					
im I. Viertel 1907 . . .	241	20	Thorn	1	Danzig
„ II. „ 1907 . . .	830	40	„	1	„
„ III. „ 1907 . . .	720	40	„	2	„
„ IV. „ 1907 . . .	410	—	„	1	„
//	2 202	—			
II. Die Brausteuervergütung für Grätzerbier (obergärig) aus der Brauerei des J. Kantorowitz zu Posen zum vorläufigen Vergütungssatze von 90 Pfg. für 1 Hektoliter (Verzeichnis der vorläufigen Vergütungssätze Nr. 6) beträgt für die Ausfuhr:					
a) der Brauerei selbst:					
im I. Viertel 1907 . . .	1 100	—	Posen	3	Posen
„ II. „ 1907 . . .	1 200	—	„	2	„
„ III. „ 1907 . . .	800	70	„	3	„
„ IV. „ 1907 . . .	500	60	„	2	„
//	3 601	30			
Übertrag . .	7 094	50			

	Mk.	Pf.	Gemäß Nachweisung (Auszug aus der Nachweisung) der ausgeführten Biermengen des Amtes zu	Nr.	Direktivbezirk
Übertrag . .	7 094	50			
b) des Schiffsmaklers Isidor Berkowitz in Thorn:					
im I. Viertel 1907 . . .	2 020	10	Thorn	2	Danzig
„ II. „ 1907 . . .	1 010	40	„	2	„
„ III. „ 1907 . . .	230	20	„	3	„
„ IV. „ 1907 . . .	—	—	—	—	—
//	3 260	70			
c) des Bierverlegers H. Preuß in Eydtkuhnen:					
im I. Viertel 1907 . . .	80	—	Eydtkuhnen	2	Königsberg
„ II. „ 1907 . . .	60	80	„	2	„
„ III. „ 1907 . . .	110	30	„	1	„
„ IV. „ 1907 . . .	70	20	„	2	„
//	321	30			
Gesamtsumme aller vorläufigen Vergütungen für Bier aus der Brauerei Kantorowitz	10 676	50			

Hiervon entfallen auf					
a) J. Kantorowitz in Posen 1 291,20 + 3 601,30 =	4 892	50	—	—	Posen
b) Isidor Berkowitz in Thorn 2 202 + 3 260,70 =	5 462	70	—	—	Danzig
c) H. Preuß in Eydtkuhnen	321	30	—	—	Königsberg
Summe wie vor . .	10 676	50			
An Brausteuer sind im Laufe des Rechnungsjahrs 1907 von der Brauerei des J. Kantorowitz gezahlt worden:					
zum Satze von					
4 Mk. für 1 dz . . . 1 000 Mk.					
4,5 " " 1 " . . . 1 125 "					
5 " " 1 " . . . 2 500 "					
5,5 " " 1 " . . . 5 500 "					
6,5 " " 1 " . . . 6 000 "					
6 " " 1 " . . . 6 500 "					
7 " " 1 " . . . 7 000 "					
8 " " 1 " . . . 8 000 "					
9 " " 1 " . . . 9 000 "					
10 " " 1 " . . . 3 200 "					
//	49 825	—			

Entsprechend dem höchsten von der Brauerei gezahlten Staffelsteuersatze von 10 Mk. ist zunächst die Gesamtvergütung nach den vorläufigen Vergütungssätzen von 10 676,50 Mk. um vier Sechstel auf 17 794,17 Mk. zu erhöhen.

Da jedoch die Brauerei zum Satze von 10 Mk. nur 3 200 Mk. Steuer entrichtet hat, kann die diesem Satze entsprechend erhöhte Vergütung auch nur bis zum Betrage von . . . . 3 200,00 Mk.
gezahlt werden. Der Rest 17 794,17 — 3 200 = 14 594,17 Mk. ist nach dem Verhältnisse des Steuersatzes von 10 Mk. zum nächst niederen, also nach dem Verhältnisse von 10 zu 9, oder um $^1/_{10}$ zu mindern. Statt 14 594,17 Mk. werden also der weiteren Rechnung nur 13 134,75 Mk. zugrunde gelegt.

Zum Steuersatze von 9 Mk. sind 9 000 Mk. Brausteuer gezahlt; es kann also auch die dem Steuersatze von 9 Mk. entsprechende Vergütung nur bis zu diesem Betrage geleistet werden . . . . 9 000,00 „

Der Rest 13 134,75 — 9 000 = 4 134,75 Mk. ist im Verhältnisse des Steuersatzes von 9 Mk. zum nächst niederen, also im Verhältnisse von

Übertrag . . 12 200,00 Mk.

Übertrag . .	12 200,00 Mk.
9 zu 8 oder um 1/9 auf 3 675,33 Mk. herabzusetzen.	
Da zum Satze von 8 Mk. mehr als 3 675,33 Mk. Brausteuer gezahlt sind, beträgt die dem Satze von 8 Mk. entsprechende Vergütung abgerundet	3 675,30 „
Die endgültige Gesamtvergütung für alles aus der Brauerei Kantorowitz stammende und ausgeführte Bier beträgt also	15 875,30 Mk.
Hiervon entfallen nach dem Verhältnisse der Bierausfuhr oder der vorläufigen Vergütungen auf:	
a) den Brauereibesitzer J. Kantorowitz in Posen, Hauptamtsbezirk Posen $\frac{15\,875{,}30 \cdot 4\,892{,}50}{10\,676{,}50}$ . . . =	7 274,80 „
b) den Schiffsmakler J. Berkowitz in Thorn, Direktivbezirk Danzig $\frac{15\,875{,}30 \cdot 5\,462{,}70}{10\,676{,}50}$ . . . =	8 122,65 „
c) den Bierverleger H. Preuß in Eydtkuhnen, Direktivbezirk Königsberg $\frac{15\,875{,}30 \cdot 321{,}30}{10\,676{,}50}$ . . . =	477,75 „

Der Minderbetrag von 10 Pfg. beruht auf den vorgeschriebenen Abrundungen.

Posen, den 18. Mai 1908.

Königliches Haupt-Steueramt.

N. N.,	N. N.,	N. N.,
Obersteuerinspektor.	Rendant.	Hauptamtskontrolleur.

Nachträge.

(Während des Drucks eingegangene Verfügungen zum Gesetz pp.)

Anm. zu § 1 des Ges. Anm. 10 S. 15. Es ist darauf aufmerksam gemacht worden, daß nach dem Inkrafttreten des Brausteuergesetzes vom 3. Juni 1906 die Verwendung von außerhalb des norddeutschen Brausteuergebiets hergestellten Farbebieren zur Bierbereitung innerhalb des Brausteuergebiets überhaupt nicht mehr — also auch nicht zur Bereitung von obergärigem Biere — zu gestatten ist. (FME. v. 16. 10. 1906 III 16943).

Anm. zu § 67 der AusfBest. S. 98. Im Einverständnisse mit dem Herrn Reichskanzler (Reichsschatzamt) ist nachgelassen worden, daß die ProvStDir. abgefundenen Brauern, die nicht im Besitze eigener Schrotmühlen sind, abweichend von der Vorschrift im § 67 letzter Satz der Brausteuer-Ausführungsbestimmungen das Halten von Vorräten an Malzschrot, die die zur Einmaischung angemeldete Menge übersteigen, unter der Bedingung gestatten, daß die Brauer die Vorräte an Malzschrot an einem bestimmten, von den

Betriebsräumen der Brauerei vollständig getrennten Orte aufbewahren und über die Vorräte an Malzschrot ein Rechnungsbuch — Muster 15 der Brausteuer-Ausführungsbestimmungen — führen. In dieses Buch, das an dem hierfür bestimmten Orte aufzubewahren und den Aufsichtsbeamten stets zugänglich zu halten ist, muß der Brauer jeden Zugang und Abgang an Malzschrot unter Zuziehung eines Zeugen, der jede Eintragung mit zu unterzeichnen hat, einschreiben. Die Eintragungen unterliegen der Nachprüfung der Aufsichtsbeamten.

Dagegen bestehen Bedenken, die gleiche Vergünstigung auch für abgefundene Brauer, die eine eigene Schrotmühle besitzen, zuzulassen, da ein Bedürfnis dafür nicht anzuerkennen ist.

(FME. v. 3. 10. 1906 III 16115.)

Sachregister.

(Die Zahlen verweisen auf die Seiten.)

A.

T.

U.

V.

Druck von A. W. Hayn's Erben, Berlin und Potsdam.

Verzeichnis

der

Guttentag'schen Sammlung Deutscher Reichs- und Preussischer Gesetze

Text-Ausgaben

mit Anmerkungen u. Sachregister

5. Allgemeine Deutsche **Wechselordnung.** Neunte Auflage von Justizrath Dr. **J. Stranz** und Rechtsanwalt Dr. **M. Stranz,** und das Reichsgesetz über die **Wechselstempelsteuer.** Von Regierungsrath **P. Loeck.** Achte Auflage. 3 M.

6. **Gewerbeordnung** für das Deutsche Reich nebst allen Ausführungsbestimmungen. Ursprünglich herausgegeben von **T. Ph. Berger** und Dr. **L. Wilhelmi.** Sechszehnte Auflage bearbeitet von Oberverwaltungsgerichtsrath **H. Spangenberg.** 3 M.

7. Die deutsche **Post- und Telegraphen-Gesetzgebung.** Nebst dem Weltpostvertrag und dem internationalen Telegraphenvertrag. Von Wirkl. Geh. Rath Dr. **Fischer.** Fünfte Auflage bearbeitet von Geh. Postrath Dr. **M. König.** 3 M.

8. Die Reichsgesetze über den **Unterstützungswohnsitz** in der Fassung der Novelle vom 12. März 1894, **die Freizügigkeit, den Erwerb und Verlust der Bundes- und Staatsangehörigkeit,** nebst allen landesgesetzlichen Bestimmungen. Von Geheimrath Dr. **J. Krech,** Mitglied des Bundesamtes für das Heimathwesen. Fünfte Auflage. 2 M. 70 Pf.

9a. Sammlung **kleinerer privatrechtlicher Reichsgesetze.** Von **F. Vierhaus.** Zweite Auflage in Vorbereitung.

9. Sammlung **kleinerer strafrechtlicher Reichsgesetze** Mit den Entscheidungen des Reichsgerichts bearbeitet von **M. Werner,** Geh. Ober-Regierungsrath. Zweite Auflage. 3 M.

Inhalt: Inhaberpapiere — Presse — Personenstand — Urheberrechtsgesetzgebung — Rinderpest — Nahrungs- und Genußmittel — Sprengstoff — Feingehalt von Gold- und Silberwaaren — Patentgesetz — Handfeuerwaffen — Gebrauchsmusterschutz — Militärische Geheimnisse — Waarenbezeichnung — unlauterer Wettbewerb — Auswanderung — Margarine — Wein — Sklavenraub — Fleischbeschau — Reichsseuchengesetz — Süßstoff — Reichskassenscheine.

10. Das **Reichsbeamtengesetz** vom 31. März 1873 und seine Ergänzungen. **Erläutert von J. Pieper,** Geh. Ober-Regierungsrath. Zweite Auflage. 4 M. 50 Pf.

11. **Zivilprozeßordnung mit Gerichtsverfassungsgesetz** in den neuesten Fassungen. Unter besonderer Berücksichtigung der Entscheidungen des Reichsgerichts herausgegeben mit Anmerkungen zunächst von **R. Sydow,** Unterstaatssekretär, weiter bearbeitet von **L. Busch,** Kammergerichtsrath. Zehnte Auflage. 8°. 6 M.

Dieser Band ist in größerem Format erschienen!

12. **Strafprozeßordnung und Gerichtsverfassungsgesetz** nebst dem Gesetz, betreffend die Entschädigung der im Wiederaufnahmeverfahren freigesprochenen Personen. Von Dr. **A. Hellweg,** Reichsgerichtsrath. Vierzehnte Auflage. 2 M.

13. **Konkursordnung und Anfechtungsgesetz.** Unter besonderer Berücksichtigung der Entscheidungen des

Reichsgerichts herausgegeben mit Anmerkungen von **R. Sydow** u. **L. Busch.** Zehnte Auflage. 2 M. 25 Pf.

14. **Gerichtsverfassungsgesetz** mit Einführungsgesetz. Herausgegeben von **R. Sydow** und **L. Busch.** Neunte Auflage. 1 M. 50 Pf.

15. Das **Deutsche Gerichtskostengesetz** nebst den Gebührenordnungen für Gerichtsvollzieher, Zeugen und Sachverständige. Herausgegeben mit Anmerkungen und Kostentabellen von **R. Sydow** u. **L. Busch.** Siebente Auflage. 1 M. 80 Pf.

16. **Rechtsanwaltsordnung.** Von **R. Sydow.** Vierte Auflage von Dr. **E. Mosler.** 1 M. 20 Pf.

17. Die **Deutsche Gebührenordnung für Rechtsanwälte und das Preußische Gebührengesetz** vom 27. September/6. Oktober 1899. Von **R. Sydow** und **L. Busch.** Siebente Auflage. 1 M. 60 Pf.

18. **Reichsstempelgesetz (Börsensteuer, Frachturkunde, Kraftfahrzeuge, Personenfahrkarte, Tantieme für Aufsichtsratsmitglieder).** In der Fassung des Gesetzes vom 3. Juni 1906. Nebst Ausführungsbestimmungen, den Entscheidungen der höchsten Verwaltungsbehörden und des Reichsgerichts. Neunte Auflage von **P. Loeck,** Regierungsrath. 4 M. 50 Pf.

Dieser Band ist in größerem Format erschienen!

19. Die **Seegesetzgebung.** Von Dr. **W. E. Knitschky.** Dritte Auflage bearbeitet von Oberlandesgerichtsrath **Otto Rudorff** in Hamburg. 4 M. 50 Pf.

20. **Krankenversicherungsgesetz.** Von weil. Dr. **E. von Woedtke,** Direktor im Reichsamte des Innern. Elfte Auflage bearbeitet von Dr. **G. Eucken-Addenhausen,** Geh. Reg.-Rath und vortr. Rat im Reichsamte des Innern. 3 M.

21. Die **Konsulargesetzgebung.** Von Professor Dr. **Ph. Zorn.** Zweite Auflage. 3 M.

22a. **Patentgesetz.** Nebst **Ausführungsbestimmungen,** völkerrechtlichen Verträgen und der Patentanwalts-Ordnung unter eingehender Berücksichtigung der Rechtsprechung des Reichsgerichts und der Praxis des Patentamts. Erläutert von Prof. Dr. **R. Stephan,** Geh. Reg.-Rath, Mitglied des Kaiserlichen Patentamts. Sechste Auflage. 2 M.

22b. Gesetz zum **Schutz der Waarenbezeichnungen.** Nebst Ausführungsbestimmungen. Von Dr. **R. Stephan,** Geh. Reg.-Rath, Mitglied des Kaiserlichen Patentamts. Vierte Auflage. 1 M.

23. **Gewerbe-Unfallversicherungsgesetz.** Von weil. Dr. **E. v. Woedtke.** Achte neubearbeitete Auflage von **Franz Caspar,** Direktor im Reichsamt des Innern. 2 M. 50 Pf.

24. **Aktiengesellschaft und Kommanditgesellschaften auf Aktien.** (Handelsgesetzbuch, II. Buch, Abschnitt 3 und 4.) Mit Anmerkungen von **H. Keyssner,**

Kammergerichtsrath und Dr. **H. Veit Simon,** Rechtsanwalt. Fünfte Auflage. Bearbeitet von Dr. **Hugo Keyssner** und **L. Keyssner.** 2 M. 25 Pf.

25. **Brausteuer-Gesetz.** Vom 3. Juni 1906. Mit Ausführungsbestimmungen, Anmerkungen und Sachregister. Von **A. Düffe,** Obersteuer-Controlleur. 3 M.

26. Die Reichsgesetzgebung über **Münz- und Notenbankwesen,** Papiergeld, Prämienpapiere und Reichsschulden. Von Dr. jur. **R. Koch,** Präsident des Reichsbankdirektoriums. Fünfte Auflage. 3 M.

27. Die Gesetzgebung, betr. das **Gesundheitswesen** im Deutschen Reich für Behörden, Aerzte rc. Von Dr. jur. **C. Goesch** und Dr. med. **J. Karsten.** 1888. 1 M. 60 Pf.

28. **Bau-Unfallversicherungsgesetz.** Vom 30. Juni 1900. Von **R. Chrzescinski,** Kaiserl. Regierungsrath. Dritte Auflage. 2 M.

29. Reichsgesetz, betr. die **Erwerbs- und Wirthschaftsgenossenschaften.** Von **L. Parisius** und Dr. **H. Crüger.** Elfte Auflage bearbeitet von Dr. **H. Crüger.** 1 M. 50 Pf.

30. **Invalidenversicherungsgesetz** vom 13. Juli 1899. Von weil. Dr. **E. v. Woedtke.** Zehnte Auflage bearbeitet von Regierungsrat **H. Follmann.** 4 M.

31. **Gewerbegerichtsgesetz.** Von Stadtrath **L. Mugdan.** Sechste Auflage bearbeitet von **W. Cuno,** Erstem Bürgermeister zu Hagen i. W. ca. 2 M. 20 Pf.

32. Reichsgesetz, betr. die **Gesellschaften mit beschränkter Haftung.** Von **L. Parisius** und Dr. **H. Crüger.** Achte Auflage. 1 M. 40 Pf.

33. Das **Vereins- und Versammlungsrecht** in Deutschland. Von Dr. **E. Ball,** Rechtsanwalt. 2 M. 25 Pf.

34. Reichsgesetz, betreffend die **Abzahlungsgeschäfte.** Vom 16. Mai 1894. Von **J. Hoffmann.** Zweite vermehrte Auflage besorgt von Dr. **E. Wilke,** Landgerichtsrath. 1 M. 20 Pf.

35. Die **Reichs-Eisenbahngesetzgebung.** Von **W. Coermann,** Kaiserl. Amtsrichter. 1895. 2 M. 25 Pf.

36. Gesetze, betr. die **privatrechtlichen Verhältnisse der Binnenschifffahrt und der Flößerei.** Erläutert von **H. Makower.** Dritte Auflage bearbeitet von **E. Löwe,** Landgerichtsrath. 3 M.

37. Gesetz zur **Bekämpfung des unlauteren Wettbewerbes.** Vom 27. Mai 1896. Von Dr. **R. Stephan,** Geh. Regierungsrath. Dritte Auflage. 1 M.

38/39. **Bürgerliches Gesetzbuch nebst Einführungsgesetz.** Nach dem Tode des ursprünglichen Herausgebers Reichsgerichtsraths a. D. Dr. **A. Achilles** in Verbindung mit Professor Dr. **André,** Landrichter

Ritgen, Landrichter **Strecker,** Ober-Regierungsrath Dr. **Unzner** herausgegeben von Geh. Ober-Justizrath **Greiff.** Fünfte Auflage. 8°. 6 M. 50 Pf.
Dieser Band ist in größerem Format erschienen!

40. Gesetz, betr. die **Pflichten der Kaufleute bei Aufbewahrung fremder Werthpapiere (Depotgesetz).** Mit Erläuterungen. Von **F. Lusensky,** Geh. Ober-Regierungsrath. Zweite Auflage. 1 M.

41. **Börsengesetz.** Vom 22. Juni 1896. Nebst Ausführungsbestimmungen. Unter Mitwirkung des Direktors im Reichsamt des Innern **A. Wermuth** bearbeitet von Regierungsrath **H. Brendel.** 1 M. 50 Pf.

42. **Grundbuchordnung** nebst den preußischen Ausführungsbestimmungen. Mit Einleitung. Von Professor Dr. **O. Fischer.** Fünfte Auflage. 2 M.

43. Die Gesetzgebung, betr. die **Zwangsvollstreckung in das unbewegliche Vermögen** im Reiche und in Preußen. Mit Einleitung, Kosten- und Gebührentabellen. Von Dr. **J. Krech,** Kaiserl. Geh. Regierungsrath und Professor Dr. **O. Fischer.** Fünfte Auflage. 2 M.

44. Das Reichsgesetz über das **Auswanderungswesen** vom 9. Juni 1897 nebst Ausführungsverordnungen und Anlagen. Unter Benutzung amtlicher Quellen. Von Professor Dr. **Felix Stoerk.** 2 M. 25 Pf.

45. Das **Entmündigungsrecht** unter Berücksichtigung der für Preußen geltenden Vorschriften nebst der preußischen Justiz-Ministerial-Verfügung vom 28. November 1899. Text der civil- und prozeßrechtlichen Bestimmungen mit Erläuterungen von Landgerichtsrath Dr. **P. Koll** in Cöln. 1 M. 50 Pf.

46. Die Gesetze des Reiches und Preußens über die **freiwillige Gerichtsbarkeit.** Mit Einleitung von **Herm. Jastrow,** Amtsgerichtsrath. Vierte Auflage. 3 M.

47. Das **deutsche Vormundschaftsrecht** und das preuß. Gesetz über die Fürsorgeerziehung Minderjähriger nebst den dazu gehörigen preußischen Nebengesetzen. Mit Einleitung und Erläuterungen von **Max Schultzenstein,** Oberverwaltungsgerichtsrath und Amtsgerichtsrath Dr. **Paul Köhne.** Zweite Auflage. 3 M.

48. Gesetze und Verordnungen, betr. den **Drogen-, Gift- und Farbenhandel** außerhalb der Apotheken. Von Dr. **Broh,** Rechtsanwalt. 1 M. 25 Pf.

49. Deutsche **Kolonialgesetzgebung.** Von Professor Dr. **Phillipp Zorn.** 4 M. 50 Pf.

50. **Der Viehkauf** (Viehgewährschaft) nach dem Bürgerlichen Gesetzbuche. Mit Erläuterungen von Rechtsanwalt Dr. **H. Stölzle.** Nebst Verordn. betr. die Hauptmängel und Gewährsfristen beim Viehhandel. Von **H. Weiskopf,** Königl. Kreisthierarzt in Augsburg. Dritte Auflage. 3 M.

51. **Hypothekenbankgesetz** vom 13. Juli 1899. Von Dr. **H. Göppert,** Gerichts-Assessor. 1 M. 80 Pf.

52. Gesetz, betreffend die gemeinsamen **Rechte der Besitzer von Schuldverschreibungen.** Von Dr. **Heinrich Göppert,** Gerichts-Assessor. 2 M.

53. **Reichspreßgesetz** vom 7. Mai 1874 nebst den einschlägigen Bestimmungen des Strafgesetzbuchs, der Gewerbeordnung 2c. Kommentar von **A. Born,** Polizeiassessor. 1 M. 50 Pf.

54. Die Reichsgesetzgebung über den Verkehr mit **Nahrungsmitteln, Genußmitteln** und **Gebrauchsgegenständen.** Von Dr. **Georg Lebbin,** Nahrungsmittelchemiker. 2 M. 25 Pf.

55. Das Recht der **Beschlagnahme von Lohn- und Gehaltsforderungen.** Auf Grundlage der Reichsgesetze vom 21. Juni 1869 u. 29. März 1897 und der Civilprozeßordnung. Von Rechtsanwalt **Georg Meyer.** Zweite Auflage. 2 M.

56. Gesetz, betr. die **Bekämpfung gemeingefährlicher Krankheiten.** Nebst Ausführungsbestimmungen. Von Dr. **Bruno Burkhardt,** Regierungsrath, Mitglied des Kais. Gesundheitsamts. 1 M. 40 Pf.

57. **See-Unfallversicherungsgesetz.** Von **Dr. Max Mittelstein,** Oberlandesgerichtsrath in Hamburg. 2 M.

58. **Das Recht der unehelichen Kinder.** Ausgabe aller einschlägigen Bestimmungen des B.G.B. Von **Hermann Jastrow,** Amtsgerichtsrath. 1 M. 80 Pf.

59. Reichsgesetz über die **Beurkundung des Personenstandes und die Eheschließung.** Von Dr. **F. Fidler,** Amtsgerichtsrath. 1 M. 80 Pf.

60. Gesetz, betreffend das **Urheberrecht an Werken der Litteratur und der Tonkunst.** Von Gerichtsassessor **Otto Lindemann.** 1 M. 50 Pf.

61. Gesetz über das **Verlagsrecht.** Von Justizrath **Ernst Heinitz.** 1 M. 50 Pf.

62. Gesetz über die **privaten Versicherungsunternehmungen.** Von **H. Könige,** Ob.-Landsger.-Rath. 3 M.

63. **Gesetzestafel des Deutschen Reichsrechts.** Systematisch geordnete Nachweisung des z. Z. geltenden Reichsrechts. Ergänzungsband zu der Guttentag'schen Sammlung Deutscher Reichsgesetze. Von **Hugo Bruhns,** Syndikus. 2 M. 50 Pf.

64. Gesetzsammlung betr. den **Handel mit Drogen und Giften.** Reichsgesetzl. Bestimmungen und Anhang mit den landesgesetzl. Verordnungen sämmtlicher Bundesstaaten. Von Rechtsanwalt **H. Sonnenfeld,** Syndikus der Berliner Drogisten-Innung. 3 M.

65. Das **Weingesetz** vom 24. Mai 1901. Mit Ausführungsbestimmungen erläutert von Dr. **Georg Lebbin,** Handels- und Gerichtschemiker zu Berlin 1 M. 50 Pf.

66. Die **Eisenbahn-Gesetzgebung.** Von **W. Pietsch,** Geh. exp. Sekretär im Reichs-Eisenbahn-Amt. 5 M.

67. **Militär-Strafgesetzbuch.** Mit den Entscheidungen des Reichs-Militärgerichts von Dr. **Paul Herz,** Senats-Präsident am Reichs-Militärgericht und Kriegsgerichtsrath Dr. **Georg Ernst.** 3 M.

68. Das **Fleischbeschaugesetz.** Vom 3. Juni 1900. Mit Ausführungsges. u. Verordnungen im Reiche und in Preußen. Von Dr. **Georg Lebbin,** Gerichtschemiker und Rechtsanwalt Dr. **Georg Baum.** 4 M.

69. Reichsgesetz über die **Naturalleistungen der bewaffneten Macht im Frieden** nebst den zugehörigen in Preußen geltenden Bestimmungen. Von Regierungsassessor Dr. **Walter v. Hippel.** 1 M. 25 Pf.

70. Das **Reichs-Haftpflichtgesetz,** betr. die Verbindlichkeit zum Schadensersatz für die bei dem Betriebe von Eisenbahnen, Bergwerken, Steinbrüchen, Gräbereien und Fabriken herbeigeführten Tödtungen und Körperverletzungen, vom 7. Juni 1871. Von Regierungsrath Dr. **G. Eger.** Preis 3 M.

71. **Kinderarbeit in gewerblichen Betrieben,** v. 30. März 1903. Nebst der Preuß. Ausführ.-Anw. v. 30. Nov. u. d. Bek. des Reichskanzlers v. 17. Dez. 1903. Von **H. Spangenberg,** Oberverwaltungsgerichtsrath. Zweite vermehrte Auflage. 1 M. 60 Pf.

72. **Unfallversicherungsgesetz für Land- und Forstwirtschaft** vom wirkl. Geh. Rat Dr. **E. von Woedtke,** fortgesetzt von Dr. **Alfred Radtke,** Geh. Regierungsrat und Senatspräs. im Reichsversicherungsamt. 4 M. 50 Pf.

73. **Entschädigung für unschuldig erlittene Verhaftung und Bestrafung.** Nebst Anhang, enth. die dazu gehörigen Nebengesetze über Schadensersatz. Von Dr. jur. **A. Romen,** Geh. Kriegsrat und vortr. Rat im Kriegsministerium. 2 M.

74. Die **Kaufmannsgerichte** nebst den preuß. Ausführungsbestimmungen. Von Dr. **Max Apt,** Syndikus der Korporation der Berliner Kaufmannschaft. Dritte Auflage. 2 M.

Daraus einzeln: **Preuß. Ausführungsbestimmungen.** 50 Pf.

75. Reichsgesetz über die **Konsulargerichtsbarkeit.** Erläutert von Dr. iur. **A. F. Vorwerk,** Rechtsanwalt in Schanghai. 2 M.

76. **Die Rechtshilfe im Verkehr mit den ordentlichen Gerichten nach deutschem Reichsrecht.** Zusammenstellung aller in Betracht kommenden Gesetzesstellen. Von Landrichter Dr. **A. Friedländer.** 1 M. 80 Pf.

77. **Das Reichserbschaftssteuergesetz.** Vom 3. Juni 1906. Von **Ulrich Hoffmann,** Geh. Registrator im Königl. Preuß. Finanzministerium. 2 M. 60 Pf.

78. **Zigarettensteuergesetz.** Vom 3. Juni 1906. Von Dr. **Cuno,** Gerichtsassessor. 1 M. 80 Pf.

79. **Die Militärpensionsgesetze** vom 31. Mai 1906 nebst den Ausführungsbestimmungen. Zum praktischen Gebrauch für Heer, Marine und Schutztruppe, bearbeitet Dr. jur. **A. Romen,** Geheimer Kriegsrat und vortr. Rat im Kriegsministerium.
a) I. Teil: Offizierpensionsgesetz.
b) II. Teil: Mannschaftsversorgungsgesetz.
Jeder Teil ist einzeln käuflich.

80. Reichsgesetzgebung über **gerichtliche Registerführung.** Textausgabe der einschlägigen Gesetzesbestimmungen mit Anmerkungen und Sachregister von **Otto Lindemann,** Landrichter. ca. 4 M. 50 Pf.

Guttentag'sche Sammlung

Preußischer Gesetze.

Text-Ausgaben mit Anmerkungen. Taschenformat

1. Die **Verfassungs-Urkunde** für den Preußischen Staat. Mit Einleitung, vollständigem Kommentar. Von Prof. Dr. **Adolf Arndt.** Fünfte Auflage. 3 M.

2. Preußische **Beamten-Gesetzgebung.** Enthaltend die wichtigsten Beamtengesetze in Preußen. Von **C. Pfafferoth.** Vierte, neubearbeitete Auflage. 2 M.

3. **Die Aufnahme des Nottestaments** durch die bestellten besonderen Urkundspersonen. Anweisung vom 15. März 1904. Erläutert mit Musterbeispielen und einem Abriß des Erbrechts von Amtsgerichtsrath **C. Kurtz.** 1 M. 50 Pf.

4. **Gebührenordnung** für **Notare** vom 25. Juni 1895 nebst den einschlägigen Vorschriften des Preußischen Gerichtskostengesetzes. Von **R. Sydow.** Zweite Auflage bearbeitet von Dr. **E. Mosler,** Gerichtsassessor. 1 M. 50 Pf.

5. Gesetz vom 24. **April 1854 (betr. die außereheliche Schwängerung).** Von Dr. **Schulze.** 75 Pf.
Gültiges Recht siehe: Reichsgesetze Nr. 58.

6. Die Preuß. **Ausführungsgesetze und Verordnungen zu den Reichs-Justizgesetzen.** Von **R. Sydow.** Dritte vermehrte Auflage. 1895. 2 M. 40 Pf.

Siehe Seite 22, Busch, Ausführungsgesetze.

7. **Allg. Gerichtsordnung** vom 6. Juli 1793 und Preuß. **Konkursordnung** vom 8. Mai 1885. Von **F. Vierhaus,** Geh. Ober-Justizrath. Vergriffen.

8. **Vormundschaftsordnung.** Von **F. Schultzenstein.** Gültiges Recht siehe: Reichsgesetze Nr. 47.

9. Die Preußische **Grundbuchgesetzgebung.** Von Prof. Dr. **Fischer.** Vergriffen. Siehe: Reichsgesetze Nr. 42.

10. **Einkommensteuergesetz.** Von **A. Fernow,** Geh. Finanzrath. Sechste Auflage. 3 M.

11. **Gewerbesteuergesetz.** Von **A. Fernow,** Geh. Finanzrath. Vierte, vermehrte u. verbesserte Auflage. 2 M.

12. **Allgemeines Berggesetz** für die Preußischen Staaten vom 24. Juni 1865 nebst den preußischen Berggesetznovellen. Mit Einleitung, Erläuterungen und Sachregister bearbeitet von **W. Westhoff** und **W. Schlüter.** 4 M.

13. **Ergänzungssteuergesetz** (Vermögenssteuergesetz). Von **A. Fernow,** Geh. Finanzrath. Dritte vermehrte Auflage. 1 M. 50 Pf.

14. **Kommunalabgabengesetz.** Vom 14. Juli 1893 und Gesetz wegen Aufhebung direkter Staatssteuern. Von Dr. **F. Adickes,** Oberbürgermeister. Vierte Auflage. 1 M. 50 Pf.

15. Die **Kreisordnungen** für den Preußischen Staat. Von **O. Kolisch,** Landgerichtsrath. 1894. 4 M.

16. **Concessionirung gewerblicher Anlagen.** Preuß. Ausführungs-Anweisung zu §§. 16 u. ff. der Gewerbe-Ordnung. Von Dr. **W. v. Rüdiger,** Geh. Regierungs- u. Gewerberath. Zweite Auflage. 2 M.

17. Preußisches **Gerichtskostengesetz.** Mit Kostentabellen. Von Dr. **P. Siméon,** Landrichter. Vierte Auflage. 2 M. 25 Pf.

18. Preußisches **Stempelsteuergesetz** vom 31. Juli 1895. Mit den gesammten Ausführungsbestimmungen und vollständigen Tabellen. Von **P. Loeck,** Regierungsrath. Fünfte Auflage. 5 M.

Dieser Band ist in größerem Format erschienen.

19. Das **Jagdscheingesetz.** Mit ausführlichen Erläuterungen. Von **F. Kunze,** Wirklichem Geh. Ober-Regierungsrath. Zweite Auflage. 2 M.

20. Die **preußischen Erbschaftssteuergesetze.** Unter Berücksichtigung der Novelle vom 31. Juli 1895. Von **U. Hoffmann,** Geh. Registrator im Königl. preuß. Finanzministerium. 4 M.

(Reichserbschaftssteuergesetz s. Reichsgesetze Nr. 77.)

21. Gesetz über die **Handelskammern.** Vom 19. August 1897. Mit Erläuterungen von **F. Lusensky,** Geh. Regierungsrath. 3 M.

22. Gesetz, betr. **Anstellung und Versorgung der Kommunalbeamten.** Mit Ausführungsanweisung. Von Dr. **W. Ledermann,** Magistratsassessor zu Berlin 1 M. 25 Pf.

23. **Ausführungsgesetz zum Bürgerlichen Gesetzbuche.** Von Landrichter Dr. **P. Siméon.** 2. Aufl. 1 M. 80 Pf.

24. Die **Hinterlegungsordnung** in der Fassung des Ausführungsgesetzes z. B.G.B. v. 20. Sept. 1899 nebst Ausführungsbestimmungen. Von Regierungsassessor Dr. **Georg Bartels.** 1 M. 50 Pf.

25. **Preußische Kommunalbeamtengesetzgebung.** Von Magistratsassessor Dr. **Fr. Kremski,** Berlin. 3 M.

26. Die Preußischen Gesetze über das **Diensteinkommen der Lehrer und Lehrerinnen, ihren Ruhegehalt und die Fürsorge für ihre Hinterbliebenen,** sowie einer Tabelle zur Berechnung der Ruhegehalts-, Witttwen- und Waisenbezüge. Von Dr. **Ed. Cremer,** Beigeordneter. 2 M. 40 Pf.

27. Gesetz, betreffend die **Waarenhaussteuer.** Von Geh. Ober-Finanzrath Dr. **G. Strutz.** 1 M. 20 Pf.

28. Gesetz über die **Fürsorgeerziehung Minderjähriger.** Nebst Ausführungsanweisungen. Von Landgerichtsrath Dr. **P. F. Aschrott.** 2 M. 80 Pf.

29. Gesetz, betr **die ärztlichen Ehrengerichte, das Umlagerecht und die Kassen der Aerztekammern.** Von Amtsgerichtsrath Dr. **Fidler.** 1 M. 50 Pf.

30. Die das **Preußische Staatsschuldbuch** und **Reichsschuldbuch** betr. Gesetze nebst Ausführungsbestimmungen. Von Wirkl. Geh. Ober-Finanzrath **J. Mücke,** Mitglied der Staatsschuldenverwaltung. 2 M.

31 a. **Die geltenden Preußischen Gesindeordnungen.** Herausgegeben in zwei Bänden von **Stephan Gerhard,** Rechtsanwalt in Berlin.

Band I: Gesindeordnung für die altpreußischen Provinzen vom 8. XI. 1810, mit Erläuterungen unter Berücksichtigung der Ergänzungsgesetze und der Rechtsverhältnisse der Gesindevermiether, sowie die Gesindeordnung für Neuvorpommern und Rügen und für die Rheinprovinz. 2 M. 50 Pf.

31b. **Band II:** Gesindeordnungen für Hannover, Schleswig-Holstein, Hessen-Nassau und den Regierungsbezirk Hohenzollern. 2 M. 50 Pf.

32. **Die Städteordnung für die sechs östlichen Provinzen Preußens vom 30. Mai 1853 nebst ihren gesetzlichen** Ergänzungen. Von **Dr. jur. Walter Ledermann,** Magistrats-Assessor zu Berlin. 6 M.

Dieser Band ist in größerem Format erschienen!

33. **Rentenguts- und Anerbenrechts-Gesetzgebung in Preußen.** Von Landgerichtsrath **M. Peltasohn** und Rechtsanwalt **Bruno Peltasohn.** 3 M.

Guttentag'sche Sammlung von Text-Ausgaben mit Sachregister ohne Anmerkungen.

Militärstrafgerichtsordnung für das Deutsche Reich, nebst **Einführungsgesetz** und Gesetz, betr. die Dienstvergehen der richterlichen Militärjustizbeamten und die unfreiwillige Versetzung derselben in eine andere Stelle oder in den Ruhestand. **Militär-Strafgesetzbuch** mit Abdruck der entsprechenden Bestimmungen des Reichs-Strafgesetzbuchs. Zweite Auflage. 1 M. 50 Pf.

Reichsstempelgesetz (Börsensteuergesetz). Mit Tabellen zur Berechnung der Reichsstempelabgaben. 1 M. 50 Pf.

Die Preußischen Ausführungsgesetze zum Bürgerlichen Gesetzbuche und den anderen Reichs-Justizgesetzen nebst Verordnungen, Ministerialerlassen und Geschäftsordnungen. Von **L. Busch,** Kammergerichtsrat. Zweite Ausgabe. 8°. Preis geb. 3 M.

Die Preußischen Ausführungsgesetze zum Bürgerlichen Gesetzbuche und Nebengesetze. Text-Ausgabe ohne Anmerkungen. Fünfte Auflage. Taschenformat. Preis geb. in ganz Leinen 1 M. 80 Pf.

Handbuch des Testamentsrechts

mit zahlreichen Beispielen und Formularen.

Dargestellt von **Heinrich Peiser,** Landgerichtsrat in Danzig. gr. 8°. Preis 8 M., geb. in ganz Leinen 9 M.

Schlagwort-Register.

R. = Nummer der Sammlung Deutscher **Reichs**gesetze.
P. = Nummer der Sammlung **Preußischer** Gesetze.
S. = Seite.

FSC
www.fsc.org
MIX
Papier | Fördert gute Waldnutzung
FSC® C083411

Kolibri 360 GmbH
Ferdinand-Jühlke-Straße 7
99095 Erfurt, Deutschland
produktsicherheit@kolibri360.de

FSC
www.fsc.org
MIX
Papier | Fördert
gute Waldnutzung
FSC® C083411

Kolibri 360 GmbH
Ferdinand-Jühlke-Straße 7
99095 Erfurt, Deutschland
produktsicherheit@kolibri360.de